珞珈政治学评论

（第四卷）

目　录

政治学理论研究

政治思想研究

宪政民主研究

政治过程研究

国际政治与外交关系

学术短评

政治学理论研究

当代西方民主理论谱系

◎申建林

【摘　要】 当代西方民主理论的焦点问题不再是民主与非民主之争，而是不同民主形式之争。自由的民主和参与式民主、精英主义民主和大众式民主、协商民主和社会民主构成了当代西方民主理论的主线和谱系，其他民主理论，如多元主义民主和共和主义民主都可归于以上民主理论谱系之中。自由的民主和精英主义民主理论虽然存在着导致公民不参与和公民社会衰落的缺陷，但它反映了西方主流政治价值，并作为民主政治制度整体框架设计的支柱性理论，处于无法取代的主流地位。作为存在于小团体中的参与式民主和存在于政治生活之外的社会生活和私人生活中的社会民主，对自由的民主和精英主义民主作了一定程度的修正和补充。而协商民主对于平衡自由的民主和参与式民主，不失为有益的尝试。大众式民主在实践效果上最有争议，但它对大众民主权利的捍卫最为激进，因而其理念最具有道义价值。

【关键词】 民主　精英主义　自由　参与　协商

政治权力的归属和政治权力的运用是制度设计必须考虑的核心问题，也是政治学所思考的永恒问题，对于这一问题，近现代西方选择的是民主。在近代西方，当民主理论家和民主捍卫者与非民主思想抗争并力图战胜后者时，民主的含义、为民主辩护的理由以及民主的具体制度设计是明确的，民主理论家内部的分歧较小并且分歧也并不重要。正是民主思想家的共同理论努力使民主的一般观念得到了普遍认可，并奠定了民主理论的常识。

近代西方民主思想家们普遍认为，民主的含义在原则上是“人民的统治”；在制度操作上表现为投票表决和多数裁决。对民主统治的一般性论证是：把人们通常是自身利益的最佳判断者这一前提与保护人们的利益必定需要平等的公民权利这一观点结合起来。不同个体和群体的利益追求不同，而每个利益主体又都是自利的，政治民主正是满足了不同主体的利益表达要求，并将其吸纳整合为政治共同体的权威意志，这既有利于每个人的利益保护，也实现了公民的平等权利和个人的独立与自决，同时，使政治事务公开透明，防止腐败与专断，或者将政治权力的滥用降至最低限度。

在当代政治生活中，以上这些近代民主观念被继承和吸收，但随着研究的深入，学术界展示的更多是民主思想家内部的分歧。如果说，民主与非民主之争是近代西方人关注的中心，那么，不同类型的民主之争则成为当代西方人关注的中心。在当代，民主作为一种理念获得了普遍赞誉，但民主的具体含义和为民主辩护的理由充满争议。民主不再被狭隘地等同于多数统治①(如当人们缺乏专家的知识时，很难让他们享受复杂事项的直接裁决权)，也不能宽泛到包容人类所有的善或者使一切善达到最大化。② 多数裁决只是民主统治所设定的手段之一，其他标准(如由获得选票的精英决策，协调与对话等)同样隐含在人民的统治这一民主观念之中。

由此看来，在当代西方理论界，“没有一种真正的民主理论，而只有各色各样的民主理论”③，民主不再是某一种统治形式，而是存在多种形式。从民主主体来看，有精英主义民主与大众式民

---

① Hardin, R. *Public choice versus democracy*, John W. Chapman and Alan Wertheimer, eds, *Majorities and Minorities.* New York: New York University Press, 1990, p. 185.

② Macpherson, C. B. *Democratic Theory*: *Essays in Retrieval*. Oxford: Oxford University Press, 1973.

③ [美]罗伯特·达尔著，顾昕、朱丹译：《民主理论的前言》，北京三联书店 1999 年版，第 2 页。

主；从民主的价值与目的来看，有自由的民主与参与式民主；从民主的运作形式来看，有协商民主与社会民主。这些民主形式及其理论主张构成了当代西方民主理论的主线和谱系，其中的每一种主张的复杂性都超越了多数统治的要求，本文通过简要介绍和评述这些民主形式而展示当代西方的民主理论谱系。

一、精英主义民主与大众式民主

民主究竟是由公民选择政治精英或政党来进行统治还是由公民直接行使治理权或参与治理？在这个问题上，产生了精英主义民主理论(elitist democratic theory)和大众式民主理论(populist democratic theory)之争。

密尔的代议制政府理论确立了西方自由主义的主流民主模式：以选举制为基础，并与政党政治相结合的议会制。这一模式改变了古希腊的直接民主模式，在直接民主制之下，民主被理解为"人民的统治"，该统治消除了统治者与被统治者、公民与官员之间的划分，公民既是统治者同时也是被统治者，而西方近现代实施的代议制则结束了人民直接统治的历史。以韦伯和熊彼特为代表的思想家正是基于对西方近现代代议制民主的运行机制和权力关系的具体考察而得出了精英主义民主的结论。

现代代议制民主包含的原则是：民选政府、自由而公正的选举、公民的普选权。这样，民主不再是公民参与公共事务的直接讨论和决策，而是在自由平等的政治权利的前提下，通过定期的选举，选出精英人物进行实际统治。公民行动的全部意义只在于做出选择，从而提供精英统治的合法性，所以，民主不是自治，而是选择精英进行统治。

正是基于对代议制民主的权力运作的分析，韦伯和熊彼特发现了现代民主制中的精英主义实质，并创建了当代西方精英主义民主理论。韦伯的精英主义民主观念包含在他的社会结构与科层制理论中，韦伯认为，现代科层制社会使直接民主缺乏可操作性，这也是现代工业社会生活使我们付出的代价。现代代议制民主"充其量不过是选择决策者并制约其过分行为的手段"，而实际掌握领导权和决策权的还是职业政治家，民主只是提供市场，该市场为精英竞争选票和权力提供了场所，民主并不意味着人民的统治和决策，而且人民对统治者和决策者的选举，最终取决于后者的能力和声望，由此，民主制本质上是一种魅力型统治(charismatic)，在韦伯看来，这才是具有可行性的“严格限定的民主概念”①。

熊彼特将民主理解为“为作出政治决定而实施的制度安排，在这种安排下，个人通过竞争以获得人民选票的方式来取得作决定的权力”②。这段话通常被视为精英主义民主观的经典表达，它概括了精英主义民主的基本观念：其一，在现代社会，无论是民主社会还是其他类型的社会，真正取得政治决策权的只能是精英，这是由社会的不平等结构和现代国家权力运行的可行性决定的，因此，现代民主并非人民的统治，而是精英或政治家的统治，或者说，多数的统治是不可能的，只能是少数的统治。其二，民主使精英统治不再是传统式的基于身份或财产的、封闭的、专断的统治，它通过投票选举而给精英统治注入了竞争机制，这种竞争性的精英主义既为精英统治提供了合法性，也确保了政治决策者来源于有才干的政治家。其三，精英主义民主为民主提供了实用而有效的运行机制，它一方面提供了精英流入的开放体系，使每个人拥有进入精英行列的平等机会；另一方面也为非精英制约精英提供了机制，这正是民主存在的要义。总之，精英主义民主追求的是政治家的统治和人民的控制相结合的民主模式，在这种模式下，人民产生政府，政府作出决策。

但是本杰明·巴伯和卡罗尔·佩特曼等民主理论家通过对精英主义民主的反思而分析了其中存在的问题：其一，精英主义民主理论无法实现控制政治专断的民主政治目标。因为精英主义民主理论及其所支持的现代代议制与竞争性的政党政治使公民的参与仅仅限

① [英]戴维·赫尔德著，燕继荣等译：《民主的模式》，中央编译出版社1998年版，第200页。

② Schumpeter, J. *Capitalism*, *Socialism. and Democracy*. London: George Allen & Unwin, 1943, p. 269.

于投票选举，而在选举中获得权力的代理人有权独立地进行意志表达，从而无法确保代理人在事实上完全代表选民意愿，代议制理论设想上的通过“委托-代理”的自治沦为一种“他治”，精英主义民主模式无非是“一种由国家政党、总统政治以及官僚机构的方针政策所界定的民主”①，它丧失了公民治理的功能，也就无法实现民主政治所追求的控制专断和极权的目标，其制度化后果日益显露。公民社会的衰落、公民对政治的冷淡以及仅限于简单的投票选举无法阻止极权主义的产生，作为按照选举程序而获得合法性的希特勒的上台最典型地暴露了这种民主理论的缺陷。其二，精英主义民主理论就性质来说，是一种“非民主”理论。它不再关注人民的参与，民主的全部内容仅仅局限于投票选举中，而在投票选举中，真正起作用的与其说是公民的集体意志，不如说是政治精英的信誉、威望和魅力。谁当选最终取决于当选者的杰出表演，而人民不过是旁观者，这种民主形式强调的是政治精英的能力，而人民的政治品质并没有得到重视，这有悖于民主的精神，它最终保障的是少数人的统治，所以，罗伯特·达尔指出，熊彼特的理解“使我们没有特殊理由想了解一种体制是否民主”，它使“民主在概念上、道德上和经验上都无法与专制区别开来”。②

大众式民主理论家针对精英主义民主理论的以上局限性提出了自己的民主观念。他们坚持，民众统治的价值总是胜于非民众统治的，大众式民主之所以鼓舞人心，是因为它强调，民众作为自由和平等的存在实行自治（自治式民主），而不是受外来权力或由他们自己所选出的少数来统治。当然，承认民众统治的价值与为了民主而对民众意志施予某些重要限制是一致的，也的确需要这些限制。不过，这些限制的合法性最终还是由民众裁决。

为确保大众式民主，使民主决定真正反映民众意志，需要这样

① ［美］本杰明·巴伯著，彭斌、吴润洲译：《强势民主》，吉林人民出版社2006年版，第1页。

② Dahl, R. A. *Democracy and its Critics*. New Haven, Conn. Yale University Press, 1989, pp. 121-122.

一些限制性条件：1. 政治自由所必需的言论、出版与结社的自由。2. 与政府官员的专横意志相对立的法治。3. 形式上的投票平等，而不是对结果产生实际影响的平等。① 4. 除暂居人口和被证明为有精神缺陷的人之外，社会的其他所有成人的投票权。② 因此，大众式民主理念追求的是，政治偏好不受操纵，法治、形式上的投票平等和广泛的公民身份。

二、自由的民主与参与式民主

与精英主义民主理论同大众式民主理论之争相联系的是，自由的民主理论同参与式民主理论之争，前者的分歧发生在谁应该直接行使国家统治权的问题上（即民主主体问题），而后者的分歧则发生在大众统治与个人自由的价值优先性问题上（即民主价值问题），这两个问题是直接相关的，对民主价值的态度直接决定了对民主主体的选择。自由主义者强调民主对于保护个人自由的工具性价值，也就倾向于提出代议制和精英主义民主的要求，因为委托和代议既不至于因参与政治生活而牺牲个人自由，又有利于保障个人自由。而新左派因为强调直接参与政治和公民生活的意义，也就提倡大众式民主，所以，参与式民主往往与大众式民主相联系。

自由主义者和左派思想家在民主的价值和目标上存在分歧，并各自提出了自由的民主（liberal democracy）和参与式民主（participatory democracy）的形式。

在现当代西方社会，自由主义思想主导和支配社会生活，相应地，自由主义者提出的自由的民主也就成为最广泛、最有效的主流民主形式，并取得了被公认的成就。在价值层面上，自由主义者否认大众统治具有终极政治价值，他们通过论证一套基本自由的优先

① Barry, B. *Is democracy special*?, in Pete f Laslett and James Fishkin, eds, *Philosophy*, *Politics*, *and Society*, 5th Series. New Haven, Conn. Yale University Press, 1979, pp. 156-157.

② Dahl, R. A. *Democracy and its Critics*. New Haven, Conn. Yale University Press, 1989. p. 129.

性，而降低了大众统治的价值。其中具有代表性的基本自由即是约翰·罗尔斯在《正义论》中称为作为自由和平等的人这一理念之基础的那些自由①，即：思想自由、言论自由、出版自由、结社自由与宗教自由、拥有私有财产的权利、投票与担任公职的自由、依据法治观念的规定而享有免于任意逮捕与掠夺的自由。在自由主义者看来，个人权利和利益，而不是公共生活与民主政治是首要原则，我们对民主政治的认可只是因为它有利于个人利益的实现，而一旦某种民主政治形式，如全民狂热的政治参与危及个人自由时，民主就要受到限制。由于自由主义者赋予一套基本自由对于民主决策的优先性，从而"限制了大众式民主的价值"②，所以，自由主义者所追求的民主不是"最大限度的民主"，而是"保障最大限度自由的民主"。③ 这种自由的民主模式，在制度形态上，强调公民的普选权、自由而公正的选择和民选政府，而排斥人民对公共事务的直接参与和决策，或者说，它把公民的政治参与仅限于选举与投票，从而选择自己的政府，因而公民参与只是为政府提供合法性来源，并构成民主实现的主要内容。自由的民主理论为了确保个人自由，除了否认大众的直接政治参与的价值之外，还对民主施予宪政约束，如司法审查、分权制衡、法治以及有利于缓和大众意志的其他手段。

自由的民主理论对大众统治的警惕和对个人自由的偏爱是以大众统治与个人自由冲突为前提的。但两者是否存在冲突，在何种意义上和何种程度上存在冲突还是有待研究的。可以肯定，在某些方面，两者是一致的，因为大众式民主理论不仅致力于设计反映大众意志的程序，而且致力于确保大众意志的结果，这必然要求形成、表达和凝聚政治偏好所必需的言论自由，出版自由与结社自由，而

① Rawls, J. *A Theory of Justice*. Cambridge, Mass.: Harvard University Press, 1971, p. 61.

② Amy Gutmann, *democracy*, From *A Companion to Contemporary Political Philosophy*, edited by Robert E. Goodin and Philip Pettit, Blackwell Publishers Ltd, 1993, p. 415.

③ 马克·F. 普拉特纳著，樊吉社译：《自由主义与民主》，选自《民主二十讲》，中国青年出版社 2008 年版，第 192 页。

这些自由也正是“自由的民主力图使之免受大众统治侵害的基本自由”。① 当然，多数西方思想家意识到，大众统治对个人自由可能存在的危险，约翰·密尔曾提醒人们，公众势力往往与“个性为敌”，因而教育公众尊重个性是有必要的。②

显然，自由的民主理论把公民视为权利的拥有者和国家行动的接受者，而不是公民决策过程中的积极参与者，它强调的是民主的工具性价值。

自由的民主理论取得了显而易见的成就，但也暴露了在理论和制度实践上的缺陷。一方面，自由的民主程序并不能完全阻止极权主义的后果，从而无法有效确保个人自由；另一方面，它导致公民对政治的普遍冷漠甚至敌视，从而引起公民社会的衰落。由此，它遭到新左派和西方马克思主义者的质疑和不满。

针对自由的民主理论的局限性，20 世纪后半期，以卡罗尔·佩特曼和 C. B. 麦克弗森为代表的新左派，以及以阿历克斯·卡林尼科斯为代表的西方马克思主义者提出了参与式民主理论，此理论繁荣兴盛而倍受关注。参与式民主理论产生于对自由主义理论的不满，它“用于涵盖从古雅典到某些马克思主义立场的一系列民主模式”。③

卡罗尔·佩特曼(Carole Pateman)于 20 世纪 70 年代出版的《参与和民主理论》确定了“当代参与式民主理论的发展方向”，该书“批评了公民投票和团体间多元主义的民主概念，重新阐释了理想的民主是公民积极地参与讨论和决策”。④ 佩特曼通过参与活动的教育功能和整合功能来说明政治参与对于维护民主制度的必要性，

① Gutmann, A. *How liberal is democracy?*, *Liberalism Reconsidered*, ed. D. MacLean and C. Mills. Totowa, NJ Rowman & Allanheld, 1983, p. 25.

② [英]约翰·密尔著，程崇华译：《论自由》，商务印书馆 1959 年版，第 79 页。

③ [英]戴维·赫尔德著，燕继荣等译：《民主的模式》，中央编译出版社 1998 年版，第 333 页。

④ [美]罗伯特·古丁、汉斯-迪特尔·克林格曼主编，钟开斌等译：《政治科学新手册》下册，北京三联书店 2006 年版，第 684 页。

她认为，参与可以使民众在“心理方面和民主技能、程序的获得”等方面受到教育，“个人的参与越是深入，他们就越具有参与能力”，从而发展和培育民主制度“所需要的品质”；参与还“有助于人们接受集体决策”，从而“具有整合性的功能”。① C. B. 麦克弗森（C. B. Macpherson）批评了占据主流地位的自由的民主理论所具有的消极性和功利性，而提出了“一种更加积极的民主概念”。他通过对人类本性的分析和对自由的重新阐释而提出了积极的公民生活观念。在他看来，人类本性或者主要是贪婪的物质消费，或者主要是能力的发展者和运用，如果“将人类的善定义为能力的发展和运用，那么民主理论就发生了彻底的变化”。真正的自由是“发展和运用自身能力的机会”，这种积极自由本身就是一种社会的善，而“积极参与的公民民主既是实现这种自由的条件，也是这种自由的表现”②，麦克弗森与阿马蒂亚·森一样，推崇个人能力的价值，并用以解释自由，从而论证了参与式民主的观念。

阿历克斯·卡林尼科斯作为当今马克思主义的强有力的辩护者曾宣告，“自由主义民主的承诺已经破产了”，它承诺：“(1)政治参与；(2)负责任的政府；(3)发表不同意见和改革的自由”，而在这三个方面，现实的自由主义民主都是失败的，因为“存在着大量的消极公民；非选举产生的权力中心侵蚀并代替了议会制度”。③为了恢复马克思主义的传统，并为直接民主模式辩护，卡林尼科斯断定，民主只能是来自于“下层”，但“广大人民群众因为缺乏各种各样的资源和生活机会，在积极参与政治和公民事务方面受到一系列的限制”。④ 参与式民主论者怀有直接民主的理想，他们认为，

---

① ［美］卡罗尔·佩特曼著，陈尧译：《参与和民主理论》，上海世纪出版集团 2006 年版，第 39 页。

② ［美］罗伯特·古丁、汉斯-迪特尔·克林格曼主编，钟开斌等译：《政治科学新手册》下册，北京三联书店 2006 年版，第 685 页。

③ ［英］戴维·赫尔德著，燕继荣等译：《民主的模式》，中央编译出版社 1998 年版，第 359 页。

④ ［英］戴维·赫尔德著，燕继荣等译：《民主的模式》，中央编译出版社 1998 年版，第 360 页。

"选举式参与'不是真正的参与',也不是参与的适当地方"。"把单纯的投票行为说成参与",这种参与的含义"是笼统而乏味的"。"参与的含义是亲自参与,是自发自愿的参与。参与不只是'属于'(仅仅被卷入某事),更不是非自愿的'被迫属于'","参与论者赋予参与的一切品德——自主、自我实现、自我教育",是"自愿亲自参与的参与"。① 由此看来,参与式民主理论与自由的民主理论,无论在政治价值,还是民主制度实践的要求上,都存在重大分歧。

三、协商民主与社会民主

协商民主(deliberative democracy)与社会民主(social democracy)是通过对精英主义民主与大众式民主、自由的民主与参与式民主进行反思而从中演化和引申出来的两种民主形式。精英主义民主和自由的民主侧重强调个人自由,而大众式民主和参与式民主则重视民众的直接统治,协商民主则是同时承认个人自由和政治平等的价值②,并力图将两者结合起来的一种民主形式;而社会民主是将自由的民主的逻辑从政治领域进一步扩展到社会经济领域甚至家庭生活中而形成的。

协商民主既是20世纪90年代西方学术界兴起的一种颇有影响的政治理论,也是当代西方政治发展的实践成果之一。一些重要的政治哲学家和社会学家如美国的约翰·罗尔斯、英国的安东尼·吉登斯和德国的于尔根·哈贝马斯等都积极论证和倡导协商民主理论。

协商民主理论是从政治价值取向和思维模式上对自由的民主进行反思,并力图克服其缺陷而提出的。在协商民主理论家看来,在政治价值上,自由的民主追求的是"排他性的个人主义企图与私人

① [美]乔·萨托利著,冯克利、阎克文译:《民主新论》,东方出版社1998年版,第127页。

② Hurley, S. L. *Natural Reasons: Personality and Polity*. New York: Oxford University Press, 1989; Cohen, J. and Rogers. J. *On Democracy: Toward a Transformation of American Society*. New York: Penguin Books, 1983.

目的”，它仅仅把政治解释为“为了私人利益而从事公共事务的行为”，它根本没有摆脱洛克式的理解。自由的民主不能形成“有关公民资格、参与、公共利益或者公民美德的坚实理论”，也“根本不可能成为一种政治共同体的理论”，因为它只“关注促进个人自由，而不是保障公共正义，增进利益而不是发现善，将人们安全地隔离开来，而不是使他们富有成效地聚合在一起”①，这种忽视共同体和社会合作的建构，最终也削弱了对个人的保护。而在思维模式上，自由的民主理论运用的是一种“直线式的串联方法”和牛顿物理学式的推理，它把人们理解为“孤立的、完整的、自足的和单一的原子，并且人们的观点首先是单独的个体观点”(原子主义和个人主义)；“人们的全部行为是与其整体的动机是一致的”(不可分割性)；人们根据同样的标准来判断，受到同样的行为法则的支配(可通约性)；人与人之间是孤立的个体之间的冲突(排他性)。②这种简单化的政治思维模式并没有真实地反映心理学、社会学和历史学所揭示的现实社会结构。现实的政治生活并不服从于形而上学的静态推论，它是动态的，是一种“编织的技艺”，它是通过人们彼此之间的交往和协商共同创造公共理性的过程。自由的民主理论是从原子主义和个人主义的理论前提中推导出来，并将其应用于民主实践的，而协商民主理论不固守任何特定的前提，民主实践是一种不确定的、不断修正的过程，其决策模式是讨论和整合，而不是简单地竞争与选择。

协商民主理论对民主进行了重新解释和定位，“民主不仅仅要求有效的私人利益，更重要的是要求有效的公共判断”，由此，需要将受利益驱动的个人转变为“能以新创制的共同规范和新设想的公共物品来重新评估自身及自己利益的公民”，而民主社会中的公民“是由社会的承认所赋予的”，公共权利的要求在“共同意识”中

① [美]本杰明·巴伯著，彭斌、吴润洲译：《强势民主》，吉林人民出版社2006年版，第4、5页。

② [美]本杰明·巴伯著，彭斌、吴润洲译：《强势民主》，吉林人民出版社2006年版，第38页。

找到归宿①，民主运作的过程由政治判断和共同意识塑造，而政治判断和共同意识是通过政治讨论和协商培养和形成的。

协商民主理论既质疑自由的民主理论所持有的静态的、封闭的、脱离政治参与和公共生活的个人自由，也不接受大众式民主理论对民众直接统治的推崇。大众式民主理论坚持“民众意志的表达是首要的善”，而协商民主则将民众统治理解为一种手段，一种“鼓励公众就通过公开的协商过程而得到最好理解的那些问题进行共同协商的手段”。② 在协商与讨论中，既不放弃个人思想的自由表达，也不是简单地在众多个人思想中进行竞争和选择，而是通过公开而有益地利用合理的辩论、证据、评价和说服而相互影响，从而创设不同于个人思想的公共理性和公共决策。这样的民主生活诉诸的是理性，在协商民主中，人们通过令人信服的辩论来共同设计自己的政治生活。③

协商民主追求的是自由的民主与大众式民主之间的平衡，个人自由与政治平等两者的结合。协商民主既不同于自由的民主所支持的代议制民主的不参与(仅仅选举精英，让精英参与)，也不同于大众式民主的直接政治参与。协商民主中强调的协商与讨论只是作为一种持续的责任和一种积极的政治承诺形式，而不是要求直接的卷入政治，它适应了作为代议制民主之特征的职业政治家与公民之间的劳动分工。参与式民主追求的是，所有公民就影响自己生活的事务积极参与决定的政体；而协商的民主考虑的是，政治行为带来的负担与政治劳动分工的便利。协商民主理论家相信，公共责任制度能激励人们对影响他们生活的公共问题进行协商。

---

① [美]本杰明·巴伯著，彭斌、吴润洲译：《强势民主》，吉林人民出版社 2006 年版，第 205 页。

② Amy Gutmann, *democracy*, From *A Companion to Contemporary Political Philosophy*, edited by Robert E. Goodin and Philip Pettit, Blackwell Publishers Ltd, 1993, p. 417.

③ Walzer. M. *Spheres of Justice* . New York: Basic Books. 1983, p. 304. Fishkin, J. S.: *Democracy and Deliberation.* New Haven, Conn. Yale University Press, 1991, pp. 1-13.

如果说协商民主是通过对自由的民主的反思而确立起来的，那么社会的民主则是将自由的民主原则从政治领域引申并运用于社会生活中的结果。当代西方民主理论中所主张的"社会民主"并不是作为党派的社会民主党的观念（其政治立场倾向于民主社会主义或社会民主主义），也根本不同于社会主义民主，因为社会主义民主是"自上而下的"政治"统治方式"，而社会民主则是相对于政治民主而言的、"在社会层面上运行"的具有"自发性和内生性"的"自下而上的""生活方式"。①

在19世纪以前，民主只是一个政治概念，它通常是指国家政治生活的民主。托克维尔在考察美国的民主时，对美国民主的坚实而广泛的社会基础感到惊叹，他认为是人们在社会生活的平等意识造就了美国的民主政治。这种社会民主作为政治民主之基础的观念通过杜威的理论论证而得以确立。在杜威看来，"民主较之一种特殊的政治形式、一种管理政府的方法以及通过普选和被选出的职员来立法和处理政府行政的方法要宽广得多"，民主更重要的"是一种生活方式，是一种社会的和个人的生活方式"。② 杜威进一步分析道："凡是民主受到破坏的地方，它都过分地完全只是属于政治性质的。它还没有变成人民日常生活行为中血肉的一部分。民主的形式仅限于议会、选举和党派之间的竞争。我认为所发生的情况结论性地证明了：除非民主的思想与行为的习惯变成了人民素质的一部分，否则，政治上的民主是不可靠的。它不能孤立地存在。它要求必须在一切社会关系中都出现民主的方法来支持它。"③在当代社会经济生活中，要求将传统自由主义者视为私人的因而并不服从民主原则的那些领域推行民主化的呼声日益高涨。经济组织，最近还有家庭，都是社会民主的支持者力图予以民主化的主要领域。民主

---

① [美]乔·萨托利著，冯克利、阎克文译：《民主新论》，东方出版社1998年版，第10页。

② [美]约翰·杜威著，傅统先、邱椿译：《人的问题》，江苏教育出版社2006年版，第36～37页。

③ [美]约翰·杜威著，傅统先、邱椿译：《人的问题》，江苏教育出版社2006年版，第46页。

化要求的理由并非参与本身所固有的价值，而是避免因权力集中带来的对个人生活的威胁。① 人们之所以要求经济民主，是因为在经济组织中，大公司的所有者与经理决定其雇员的收入乃至一般福利，同时也决定工场条件的权力不平等会给雇员带来不利影响。当然，有些自由主义者也会以只有企业主才拥有支配权为由，反对任何强制性的经济民主形式，但是社会民主和经济民主的支持者们认为，拥有个人财产权的种种原则性根据（如确保个人独立的条件）排除了企业主以牺牲雇员的自由为代价而支配大规模经济组织的权利。而人们有权享有自己劳动成果这一洛克式的原则并不支持"投资者有权支配自己所投资的公司"。② 要保障所有社会成员独立的条件，就需要在大规模的经济组织外部或内部实行一定程度的民主管理。

对于家庭组织，人们也意识到家庭内部成员平等和民主化的必要性。当然，家庭民主化也遇到了挑战，最典型的挑战是，父母与孩子之间的关系论证是家长式统治的正当性，而不是民主的正当性。可是，这一论证并不能引申出父母拥有支配孩子教育和妨碍未来公民的自由与平等的特权。③

社会民主也强调家庭内外的性别平等。由于经济、社会及两性权力的不平等，男性会对妇女行使专横的权力。民主人士主张尊重妇女权利和机会均等的一系列改革（如防止性骚扰和为照管孩子提供补贴的立法），但是，人们也担忧：国家的干预越来越多，像照管孩子的内部劳动分工和自由开销家庭收入这类纯粹家庭的事务也要受到国家的干涉。这反映了在当今社会，传统的私人事务对公民的个人自由与政治平等已经发生了深刻的影响。

---

① Dahl, R. A. *After the Revol ution.* New Haven, Conn. : Yale University Press. 1970; Walzer. M. *Spheres of Justice*. New York: Basic Books. 1983.

② Dahl, R. A. *Democracy and its Critics.* New Haven, Conn. Yale University Press, 1989, p. 330.

③ Gutmann, A. *Democratic Education.* Princeton, NJ Princeton University Press, 1987.

四、当代西方理论理论简评

以上简要考察了精英主义民主与大众式民主、自由的民主与参与式民主、协商民主与社会民主等六种民主形式，这些民主形式反映了当代西方民主理论家的基本主张。当然，在西方学术界还提出了其他具有广泛影响的民主形式，如多元主义民主、共和主义民主等，但这些民主形式也可纳入上面所探讨的民主形式之中。如多元主义民主理论为了捍卫和保障个人权利而主张少数人统治(代议制)和权力制衡制度(法治、宪政，分权)，因而它归于精英主义民主和自由的民主类型中，只是它进一步要求抑制过分强大的政治派别的出现，鼓励对立政治精英和不同政党之间的竞争，从而为精英民主和自由的民主奠定多元权力中心和多元利益集团的社会结构。共和主义民主理论强调不同社会阶级和阶层的权力平衡，以及各种社会团体的健全发展，因而主张通过各种机制实现公民的参与，如公民直接参与制定法律，尤其鼓励民众在小规模共同体中的直接参与，显然，共和主义民主是参与式民主的一种形式。

在当代西方各种民主理论中，自由的民主理论仍然占据无法动摇的主导地位。尽管它受到大众式民主、参与式民主和协商民主等理论的质疑，但它提倡的民主模式仍然是得到广泛认可的、最有生命力和最有效的。自由的民主理论在政治价值上追求的是个人自由和个人利益，这决定了它对待民主的态度：民主本身并不是目的，我们只能选择最有利益于保障和扩大个人自由的民主形式，全民参与的民主看来在理念上是善的，但它的实际效果可能危及而不是保障个人权利和自由，为此，提倡代议制民主形式，代议制民主形式既使民众有效地控制了政府和官员，又避免了民众因直接参与政治而带来的私人生活和个人自由的牺牲。同时，还使民主受到司法审查、分权制衡和法治的约束，从而使民主政治完成保障个人自由的使命。自由的民主反映了西方的主流政治价值，该民主模式对权力的约束和防止权力的滥用还是成功的。

精英主义民主理论似乎具有保守的倾向，甚至有反民主之嫌，因为它提倡精英的统治，而不是人民的统治。但精英主义民主绝不是反民主，而是把民主理解为人民的控制权，而不是人民的统治权，它所提倡的精英统治不再是传统的专断统治，而是受到民主机制的过滤和控制，既为每个人提供了进入精英行列的平等机会，也为非精英制约精英提供了机制。这种政治家的统治和人民的控制相结合的民主模式考虑了普通公民的政治兴趣和参与能力有限性的事实，它具有一种现实主义的品质和"实证性的理论特征"①，精英主义民主理论力图"在强权和公理、权力和法律、专家统治和人民主权之间寻求平衡"②，是一种务实的政治理论。

大众式民主理论最具有道义上和意识形态上的优势，它的理念最激进、最鼓励人心，因而也最容易得到民众的肯定。它反对政治精英而迎合了人民，反对代议制而主张普通公民直接掌握权力并参与政治决策，它是民主的极端形式。但大众式民主的实施效果是有争议的，现代民族国家若抛弃代议制的民主框架而实行直接参与的大众式民主是不可想象的。此外，大众式民主的运行效果往往与它的作为出发点的理念相去甚远，它易于被专制者误导和利用而难以抵御权力的滥用。

参与式民主理论力图超越选举民主而追求主动直接的参与，但参与的有效性受到参与者规模的限制，"只有在小团体的范围内，参与才是有意义的和真正的参与"③，因而，参与作为一种微型民主形式可以成为国家民主政体的基本结构，但是，当涉及整个国家政治制度的设计时，它的局限性就会暴露出来。

协商民主力图克服自由的民主所带来的不参与问题，也力图避免参与式民主带来的负担，作为一种公共责任制度，它激励人们对影响他们生活的公共问题进行协商，这无疑是对代议制民主的有益

---

① R. W. Krouse, *Classical images of democracy in America: Madison and Tocqueville*. In G. Duncan (ed.), *Democratic Theory and Practice*. Cambridge: Cambridge University Press, 1983, p. 76.

② [英]戴维·赫尔德著，燕继荣等译：《民主的模式》，中央编译出版社1998年版，第201页。

③ [美]乔·萨托利著，冯克利、阎克文译：《民主新论》，东方出版社1998年版，第128页。

补充，但它本身无法取代代议制。

而就社会民主而言，它无疑是政治民主的基础，甚至比政治民主更有价值。但政治民主作为国家政体层面的民主是一种主导性的宏观民主，从民主运行的有效性来看，如果一个国家的政治制度是非民主的，存在于社会团体和工厂等社会经济组织中微观的社会民主则难以维系。政治民主是根本性的、强制性的，唯有它才能为其他民主形式提供可靠的保障。所以，社会民主难以成为主流民主理论研究的对象。

在当代西方民主理论中，自由的民主理论和精英主义民主理论作为支持代议制民主的基本理论尽管也存在缺陷，并受到质疑，但还没有其他民主理论能够取代它的主流地位。参与式民主作为小团体的民主、社会的民主作为政治生活之外的社会生活和个人生活的民主对自由的民主和精英主义民主进行了有益的修正和补充。协商民主对于平衡自由的民主和参与式民主，不失为富有启发性的尝试。大众式民主在实践效果上最有争议，但它对大众民主权利的捍卫最为激进，因而其理念最具有道义价值。

（申建林　武汉大学政治与公共管理学院教授）

自由主义视阈中的有限政府及其当代价值

◎蒋永甫

【摘　要】 自由主义有限政府是建立在个人权利与政府权力关系基础上的一种政府模式，它具有四个方面的基本内涵，即政府价值有限、政府权力有限、政府职能有限和政府责任有限。有限政府是当代政府的基本形态，符合现代社会市场经济发展的客观要求，也是政府改革和发展的目标之一。自由主义有限政府的当代价值一方面为维持个人权利和政府权力的动态平衡提供了基本范式，另一方面则为当代中国政府改革提供了可资借鉴的实现途径。

【关键词】 自由主义　有限政府　当代价值

随着国家与社会关系的转型和市场经济的发展，有限政府理论引起了国内学术界的广泛关注，两种趋势直接促进了有限政府理论研究。第一种趋势是自由主义在国内的传播引起了对有限政府的研究。自20世纪80年代中期以来，自由主义思潮在国内传播，国内学者在对自由主义的研究中激发了对有限政府的理论研究。李强的《自由主义》是国内较早系统梳理和介绍自由主义的著作，作者在剖析自由主义原则时，直接将自由主义定位于一种国家学说，并认为自由主义国家是一个权力有限并受到制约的国家。① 丛日云的

---

① 参见李强：《自由主义》，中国社会科学出版社1998年版，第224～225页。

《在上帝与恺撒之间——基督教二元政治观与近代自由主义》一书也是一部研究自由主义的巨作，作者独辟蹊径，从政治文化的角度来考察自由主义与基督教宗教传统之间的关系，揭示自由主义的有限政府理论与基督教的消极国家观之间的内在关联。① 毛寿龙的《有限政府的经济分析》②可以说是国内第一部研究有限政府的专著。作者结合 20 世纪 70 年代以来的世界各国政府改革的进程，在政府与市场的关系框架中，从经济角度探讨了政府适当职能的经济原则和合理界限。第二种趋势是当代中国政府改革和发展激发了对有限政府的研究。改革开放以来，伴随着经济体制的改革和社会主义市场经济的发展，促进了行政管理体制改革。从权力下放、机构改革发展到政府职能转变，构成了中国行政体制阶段性改革的主要内容，政府职能转变促进了有关政府职能的研究，特别是 2003 年"非典"事件，彻底暴露了全能政府模式的弊端，中央高层第一次正面回应有限政府的理念，有限政府与责任政府、服务政府等同时被确立为政府改革的目标之一。自此之后，对有限政府的研究迅速展开，产生了大量的学术论文。研究主要集中在以下几个方面：一是梳理了有限政府的理论渊源。在这个问题上，普遍的共识是认为近代自由主义构成有限政府的理论渊源，而洛克则是有限政府理论的创始人。二是探讨了有限政府的理论内涵。一般而言，学术界对有限政府内涵的理解，主要集中在权力有限、职能有限和规模有限三个方面。还有一些学者从不同的学科角度对有限政府的内涵进行了有益的探索。如刘祖云等从哲学认识论的质、量、度三个层面来理解有限政府的内涵。③ 周晓丽、毛寿龙从政治学、法学、经济学和社会学等不同学科维度揭示了有限政府的内涵并探索了有限政府

---

① 参见丛日云：《在上帝与恺撒之间——基督教二元政治观与近代自由主义》，三联书店 2003 年版。

② 参见毛寿龙：《有限政府的经济分析》，上海三联书店 2000 年版。

③ 刘祖云、武照娇：《有限政府：质、量、度的三重解析》，《学习论坛》2008 年第 7 期。

的政治、法律、经济和社会四种建构途径。① 陈国权等则梳理了哈耶克的知识论，揭示了哈耶克有限政府理论的知识论基础，从而为有限政府研究提供了一个新视角。②

本文的研究希望把有限政府置于自由主义的理论视野之下，通过揭示自由主义在政治与伦理、国家权力与个人权利、政府与市场以及自由与责任等基本政治问题上的基本态度和理论主张，从政府价值、政府权力、政府职能和政府责任四个维度探讨自由主义有限政府的内涵。在本文的结语部分，将结合当代中国的政府改革与发展，探讨自由主义有限政府的当代价值。

一、政府价值有限

有限政府的第一层含义是政府价值有限。政府价值有限主要涉及对政府的道德评判，即“政治是否应该具有某种伦理价值的问题”。③ 在古代城邦世界，公民与城邦存在着一种非常紧密的相互依存的关系。由此决定了古代政治思想家奉行一种“整体主义观念”，即在个人与群体或国家的关系问题上强调整体高于个人，个人不能离开整体而单独存在。亚里士多德指出：“城邦[虽在发生程序上后于个人和家庭]，在本性上则先于个人和家庭。就本性来说，全体必然先于部分。”④亚里士多德把个人与城邦的关系比作手足和全身的关系。他说，如全身毁伤，则手足也就不成其为手足，脱离了身体的手足同石制的手足无异，这些手足无以发挥其手足的实用。城邦先于个人，就是因为个人只是城邦的组成部分，每一个隔离的个人都不足以自给其生活，必须共同集合于城邦这个整体。“凡隔离而自外于城邦的人——或是为世俗所鄙弃而无法获得人类社会组合的便利或因高傲自满而鄙弃世俗的组合的人——他如果不

---

① 周晓丽、毛寿龙：《有限政府：多维阐释及其实现》，《四川行政学院学报》2008 年第 4 期。

② 陈国权、徐露辉：《有限政府：一种知识论的视角》，《江西社会科学》2004 年第 5 期。

③ 唐士其：《西方政治思想史》，北京大学出版社 2002 年版，第 18 页。

④ [古希腊]亚里士多德：《政治学》，商务印书馆 1965 年版，第 8 ~ 9 页。

是一只野兽，那就是一位神祇。”①与这种整体主义观念相一致的是政治伦理主义。政治就是善，政治生活与伦理生活合二为一。亚里士多德把城邦视为超越家庭、村坊的人类组织形式，城邦代表最高的、共同的善。人的价值是在共同体的政治生活中得以完成的，没有这种共同生活形式，人就是经济动物，而不是真正的人，即政治动物。正如丛日云所指出的那样："城邦时代的希腊人出于对国家的认同感和一体化感觉，觉得人类不可能没有国家。没有国家，人类生活就是不完善的，人的本性就没有充分展开和实现。”②这种国家整体主义与政治伦理主义决定了古代人赋予政治以极高的价值。国家是个人的本质，国家高于个人。

基督教会的兴起是“西欧历史上最革命的事件”。③ 其在西方政治思想史和政治文化的革命性影响主要表现为二元主义的政治观念，即“恺撒的物当归恺撒，上帝的物当归上帝”。这种二元政治观反映了基督教对国家的态度。在基督教看来，国家起源于人的堕落，是对人类之罪的惩罚和补救。国家是上帝的符咒，是不可避免的祸害。它一方面承认国家是人们得救的一个辅助性工具；另一方面也拒绝承认政治(国家)具有任何的道德含义，对国家持一种消极的态度。基督教的二元政治观及其对国家和政府的消极态度，极大地改变了西方政治发展的方向，重新塑造了西方政治文化的精神和性格。

近代思想家马基雅维里抛弃了有关国家和政府的目的论和至善论，以现实主义的态度来看待政治。在他看来，政治就是围绕权力展开的一切活动，包括权力的追求、运用和维护，政治的本质就是获取并保持权力。马基雅维里把国家还原为一种公共权力的组织体系，从而降低了国家的道德价值。近代自由主义政治思想家沿着马基雅维里开辟的现实主义的权力论路径继续前行，运用近代自然法

① [古希腊]亚里士多德：《政治学》，商务印书馆 1965 年版，第 9 页。

② 丛日云：《在上帝与恺撒之间——基督教二元政治观与近代自由主义》，三联书店 2003 年版，第 119 页。

③ [美]乔治·萨拜因：《政治学说史》，商务印书馆 1986 年版，第 222 页。

理论论证了人的天赋权利，运用社会契约理论揭示了国家的起源与目的。霍布斯被视为近代第一个政治哲学家，虽然不被承认为自由主义者，但他对近代自由主义政治哲学的重大贡献就是为近代自由主义政治哲学提供了一套完整的话语体系，包括自然状态、自然法、自然权利、社会契约等。霍布斯从人的邪恶本性出发，论证了国家产生以前的自然状态下的人类悲惨的生存状态。在自然状态下，自然人处于天生的平等状态，大致平等的自然人享有天赋的自由，人的本性并非天然合群，而是力求自我保存，平等的能力，平等的权利，必然导致平等的需求和欲望，在欲求的对象或者说自然资源有限的条件下，平等的自然人由于利己的本性和求生存的本能，势必展开激烈的争夺，使自然状态成为一种一切人反对一切人的战争状态。这种自然状态奉行弱肉强食的丛林法则。自然状态源于人类在不确定的环境中运用其自然权利——天赋自由——来力图保存自己的努力。天生爱好自由和统治他人的人类为了摆脱战争的悲惨状态，在自然法的指导下，签订协议，“把大家所有的权力和力量付给某一个人或一个能通过多数的意见把大家的意志化为一个意志的多人组成的集体”。在霍布斯看来，国家“就是一大群人相互订立信约，每人都对它的行为授权，以便使它能按其认为有利于大家的和平与共同防卫的方式运用全体的力量和手段的一个人格”。① 霍布斯首开先河地把国家定义为“人”，一个“人造的人”。据霍布斯的看法，政府仅仅是实现个人目的的一个工具。国家本身并没有善恶之分，政治(国家)是人类发明的一项最重大的成果，它为人类生存提供了一种政治秩序，这种政治秩序，对于人类生存而言，既是人为的，也是极为重要的，它是个人权利让渡给统治者(主权者)的必然结果。② 即便是专制政府，也胜过无政府的自然状态，因此一个健全的理性会根据“两害相权取其轻”的原则，在无政府主义与专制政府这两个祸害中选择专制政府。自由主义者接受

① [英]霍布斯：《利维坦》，商务印书馆 1985 年版，第 132 页。

② [美]施特劳斯：《西方政治哲学史》，河北人民出版社 1998 年版，第 461 页。

了霍布斯的政府工具观，却不认同霍布斯的专制政府理论。在自由主义的奠基人洛克看来，专制政府才是最坏的无政府状态，如果政府是专制政府，那么，人们宁可回到自然状态。只有作为保障人权工具的有限政府才是可欲的。因为在洛克看来，在自然状态下，人们便享有生命、自由和财产权等自然权利。这些权利既是不依赖于政府的，也不是政府授予的。这些自然权利具有至上的道德价值，因而是不可侵犯的。

在自由主义的价值体系中，个人自由和个人权利是价值本原和终极价值。自由主义对国家或政府的道德评价不高，“政府是一种必不可少的祸害”是整个自由主义有限政府的价值评判基调，政府只具有有限的价值，或者说只具有工具性价值。人们成立政府的目的便是为了更好地保护人们的自然权利。洛克指出：“人们联合成为国家和置身于政府之下的重大的和主要的目的，是保护他们的财产。”①保护人们的自然权利既是政府的重大和主要的目的，也是政府存在的正当性和必然性之所在。可见，在洛克那里，政府只具有有限的工具价值。美国独立战争时期的思想家潘恩明确提出了“政府是一种必不可少的祸害”的思想。潘恩区分了社会与政府，他说：“社会是由我们的欲望所产生的，政府是由我们的邪恶所产生的；前者使我们一体同心，从而积极地增进我们的幸福，后者制止我们的恶行，从而消极地增进我们的幸福。”②因而，“社会在各种情况下都是受人欢迎的，可是政府呢，即使在其最好的情况下，也不过是一件免不了的祸害；在其最坏的情况下，就成为不可容忍的祸害。”③“政府是不可避免的祸害”的命题，一方面肯定国家(政府)是不可避免的，我们必须承认和服从政府；但另一方面，政府又被定位于一种“祸害”，所以人们只给予它有限度的承认和有条件的服从，始终与它保持着距离，在内心深处则固守着对它的怀疑和不信任。同时，由于政府被覆盖上“祸害”的印记，所以需要对

---

① [英]洛克：《政府论》(下)，商务印书馆 1964 年版，第 77 页。

② [美]潘恩：《潘恩选集》，商务印书馆 1981 年版，第 3 页。

③ [美]潘恩：《潘恩选集》，商务印书馆 1981 年版，第 3 页。

它的权力进行监督和控制、限制和分割。

自由主义承认政府这个祸害是不可避免的。因为政府对于促进和保障个人权利又具有工具价值。国家或政府本身并不是目的，它应服务于更高的目的。在追求个人自由的事业中，国家或政府只具有有限的工具价值。正如丛日云所指出的那样："自由主义赋予国家以工具价值。自由主义剥去国家的道德权威，使其成为价值上的中性之物、低俗之物、外在之物或赤裸裸的权力组织。"①自由主义认为，政府并没有它自身的目的，它不过是人们为了实现安全和福利而创造出来的某种工具。

总之，在自由主义的意义系统中，个人自由具有最高的政治价值，自由主义以个人自由和权利为价值本体，同时设定了国家或政府的工具主义价值。自由主义不会美化政府，更不会神化政府。国家或政府不再被视为人类谋福利的最高政治组织，而是人们按"两害相权取其轻"的原则所作出的选择，是不可避免的祸害。从肯定意义上讲，是保障个人权利的必不可少的工具；从消极意义上讲，政府是一种不可避免的祸害。由于政府可能是个人自由与权利这种终极价值的直接的或潜在的威胁，必须限制政府权力。另外，政府价值有限观念，使自由主义理论既区别于古代国家至善论和目的论的国家价值观，同时也区别于国家主义的政府价值观。在近代产生的国家主义理论看来，国家是自然存在的，或用黑格尔的术语说，是"自在自为"的存在，它不依赖于个人，不是单个人的机械的集合。国家是有机整体，而个人是其有机组成部分。因为国家是基础，是本原，国家是第一位的，个人是第二位的。个人只有融合于国家中，通过参与国家公共事务，为国家尽义务，才能实现自己的本性和价值，国家本身即是目的，个人没有与国家相分离的或与国家相对立的权利，在对国家事务的参与和服务中，个人的价值才能体现出来。

---

① 丛日云：《在上帝与恺撒之间——基督教二元政治观与近代自由主义》，三联书店 2003 年版，第 171 页。

二、政府权力有限

有限政府的第二层含义是政府权力有限。政府权力有限既是自由主义自然权利理论发展的逻辑结果，同时也反映了自由主义对权力本性和人性的深刻洞见。自由主义是一种个人自然权利的理论体系。所谓自然权利，是指人在自然状态下，即在任何民事制度或政治制度建立以前，满足其生存的天然欲望所要求的权利。这些权利是每一个处于自然状态下的人所共有的权利，它不依赖于任何人，而是依据自然法，因而是一种自然权利。由于这种自然权利直接诉诸人类本性，因而是直观的或者说是不证自明的一种道德权利。根据近代的自然权利理论，在政府产生以前的自然状态，人们便享有自然法赋予的生命、自由和财产等自然权利。承认个人享有不可任意剥夺的自然权利，便可逻辑地推导出政府权力的有限性。个人自然权利构成政府权力的边界。政府的存在是为了维护个人的权利，而个人权利的不可取消性则构成政府权力的限度。政府在任何情况下都不得侵犯个人的天赋权利。自由主义强调个人拥有不可剥夺的个人权利，承认个人拥有不可剥夺的天赋权利本身就意味着政府的权力是有限的，个人权利构成政府权力的限度。

其次，政府的起源和目的界定了政府权力的有限性。根据自由主义的契约国家理论，在政府产生以前的自然状态下，人们根据自然法，享有生命、自由与财产等自然权利。这种自然权利包括两个方面：一是正当的权利；二是保卫自然权利的政治权力。“为了约束所有的人不侵犯他人的权利、不互相伤害，使大家都遵守旨在维护和平和保卫全人类的自然法，自然法便在那种状态下交给每一个人去执行，使每个人都有惩罚违反自然法的人，以制止违反自然法为度。”①但是在自然状态中，人人都拥有执行自然法的权力总是不妥的，因为人们充当自己案件的裁判者是不合理的，自私会使人们偏袒自己和他们的朋友。另一方面，心地不良、感情用事和报复心理都会使他们过分地惩罚别人，结果只会发生混乱，变得无序。为

① ［英］洛克：《政府论》(下)，商务印书馆 1964 年版，第 7 页。

了克服自然状态的这种不确定性，人们通过社会契约，进入政治社会。洛克指出："公民政府是针对自然状态的种种不方便情况而设置的正当救济办法。"①这种办法就是通过社会契约，人们放弃了自然权力，把它交由政府，但人们仍保留天赋的自然权利。在政治社会中，"每一成员都放弃了这一自然权力，把所有不排斥他可以向社会所建立的法律请求保护的事项都交由社会处理。于是每一个别成员的一切私人判决都被排除，社会成了仲裁人，用明确不变的法规来公正地和同等地对待一切当事人"。② 可见，政府的权力来源于人们的转让和授予，这种转让和授予的权力必然是一种有限的权力，或者说，政府权力实质上是一种有限的委托权。同时，既然政府权力来源于人们的转让和授予，那么很容易确立政府的目的，就是为了更好地保护人们的自然权利。洛克指出："人们联合成为国家和置身于政府之下的重大的和主要的目的，是保护他们的财产。"政府的这一目的决定了政府行使的只是为所有公民提供安全、稳定以及经济和社会福利的有限权力，而不可能是绝对的、专制的权力。

再次，人的自利本质也决定了必须限制政府的权力，建立有限权力政府。在人性问题上，自由主义理论持一种悲观看法，这种悲观看法来源于基督教的幽暗意识。"所谓幽暗意识是发自对人性中或宇宙中与始俱来的种种黑暗的势力的正视和省悟：正因为这些黑暗势力根深蒂固，这个世界才有缺陷，才不能圆满，而人的生命才有种种的丑恶，种种遗憾。"③由于人性是不完善的，有与生俱来的罪恶性和堕落性，有自私和滥用权力的倾向，自由主义特别强调对政府权力的限制。因为政府权力总是要通过具体的人来掌握和行使，而现实中的人是不完善的人，存在着为自己的利益而滥用权力的可能性。掌握权力的人具有自私的本性，人性既然不可靠，权力

---

① [英]洛克：《政府论》(下)，商务印书馆1964年版，第10页。

② [英]洛克：《政府论》(下)，商务印书馆1964年版，第53页。

③ 张灏：《幽暗意识与民主传统》，载刘军宁等：《市场逻辑与国家观念》，三联书店1995年版，第80页。

在人手中，便很容易“泛滥成灾”，因此，权力变成了一种很危险的东西。美国的国父们认为，结党营私是人类的通性，我们必须正视这种通性的存在。政治制度设计必须正视这种现实的人性。可以说，政府的存在正是针对这种自私的人性。因为“如果人都是天使，就不需要任何政府了。如果是天使统治人，就不需要对政府有任何外来的或内在的控制了”。① 政府权力作为一种重要的资源，可以为掌握这种权力的人带来其他的利益，不论权力是掌握在少数人手中还是多数人手里，权力被滥用的可能性都无法被排除，为了避免权力被滥用，必须对其进行监督和限制，而不论这种权力的性质如何。另一方面，权力本身就带有走向腐败的倾向，绝对的权力绝对地导致腐败。英国19世纪的史学家阿克顿得出了这样一个结论：“权力容易腐化，绝对的权力绝对地腐化。”因此，权力必须受到监督和制约。

权力有限的有限政府的对立面是专制政府，专制政府的本质就是政府权力未实现分化，不存在对政府权力任何有效的控制。这种不受任何有效控制的权力就是一种专制权力和绝对权力。洛克把专制权力定义为“一个人对于另一个人的一种绝对的、专断的权力，可以随意夺取另一个人的生命和财产的权力”。② 由此可见，对个人自由和权利威胁最大的就是专制权力与绝对权力。为了捍卫个人自由和个人权利，就必须防止专制权力和绝对权力的出现。为了限制政府的绝对权力和专制权力，自由主义有两个基本的政治主张，即法治与分权。法治就是把政府权力和运行纳入法律的轨道，确立宪法和法律的最高权威，通过法律限制政府的专断权力。分权的目的是防止政府权力的集中，避免其走向专制。有限政府并不是要限制政府的所有权力，而只限制政府的专制权力。

① ［美］汉密尔顿等著，程逢如等译：《联邦党人文集》，商务印书馆1980年版，第264页。

② ［英］洛克：《政府论》（下），商务印书馆1964年版，第106页。

三、政府职能有限

有限政府的第三层含义是政府职能有限，其对立面就是政府取代市场的全能政府。有限政府把自己的权力和职责范围限定在社会公共领域，即涉及社会公共利益的公共事务的管理上。通过缩小政府的范围，为个人自由扩张空间。18世纪的苏格兰启蒙思想家亚当·斯密从经济自由主义的角度，在政府与市场的关系框架中探讨了有限政府的问题。他着重论证了市场这只“看不见的手”对于社会经济和社会福利的自发调节作用，主张政府对经济较少的干预，政府的作用严格限定在国防、安全和提供最基本的公共物品这三个方面，政府仅仅充当资本主义市场经济守夜人的角色，以减少政府权力的不当运用必然带来的对社会经济的破坏。由此，亚当·斯密明确提出了限制政府职能、缩小政府规模、建设有限政府等主张。

自18世纪以来，随着有限政府的建立，专制权力、绝对权力对个人权利的威胁基本上已经不存在，政府改革的目标已经不再是限制政府的专制权力和专断权力对个人权利的威胁，而是围绕着政府与市场的选择而展开。通过缩小政府的范围，为个人自由扩张空间。在这方面，经济自由主义从政府与市场的关系角度进一步阐释了有限政府理论。亚当·斯密首开从政府与市场角度研究政府问题之先河，其《国民财富的性质及其形成原因》(简称《国富论》)系统地论述了市场的作用以及政府与市场之间的关系。亚当·斯密的研究对象是国民财富问题，其中心在于探讨一种最能促进国民财富增长的制度安排。斯密从经济人的人性预设出发，揭示人类行为的根本动力在于对个人利益的追求。他说：“我们每天所需的食料和饮料，不是出自屠户、酿酒家或烙面师的恩惠，而是出于他们自利的打算。我们不说唤起他们利他心的话，而说唤起你们利己心的话。我们不说自己需要，而说对他们有利。”①斯密看到了个人的利己本性可以带来人类进步与经济发展。事实上，最先表达个人追求私利

① ［英］亚当·斯密著，郭大力等译：《国民财富的性质和原因研究》(上卷)，商务印书馆1972年版，第14页。

的行为可以自动带来社会利益的发展这种观点的是法裔荷兰人曼德维尔，他在1714年出版的著作《蜜蜂的寓言》中提出了著名的“个人的邪恶”能够产生“公共利益”的善果的论断。曼德维尔认为人性在本质上是冲动的与自私的，而不是理性的、具有公共精神的。但是，曼德维尔并不试图教导人们改变这种本性，而是试图说明，这种冲动、自私、骄傲与嫉妒恰恰是社会运作与发展的动力。斯密显然继承了曼德维尔的思想，而且进一步揭示了个人自利行为如何才能促进公共利益的机制。这个机制就是市场机制。在市场这只“看不见的手”的引导下，个人只有在为他人利益服务的情况下才可能实现自己的私利，从而实现个人利益与公共利益神奇般的“先定的和谐”。他说：市场中的个人，“他通常既不打算促进公共的利益，也不知道他自己是在什么程度上促进那种利益……他所盘算的也只是他自己的利益。在这场合，像在其他许多场合一样，他受一只看不见的手的指导，去尽力达到一个并非他本意想要达到的目的……他追求自己的利益，往往使他能比在真正出于本意的情况下更有效地促进社会的利益”①。斯密强调市场对于社会经济繁荣和个人自由发展的自发作用。在他看来，市场是一个极其复杂的制度，也是一种最自然的制度。在市场制度下，每个人为了追求自己的私利，必然尽可能地提高自己产品的质量和数量，增进自己的利益，在增进自己个人利益的同时，社会财富也以最快的速度增长。斯密强调市场对于个人自由和社会繁荣的巨大作用，但并不否定政府的作用。如何协调政府与市场的关系，他主张的经济自由主义就是政府对私人经济活动少加干预，采取自由放任的政策。他认为在市场经济中，政府最好仅限于一些核心功能，这些功能包括：第一，保护社会，使不受其他独立社会的横暴与侵侮；第二，保护社会中的任何人，使之不受社会上其他人的欺侮或压迫，换言之，就是设立一个严正的司法行政机构；第三，建立并维持某些公共机关和公共工

---

① ［英］亚当·斯密著，郭大力等译：《国民财富的性质和原因研究》（下卷），商务印书馆1974年版，第27页。

程，这类机关和工程，对于一个大社会是有很大利益的。① 政府提供的这些核心功能被认为是促进市场繁荣发展所必需的。自亚当·斯密以来，人们普遍认为，市场是实现增长和改善福利的最好工具，政府仅充当“市场守夜人”的作用。政府职能有限，就是在市场经济条件下，确立政府能做什么，不能做什么？“有许多事情是政府所不能做的——即使是许多出于美好愿望的事情也不能做。政府必须把这些事情留给社会上的其他企业去做。政府不能对人民实行衣来伸手、饭来张口的包办政策，不能代替人民去发财致富，而让人民坐享其成。政府也不能充当人民的教师爷，对人民指手画脚。政府更不能强行改变或迫使人民信仰或放弃某种宗教。”②

有限政府反映了自由主义在国家与社会关系问题上的基本态度。所谓国家是指一个社会中公共权力的组织体系，其载体就是政府。而社会则是与政府相对应的基于自愿结合的另一种人类组织形式。自由主义强调社会与国家的区分与对立，强调社会高于国家，强调社会对国家的制约，这种相信社会而怀疑政府的思想是自由主义的一个基本特征，同时也构成了自由主义要求限制政府权力，把政府权力限制在公共领域，从而减少国家作用的范围的主要根据。从国家与社会关系角度来看，有限政府的对立面就是国家与社会高度一体化的全能政府。全能政府又叫全能国家，是 20 世纪发展中国家现代化进程中形成的一种国家替代社会的控制模式，其基本特征是：国家权力可以侵入社会的各个领域、个人生活的诸多方面，而不受法律、思想、道德(宗教)的限制。③ 中华人民共和国成立后到改革开放的三十年间，中国建立了典型的全能政府模式。这种全能政府主要通过极度扩展国家经济职能、国家对社会的渗透与控制

---

① [英]亚当·斯密著，郭大力等译：《国民财富的性质和原因研究》(上卷)，商务印书馆 1972 年版，第 254 ~ 285 页。

② [英]阿克顿：《自由与权力》，商务印书馆 2001 年版，第 333 页。

③ [美]邹谠：《二十世纪中国政治》，(香港)牛津大学出版社 1994 年版，第 206 页。

以及社会成员对国家的依附这三个途径逐步形成和确立起来。①

四、政府责任有限

自由主义的有限政府的最后一层含义是政府责任有限。政府责任是一种现代政府理念，是政治责任观念发展的必然结果。德国社会学家马克斯·韦伯从政治与伦理的关系角度最早论述了政治责任问题。韦伯依据政治权力的强制性暴力本质来证明政治责任的存在。他说："政治的决定性手段是暴力。"②政治家有权使用暴力，但必须对使用暴力的后果负责。在韦伯看来，政治责任概念一方面意味着政治权利的有限性。政治领导人的决定与行动必须遵守游戏规则，并重视共同体的需要，要符合法律的规定和法律程序等。政治责任的概念还意味着惩罚。由于政治领导者所做的决定所采取的行动的不良后果涉及了共同体的全体成员，因此，他就有可能受到惩罚。惩罚的理念在政治责任的概念中并不是一种处于从属地位的要素，相反，惩罚扮演着主要角色。没有它，那么政治责任这一理念就是抽象的，甚至是不存在的。而法国学者夸克则从政治权力的合法性角度来论述政治责任问题。他认为政治权力的合法性建立在政治权力为共同体的共同利益服务的基础上，而为了更好地实现共同体的目标，必然要赋予政治权力以一定的自主性。事实上，任何政治权力都具有一定的自主性。政治权力的自主性同时意味着政治责任。他说："权力的不平等分配，只有当政府所承担的义务得以实现的时候才能够得到证明。承担政治责任的方式给予了统治者以统治权利。"③

责任政府不同于君主专制时代的无责任政府。君主作为国家主权的拥有者，上帝在人间的代表，其权力行为不向任何人负责。依

① 参见杨光斌：《中国政府与政治导论》，中国人民大学出版社 2003 年版，第 193 页。

② [德]马克斯·韦伯著，冯克利译：《学术与政治》，三联书店 1998 年版，第 108 页。

③ [法]让-马克·夸克：《合法性与政治》，中央编译出版社 2002 年版，第 50 页。

次类推，由专制君主任命的各级政府官员也不承担任何责任。所谓责任政府，依据《布莱克维尔政治学百科全书》的解释，是指“一种需要通过其赖以存在的立法机关而向全体选民解释其所作的决策并证明这些决策是正确合理的行政机构，同时，它还必须符合责任政府的一般定义的要求”。① 在实行议会制政体的国家如英国，责任政府具有以下几个方面的内涵：(1)议会是国家权力的中心，由议会产生政府，议会的信任构成政府的执政资格。(2)政府一旦在议会的重大表决中失败，即视为政府丧失议会的信任，政府即应辞职，或提请国王解散议会，组织议会选举，以取信于民。(3)政府对议会负责，而负责方式主要指向议会报告工作和在丧失议会信任后辞职。政府对议会负责主要有两种形式，即政府集体负责制和大臣个人负责制。在美国的总统制政体中，基于“三权分立”的原则，不存在议会制政体中的责任政府，即总统领导的政府不向国会负责，而是形成了独特的总统责任制度。根据美国宪法规定的总统责任制度，总统不仅承担政治责任，而且承担法律责任，即总统既可能受国会弹劾，也可能受法院审判，而且如果被判明犯有叛国、接受贿赂或其他重罪时，还得予以撤职。总统责任制度，体现了行政权必须对人民主权负责，行政首长必须对选民负责的思想，而这个思想正是责任政府的灵魂。它体现了各种类型的责任政府的共性，即执政机关最终和直接对选民负责。

自由主义的有限政府是责任政府，而且是政府责任有限的责任政府。事实上，政府责任有限的观念并非自由主义有限政府的专利。在君主专制主义支持者霍布斯看来，利维坦式的专制国家的目的不是实现正义，而仅仅是维护和平与秩序。也就是说，人们不能期望国家带给他们美好的理想，而只希望国家使他们摆脱无政府状态，得到和平与安全。自由主义的有限责任政府是由权力与责任相对等原则推导出来的。权力与责任成正比，政府权力的大小决定了政府责任的大小。政府权力是有限的，由此可以推断出政府责任有

① [英]戴维·米勒等主编：《布莱克维尔政治学百科全书》，中国政法大学出版社 2002 年版，第 702 页。

限。有限政府理念和模式严格限制政府权力与政府职能，相应地，政府只承担有限的责任。政府只对维护社会稳定、市场秩序，保护人们生命、财产安全，促进社会公平方面负有不可推卸的责任，但政府却不对国民的个人幸福负责，个人幸福交给独立的个人承担。如果政府对社会有着无限的责任，那么就意味着政府对社会有着无限的权力，政府就会凌驾于社会之上，就会由社会的"公仆"变成社会的"主人"，那样，就会产生一种事实上的专制主义政治。

当然，在不同的经济时代和不同的国家，政府责任的大小和范围也是不一样的。在早期自由竞争的资本主义阶段，对个人经济自由的信奉使自由主义有限政府的责任除了国防、治安和提供基本公共物品外，国家不再承担其他职责，特别是不承担保护、补偿和平衡经济上处于弱势的社会群体的职责。正如一位美国总统所言："普通政府的权利和责任不应该扩展到对个人遭受到的、与公共服务或公共利益没有适当联系的不幸提供援助……应该坚持不懈地强调这样一个经验，那就是，尽管人民供养了政府，但政府不应该供养人民。"①同样，政府也不对人们的宗教信仰负责。"国家是不能履行良知的功能的——国家只解决社会的公共福利问题，而不是个人的福利问题。国家镇压犯罪行为，但却不能镇压人们心中的邪恶感。"②

进入 19 世纪以来，自由资本主义发展到垄断资本主义阶段，自由竞争造成的大量社会问题如贫富分化与阶级矛盾引起了广泛的关注。托克维尔在 1835 年的《贫穷现象备忘录》一文中指出：当时的英国无论产业之发达程度、文明之水平、生活之安适皆为全球之首，但英国之乞丐和接受救济者之人数，却数倍于发展程度相当落后的西班牙、葡萄牙和法国，"此一繁盛王国的六分之一人口系依

① 转引自理查德·派普斯：《财产论》，经济科学出版社 2003 年版，第 266 页。

② ［英］阿克顿：《自由与权力》，商务印书馆 2001 年版，第 333 页。

赖公共慈善维生”。① 不受限制的个人自由特别是经济自由导致了一种日趋恶化的社会关系。由此，人们对政府责任的态度也发生了巨大的转变。人们逐渐认识到，很多贫穷现象是由一些穷人自身所无法控制的因素所造成的，因此，促进社会公平成为政府新的责任。福利国家的推行，使政府权力扩大的同时也造成了政府责任的无限扩大，“从摇篮到坟墓”，事无巨细，无所不包，从而从一个极端走向另一个极端。

政府责任有限，就是要合理分配政府与个人之间的权、责问题。有限政府限制了政府的权力和职能范围，从而给公民个人保留了大量的自由权利。自由主义理论家密尔系统地探讨了社会所能合法施用于个人的权力的性质和限度。他说：“凡主要关涉在个人的那部分生活应当属于个人，凡主要关涉在社会的那部分生活应当属于社会。”②据此他概括出两条基本原则：第一，个人的行为只要不涉及他人的利害，个人就有完全的行动自由，不必向社会负责；他人对于这个人的行为不得干涉，至多可以进行忠告、规劝或避而不理。第二，只有当个人的行为危害到他人利益时，个人才应当接受社会的或法律的惩罚。社会只有在这个时候，才对个人的行为有裁判权，也才能对个人施加强制力量。③ 公民个人的自由的扩大则意味着个人要承担自由的风险与责任。自由主义主张限制政府权力及政府权力的范围即政府职能，从而大大地扩张了公民个人行动的范围，但是，自由主义在赋予公民自由的同时，也强调公民个人承担自由带来的责任。因此，个人自由问题产生了两种责任，即公民个人对自己的自由负责，而政府只对社会公共利益负责。

结语：自由主义有限政府的当代价值

自由主义在西方学者看来实际上就是一种“关于有限政府的政

① 转引自许国贤著：《财产与政治——政治理论论文集》，台湾桂冠图书股份有限公司 2001 年版，第 67 页。

② [英]约翰·密尔：《论自由》，商务印书馆 1959 年版，第 81 页。

③ [英]约翰·密尔：《论自由》，商务印书馆 1959 年版，第 81~82 页。

治学说”①。因此，我们可以通过揭示自由主义在全球的复兴来审视自由主义有限政府的当代价值。自20世纪以来，自由主义构成了当代西方学术界争论的焦点，成为许多人神往或批评的对象。可以说，没有一种学派或思想体系像自由主义一样广受支持、研究与批判，但自由主义一直是西方近代以来占主导地位的意识形态。②尽管不时面临来自各种意识形态的挑战而渐渐处于退却态势，但自由主义始终不倒，在20世纪后30年又大有死灰复燃、卷土重来之势。从20世纪70年代以来的全球性的“市民社会思潮”复兴到90年代的新公共管理运动，都可以看到其后的自由主义身影。个人与国家的关系问题是人类面临的永恒难题，自由主义的生命力在于持续关注个人权利，对政府保持一种审慎的态度，努力协调个人权利与政府权力的关系。自由主义有限政府是一种试图协调个人权利与政府权力关系的政府理念和政府模式。有限政府是当代政府的基本形态，符合现代个人权利发展要求，是现代政府改革和发展的基本取向。无论是有效政府还是服务型政府，都是建立在有限政府的基础之上的政府创新模式。

但是，自由主义有限政府并不乏责难。自由主义的批判者、德国政治学家卡尔·施密特对有限政府的指责与批评主要针对有限政府的政府能力问题。在他看来，自由主义的有限政府过分关注个人权利和自由，视国家为侵害个人权利的主要渊薮。由于在有限政府条件下，个人自由的范围在原则上是无限的，而国家干预这一范围的能力在原则上是有限的，有限政府必然削弱政府能力。③ 自改革开放以来，国外各种政治思潮纷纷涌入中国，每种思潮都找到了自己的支持者和批判者。自由主义在中国的出场，始终伴随着激烈的争论。对有限政府的支持和责难，在当代中国市场化改革以来围绕

① Andrew Vincent, *Modern Political Ideologies*. 台湾五南图书出版有限公司1999年版，第71页。

② 参见李强：《自由主义》，中国社会科学出版社1998年版。

③ 参见李强：《宪政自由主义与国家构建》，《宪政主义与现代国家》，三联书店2003年版，第19～43页。

政府与市场关系的广泛讨论中展开。2000年9月，韩冬雪著文指出，强调个人权利至高无上，严格限制国家活动范围的自由主义国家观念，既与我国文化传统不同质，而且与我们的马克思主义信仰相悖。他认为在社会主义市场经济条件下的国家职能应该有新的、不同于自由主义政府观的理解。① 2001年，又有学者著文指出，自由主义有限政府是一种完全过时的、背离现实的政府理念，应予以否定。②

与这种批判与责难相对的是对有限政府的支持和肯定。当代社会学家迈克尔·曼对两种不同性质的国家权力的区分为探讨有限政府的政府能力问题提供了一个分析框架。迈克尔·曼区分了两种不同性质的国家权力，即基础性权力(infrastructural power)和强制性权力(despotic power)，这两种权力是国家权力的两个相互独立的维度。前者是指国家事实上渗透市民社会，在其统治的领域内有效贯彻其政治决策的能力，而后者是指国家精英可以在不必与市民社会各集团进行例行化、制度化的讨价还价的前提下自行行动的范围。③ 基础性权力和强制性权力(暴力)都具有实现目标的能力，但这种能力存在着大小强弱之分。基础性权力的行使由于能够得到被统治者的认可和广泛支持，法律和政策能够得到顺利的推行，政府能够汲取更多的财政收入，能够更加有效地动员社会各阶层，从而实现政府管理的目标。而当政府运用强制性权力即暴力时，由于会遭到广泛的公民不服从和抵制，从而削弱政府实现目标的能力。根据基础性权力与强制性权力或权力与暴力的分析框架，有限政府并不因为政府的专制权力受到宪法和法律的有效控制而成为一个弱政府，相对于专制政府，有限政府有效地控制了政府的强制性权力或暴力，从而增强了政府合法性，提升了政府的基础性权力。其次，

① 韩冬雪：《超越自由主义的政治理念——社会主义市场经济条件下的国家职能》，《中国行政管理》2000年第9期。

② 张中祥：《从有限政府到有效政府：价值·过程·结果》，《南京社会科学》2001年第3期。

③ Michael Mann. *States, war, and Capitalism*. Oxford: Blackwell, 1988, pp. 5-9.

相对于全能政府，有限政府把政府权力控制在公共领域，避免了政府卷入本应该属于市民社会的事务，增强了政府的自主性和权威，从而增强了政府的权威和政府能力。

在国内学术界，对有限政府的支持与肯定始终是学术研究的主流。这既是对计划经济时代全能主义政府反思的结果，同时也是对当代中国政府改革与发展的现实关怀。但自第二次世界大战以来，包括中国在内的社会主义国家，建立起高度中央集权的政治经济体制，整个社会从微观到宏观、从个人到组织都被纳入到党和国家的权力结构中，建立了全能政府。全能政府是与计划经济相适应的、政府对所有资源能够实施集中控制的一种政府模式。从国家与社会的关系视角来看，全能政府就是国家替代了社会，实现了国家与社会高度一体化。从个人权利与国家权力的关系视角来看，相对于国家权力而言，个人自由与权利是微不足道的。改革开放以来，随着社会主义市场经济的发展、市民社会的发育和个人权利的伸张，全能政府模式逐渐解体，政府改革与发展成为当代中国改革的一道风景线。自 2003 年"非典"事件后，有限政府已确立为中国政府改革和发展的目标之一。把握有限政府的内涵，结合中国的历史文化和社会现实，选择有限政府的实现途径，便成为学术研究需要加以解决的重大理论与实践课题。因此，对于当代中国政府改革而言，自由主义有限政府的意义和价值在于为当代中国政府改革提供可资借鉴的实现途径。

首先，有限政府的建构，必须破除对权力的崇拜。有限政府依赖于一种以消极国家观为核心的政治文化，这种政治文化对政府往往持不信任的态度，政府被视为一种必不可少的"祸害"，一种"以恶制恶(人性恶)"的工具。中国自周以来便形成了重于人事，虚于天命的经验政治风格，超验的天常常以经验的民意、民心来表达，所谓"民，神之主也"。这种民族文化心理结构缺乏类似基督教的宗教文化精神。再加上长期以来的小农生产方式，使国民形成了一种根深蒂固的对权力和政府的崇拜和依赖心理。正如马克思所指出的那样："他们不能代表自己，一定要别人来代表他们。他们的代表一定要同时是他们的主宰，是高高站在他们上面的权威，是不受限制的政府权力，这种权力保护他们不受其他阶级侵犯，并从上面赐给他们雨水和阳光。所以，归根到底，小农的政治影响表现为行政权力支配社会。”①虽然中国传统文化缺乏宗教的超验关怀以及对政府或权力的不信任态度，但传统儒家文化中的民贵君轻的民本主义思想以及作为当代中国指导思想的马克思主义的国家工具观，都可以成为我们在建设有限政府过程中破除对国家或政府的崇拜的可资利用的思想资源。

其次，致力于限制政府的权力。有限政府的核心要义是政府权力有限，有限政府建设的重要内容就是限制政府的权力。在当代中国，尽管全能政府时代已经一去不复返了，但是，全能政府时代的不受限制的行政权力仍然存在。相对于其他国家权力以及社会权力和公民私权，行政权力仍然得到了加强和扩大。行政权力是国家行政机关执行法律、管理国家和社会公共事务的权力，是国家政权的核心部分。“行政是政府行使直接权力的部门，并且是直接和公众打交道的，个人的希望和恐惧主要的是指向它的，政府的好处，以及政府的恐怖和威信，也都是主要通过它表现在公众眼里的。”②控制政府权力主要是控制行政权力。如何限制政府的行政权力？自由主义的途径是强化个人权利，实现法治与分权。当代中国的基本政治制度决定了“三权分立”的制度设计之不可行，可以着力的是通过政治加强对行政的控制，即通过实现党政分开，发展执政党的代表性和协调性政治功能，强化人大的立法、代表和监督功能，确立公民权利及选举功能，由此形成中国特有的政治领域，实现政治对行政的控制。

再次，实现国家与社会关系转型，促进政府职能转变。自由主义有限政府是建立在自由主义国家与市民社会关系基础之上的。这种国家与社会关系有两个特点：一是随着市场经济发展而来的是一个比较成熟的市民社会的形成，具有不同于政治国家的运行逻辑；二是通过政治革命实现了社会与国家的区分和对立。中华人民共和

① 《马克思恩格斯选集》第1卷，人民出版社1995年版，第678页。

② ［英］密尔：《代议制政府》，商务印书馆1982年版，第57页。

国成立后，形成了国家与社会高度一体化的国家与社会关系格局，这种格局呈现出相辅相成的特点，即国家社会化和社会国家化。建立在这种国家与社会关系格局上的自然是全能政府模式。改革开放以来，社会出现了“自由流动资源”与“自由活动空间”，在此基础上社会正在成为一个与政府并列的、相对独立的提供资源与机会的源泉，由此开始了国家与社会关系的重构。实现国家与社会的关系转型就是由传统的国家单向控制社会转向现代的国家与社会的双向控制。国家与社会关系转型的实现机制是市场经济的发展。在当代中国，有限政府建设的重要方式是实现政府职能转变，而要实现政府职能转变，必须重新思考现代化进程中的政府与市场的关系。政府与市场是人类发明的促进人类文明事业的两种最基本的制度安排。它们在人类文明事业中各有不同的作用。在个人自由方面，市场经济是自由经济，它允许每个人最大限度地发挥自己的各种实在的和潜在的能力，它所提供的物质刺激，是人们从事各种创新性活动的动力源泉。在资源配置和分配方面，市场的作用也是不可替代的。因而，市场是人类目前为止发现的最有利于促进个人自由和经济繁荣的制度安排，市场经济被看作是自由与繁荣的保证。政府作为一个公共组织，是人类共同生存的需要，是人类文明的伟大创造，也是人类进入文明社会的重要标志。在市场经济条件下，政府的主要职能应放在弥补市场的不足方面，具体表现在以下几个方面：一是改善和扩展市场的作用，包括规制无约束的市场、投资于民和基础设施、通过在基础教育和医疗卫生方面制订适当的政策以减少贫困和增加社会公平、防止市场垄断等方面来改善和扩大市场的作用，从而减少市场缺陷事件的发生率；二是保护产权免受盗窃、暴力和其他掠夺行动之害、保护产权不受政府随意性行为之害，包括不可预见的特殊规章和税收以及彻底的腐败；三是保护和促进社会的公共价值。在公共政治生活中，正义、权利、自由、自治、民主、平等、福利、宽容构成最为基本的公共价值。这些基本的社会公共价值有助于促进社会合作和社会和谐。

最后，必须明晰政府责任范围。全能政府信奉政府全能，赋予政府无所不包的权力，也让政府承担全部责任。有限政府是责任政府，同时也是有限责任政府。在当代中国，首先要确立政府责任，其次才是明确政府责任范围。应该看到，作为现代政府改革和发展的目标之一的有限政府，既要借鉴西方国家政府发展的经验，立足于个人自由和权利，又要符合当代中国的社会经济发展阶段和占主流的价值观念的要求，反映新的时代要求。当代中国现代化过程中所面临的社会经济问题远远复杂于西方国家在现代化过程中出现的问题，这就决定了作为中国政府改革和发展目标之一的有限政府建设不可能以仅仅充当市场经济的守夜人角色，以不侵犯个人权利为目标，而是要承担更多的公共责任，更加积极地促进社会经济发展和个人权利的实现，建立有限而有为、有效的政府。

（蒋永甫　广西大学公共管理学院教授）

“古典政治的回归”

——思考当代西方政治生活的新动向

◎胡　勇

【摘　要】必须在西方两千多年的政治发展史中考察当代西方政治生活的新动向。这种新动向和现代政治生活具有一定的断裂性，却和古典政治生活具有一定的关联性。我们将这种新动向称为“新古典政治”。

【关键词】古典政治　现代政治　新古典政治

当代西方社会脱胎于现代西方社会，和它的母体有着千丝万缕的联系。但是，由于当代西方的生产技术、社会生活与道德观念同其现代相比，具有一定的断裂性，这种断裂性自然会影响到政治观念与实践，使得当代西方政治生活中出现了不同于现代的一系列新动态。我们姑且将当代西方政治生活中的这种新动向称为“新古典政治”或“古典政治的回归”。

西方世界进入文明时代以来，随着其经济、社会及文化基础的变迁，其政治生活包括政治实践与政治观念也经历了具有断裂性与可比性的几种形态。为了更准确地认识当代西方政治生活中的这种新动向的各种面相，更恰当地评价这种新动向的特定意义，有必要对西方政治生活中的几个发展断面的特性进行一番历史考察。

一、政治生活的古典性

古典政治作为人类政治观念与实践的滥觞，为后世留下了深刻动人的典范。它以古代雅典和古代罗马为其历史类型，由于其独特的社会经济体制——奴隶制和独特的政治环境——城邦(或城市国家)，造就了其独有的特性。我们将这些特性称为政治生活的古典性，主要表现为：

(一)作为一种生活方式的政治。古代世界中奴隶制的存在可以使人们在一定程度上摆脱以谋取生计为中心的一系列生活琐事，专心致志地从事文化与政治等高雅活动；城邦生活条件的简化可以使政治摆脱现代专业分工的铁律，芸芸众生都可以参与政治决策。这样，政治就有条件成为公民日常生活的组成部分，为政治作为一种生活方式提供了一种可能性。简单的经济生活和全能的城邦政治导致了生活条件的改善取决于政治生活的参与，政治成为生存的基本手段。政治不是公民生活的边缘性事务，而是公民生活的中心事务，甚至成为作为人的一种本质规定性。① 这样就为作为一种生活方式的政治提供了一种必要性。政治的生活化意味着：公民的日常生活和政治息息相关，政治既体现为一种政治体制与程序，也表现为一种日常生活方式；政治成为横亘于私人生活与公共生活之间的事务，公生活与私生活之间可以相互沟通与转化。这种形态的政治也意味着政治的全能性和渗透性，私人生活的政治化。

(二)以伦理诉求为目标的政治。古典政治虽然脱胎于公民日常生活，但却将以超越物质利益的索取为特征的伦理诉求作为自己的主观目标，将低俗生活上升为高尚生活。亚里士多德曾经说过，人们参与政治的“主要目的就在于谋取优良的生活”。② 优良生活即实践美德或德性的生活。德性的生活即是将理智德性和道德德性这两种德性结合起来加以实践的生活。③ 因此，政治使得公民可以通

---

① [古希腊]亚里士多德著，吴寿彭译：《政治学》，商务印书馆1965年版，第9页。在这一段话中，亚氏反复声明，凡是抛弃政治生活者，不是“一只野兽”，就是“一位神祇”。

② [古希腊]亚里士多德著，吴寿彭译：《政治学》，商务印书馆1965年版，第130页。

③ [古希腊]亚里士多德著，廖申白译注：《尼各马可伦理学》，商务印书馆2003年版，第34页。

过政治讨论、选举公职、担任公职和保卫城邦等一系列活动，获得丰富的治国知识与哲学智慧，养成高贵的道德品质，从而得到个性的发展与完善。古典政治以伦理诉求为目标，自然要求将政治作为一种完善个人品德、获得自我实现的手段，反对将政治作为维护个人安全或获取物质利益的工具。

（三）以公共利益为基础的政治。在古典时代，作为袖珍式共和国的城邦极易受到外部的侵占，或发生内部的动乱，从而导致政权的颠覆。城邦的自治、政权的维持很大程度上依赖于公民的无私和忘我，特别归功于公民为了城邦的生存而自愿牺牲自己的生命和权利。这样就造就了古典政治生活的核心价值观：公共利益高于个人利益，个人利益服从于公共利益。因此，古典政治的生存基础是公民的责任，而非公民的权利。古典政治是一种公益政治，而非权利政治；古典政治是一种道德政治，而非利益政治。

（四）以品德为动力的政治。为了维护政治的公益性，为了巩固政权的基础，古典政治需要对公民进行道德教育与灌输，将特定价值观的教育作为基本国策。另外，就作为一种生活方式的古典政治而言，政治生活在人类一切活动中居于中心地位，政治参与高于其他一切个人活动。政治既然是人类的中心活动，就需要公民全心全意地投入，需要公民“不再把自己看作一个独立的人，而只看作共同体的一部分”。① 这样，通过教育使公民抛弃自我，融入政治共同体，获得政治参与的美德——公民美德就成为攸关政权存亡与人类幸福的一件要务。所以，颇有古典共和情怀和遗风的孟德斯鸠才会认为，古典政治需要品德作为“动力”，“共和政体是需要教育的全部力量的”；通过教育，激发公民的爱国心，“不断地把公共的利益置于个人利益之上”。② 道德教育常常意味着对某种特定的价值观、特定的生活方式的强制灌输，因此，对道德教育的倡导与实施必然使得古典政治反对政治中立论和道德多元论。

---

① ［法］卢梭著，李平沤译：《爱弥儿》，商务印书馆 1978 年版，第 10 页。

② ［法］孟德斯鸠著，张雁深译：《论法的精神》，商务印书馆 1961 年版，第 20、34 页。

（五）以直接参与为模式的政治。理想民主论者认为，民主意味着自治，最完善的民主意味着公民最彻底的自治，最彻底的自治则意味着公民亲自处理一切政治事务，而不需要他人作为代理或中介。一切民主原教旨主义者之所以推崇古典政治生活，就是因为它的基本制度模式是直接民主制。在理想的古典政治生活中，公民直接参与国家立法、轮流担任公职人员、亲自决定审判结果，真正成为自己的主人。由于社会生活的单一化，政治生活的简单化，政治事务的崇高性，在古典世界生活中的人们看来，自己有能力行使的权力却要交给他人来代理，这是不可想象的。

（六）以平民主义（或平等主义）为特征的政治。古典政治强调政治参与主体的平等性，消除一切可能危害稳定的政治生活的特出人士和宗派集团。亚里士多德认为，为了维持平民主义政体，驱逐才德优胜人士的“陶片放逐律”不失为一种可行的办法。① 古典政治既要提防具有个人野心的阴谋家与煽动者，也要反对背离公共利益的宗派团体。因为他们可能会颠覆民主的城邦政治，或者异化民主的城邦政治。因此，就这个意义而言，古典政治是一种一元主义政治，而非多元主义政治。

古典政治生活出现在经济生活落后、人口规模较小、社会生活简单而同质的古代城邦中，特定的经济、社会与政治状况决定了上述的一系列特性。由于这些特性，人们常常将古典政治生活——这种小共同体的政治生活作为一种纯粹的、完善的政治生活，作为一种政治生活的终极理想。卢梭所构造的政治共同体，马克思所描绘的巴黎公社就有着这种政治生活的影子。但是，古典政治生活既充满了魅力，也容易早凋，几乎被遗忘在历史的长河中。在现代社会中，无论是在政治实践的形式上还是在政治观念的理解上都出现了新的变化，但这种新变化却来自于对古典政治的否定与批判。

---

① ［古希腊］亚里士多德著，吴寿彭译：《政治学》，商务印书馆 1965 年版，第 155 页。

二、政治生活的现代性

现代政治生活生长于市场经济的母体中，以资本主义生产及生活方式作为其载体，以现代民族国家作为其活动场地，因而表现出了同古典政治迥然不同的风格，甚至有人认为这是两种本质不同的政治范畴。现代政治独特的生长、生存及活动方式决定了它独有的和古典政治相异的特性，我们将这种特性称为政治生活的现代性。

(一)作为一种生活衍生品的政治。在以市场经济为基本社会、经济体制的现代社会中，人们的日常生活自然以经济活动为中心，政治生活退居到边缘位置。与社会生活的现实相对应，在近代思想家的思想虚构中，人们原初的生活动机是追求生命、财产与自由，这甚至被堂而皇之地载入到一个国家的宪法前言中。① 在思想家们看来，和作为自然之物而存在的市民社会相比，政治社会只是一种人造之物。同样，政治生活自然而然地也退出人们的日常生活领域，成为日常生活的衍生物与后备品。甚至如果"在共同祖国的公民中间分享社会权力"的古典政治模式还要盘桓在市民社会中，将会威胁到人们的自由。② 充其量，政治只具有工具性的意义，只是保障人们的生命、财产与自由的一种手段。这样，政治就从古典时代的人类生活中的一种中心事务压缩为一种边缘事务，从古典时代的生活必需品转变为现时代的生活衍生品。由于政治的退却，人们的全部生活也就实现了私人领域与公共领域的分离。

(二)以物质利益诉求为目标的政治。作为生活衍生品的政治

① 《独立宣言》声称，每个人都生而拥有不可剥夺的生命、自由和追求快乐的权利，政治就是为了实现这种权利。

② 贡斯当在《古代人的自由与现代人的自由》演说中，严厉地谴责了民主的越界给现代人的自由所带来的威胁，他所谓的现代人的自由，实质就是以经济活动为中心的私生活自由。在演说的结尾，他也有保留地承认了民主的工具价值。参见[法]邦雅曼·贡斯当著，阎克文、刘满贵译：《古代人的自由与现代人的自由》，商务印书馆 1999 年版。

不再具有崇高的目标。它不再是践行伟大德行的工具，也不再是获得自我实现的手段。它的目标只有一个，那就是赤裸裸地追求物质利益。在现代社会中，既然政治活动要从属于经济目标，自然，政治活动也要服务于经济活动，成为人们谋求物质利益的手段。在市场经济中，政治的神圣光环消失殆尽。政治在古典时代具有的积极进取、外向扩张的色彩，在现时代被狭隘内敛、消极保守的特色所取代。这样，它就丧失了曾经在人类社会生活中的崇高地位。一种曾经高尚的生活也就被贬低为低俗的生活。所以，在这种深厚的政治文化氛围中，拉斯韦尔才会认为，政治意味着"谁得到什么，何时和如何得到"；伊斯顿也提出，所谓政治就是对社会价值的权威分配。这些观念都是现代政治的物质化的体现。

（三）以个人权利为基础的政治。现代人的生活状态决定了他是一个个体的人，一个无根的人，一个个人主义者。他丧失了一切先赋性的外在联系，他的一切活动都是以自我为中心。政治成为维持个体自给性的重要工具。这样，政治不再承担起实现共同体的伟大目标的任务，不再成为实现公共利益的工具；政治成为个体之间的一种博弈工具，目标是实现个体的利益。这种个人利益，自由主义以一个非常动听的术语来表示，那就是权利。这样，作为古典政治之基础的公共利益被现代政治中的个人利益所取代。

（四）以理性为动力的政治。现代人认为，政治的价值体现在它对个人利益的维护。但同时他们也认为，个人利益的追求不但不会危及公共利益，相反还会促进公共利益。而这种效果的形成，正是由于人的理性作用。在现代人看来，理性为现代政治的存在不息提供了动力，保证了政治生活的顺利运行，保证了政治生活的有益性。实际上，我们可以认为，理性为以个人利益为基础的现代政治提供了合法性。现代人不相信道德说教：一方面道德说教抵挡不了人们的私人动机；另一方面它往往沦为推行蒙昧政治和高压政治的手段。他们相信理性的算计，相信理性而不是品德才是政治运作的动力。由于他们相信普世的理性，怀疑特殊的道德观，所以他们坚守政治中立论和道德相对论。他们相信"政治的永动机"理论，认为只要对政治体制加以精心的理性设计并投入运行，它就可以永远

无误地运作下去，而不需要外在的或附加的道德、宗教和人性因素。①

（五）以间接参与为模式的政治。现代民族国家的人口与幅员特征决定了，以直接参与为特征的古典政治模式完全不能适用于现代社会。同时，现代人还认为，公民对于政治生活直接而大规模的参与会危及私生活领域，导致政治的越界。现代人信仰理性。他们相信，通过理性的安排与设计，可以采用以间接参与、他人代理为特征的政治模式，而不丧失民主政治的真谛。但是，假使从古人的角度来看待这种发明，一个人的意志需要由他人来代理，他人拥有优先于自己的地位，这种实践本身就是对民主政治的否认。这样，由于特定的社会政治条件和特定的思想信仰，现代政治发明了一种政治模式，叫做间接民主或代议民主，和古典时代的直接民主模式形成了鲜明强烈的反差。

（六）以多元主义为特征的政治。现代社会的基础是个体，所谓原子化的个人。这样，个人主义就成为现代民主的基本理念。个人主义承认个体的多样性和差异性，承认各种事物与观念生存的合理性。观念上的多元主义必然导致体制上的多元主义。现代政治承认个体的差异，承认不平等的事实，所以接受政治精英的存在。现代政治既承认个体实质上的不平等，也认为在理性作用下，冲突本质上有趋向和谐的特性，那么，作为这种不平等的补救措施，个人联合起来的相互对立的阶级、政党和集团可以作为参与政治生活、维护个人权利的主体，而不会导致社会冲突。这样，现代政治承认精英、阶级、党派合法性的多元主义和古典政治反对精英、宗派的平民主义形成了鲜明的对比。

现代政治生活产生于特定的经济、社会、政治与文化条件之下，为了自己能够生存下去，对古典政治在观念与体制上进行了一

---

① 麦迪逊的一段话代表了现代政治思想家对于道德、宗教的政治功能的典型体认："我们深知，无论道德或宗教的动机都不能作为适当控制的依据。"参见[美]汉米尔顿、杰伊、麦迪逊著，程逢如、在汉、舒逊译：《联邦党人文集》，商务印书馆 1980 年版，第 48 页。

番改造。这种改造可以从两个角度进行评价：一方面它使政治更加接近普通人的生活，使政治生活更加世俗化和大众化；另一方面，它剥去了政治的神圣光环，导致了政治生活的庸俗化和去政治化。这种不完善的政治生活需要在新的社会、经济与文化条件下进一步地完善，时代的发展就提供了这样一种否定之否定的机会。

三、当代政治生活中的古典性

当代西方社会的经济、社会及文化条件相对于现代社会出现了一系列的变迁。第一，经济发展使得人们普遍不再为物质匮乏而担忧，不再把物质利益的追求作为生活的中心事务；第二，职业结构的变迁壮大了以中产阶级为主体的新的阶级主体，旧的阶级与等级界限正在消弭，或出现了阶级敉平化的趋势；第三，大众传媒的发达可以广泛地传播新的价值观，人们不再因循陈旧的意识形态观念，思想视野更加开放；第四，教育的普及与教育程度的提高使得人们对政治事务更感兴趣，对政治的认识可以摆脱父辈的成见；第五，自由主义式的个人主义受到批判，人们开始呼吁政治的伦理化和共同体化；第六，公众的价值观正在从物质主义转向后物质主义，从对物质福利与肉体安全的强调转向对生活品质的强调，转向对精神归属、自我表达与自我实现的重视。①

英格尔哈特指出："西方人口中前所未有的一大部分人是在非常安全的经济条件下养育而成的，经济与物质安全继续得到积极的重视，但它们的相对优先性却比过去降低了。"②他把这种社会称为后工业社会或后现代社会。在这种社会变迁的背景下，西方社会中的政治观念与实践也开始出现了针对现代政治生活的一系列崭新变化，尽管这种变化还处在萌芽之中，其划时代意义还远远没有被人

① ［美］特里·N. 克拉克、文森特·霍夫曼-马丁诺编，何道宽译：《新政治文化》，社会科学文献出版社2006年版，第21页。

② Ronald Inglehart, "Changing values in post-industrial societies", in Jeff Goodwin and James M. Jasper(ed.) The social movements reader: cases and concepts. Malden, USA: Blackwell Publishing, 2003, p. 64.

们普遍认识到。

(一)政治的生活化。政治退却到政治专有的领域后，又开始重返日常生活领域。这表现为：主要由同性恋运动、少数族裔运动和女权运动所表现出的对个人生活方式的选择与诉求成为政治表达与参与的目标之一；民主决策深深地涉入经济、医疗、教育、居住等传统上政治不干涉的日常生活领域；以普通公民为主体的社区民主、地方自治成为公民与国家的重要政治议程。这样就导致了，一方面，公民希望个人独特的私生活能以政治的方式更好地实现；另一方面，国家的政治决策也更加深入地渗透到公民的私生活中。两者形成了一种水乳交融的过程。我们发现政治开始突破现代政治中传统的公私界限，深入到人们的日常生活中。以自由主义为代表的现代主流的政治两分法观念①，不再被人们所珍视，学者开始反思自由主义的非政治化对政治生活带来的危害。

(二)政治的非物质化。在长期和平与物质丰裕的社会中，形成了新的政治参与观：公民参与政治不只是为了物质利益的满足、生活水平的提高，参与政治也成为获得他人的认同、实现某种道德理想、维护特定生活方式、改良生活品质的机会。在这种观念的影响下，政治参与开始摆脱狭隘的经济利益的支配，自我表达与自我实现进入政治活动领域；公共政策的目标也不再囿于经济保障问题，而开始向文化发展、政治认同等目标延伸。我们将这种新的政治观念的出现称为政治的理想化。同现时代的政治的庸俗化相比，它是一种相反的过程。

(三)政治的公益化。在当代社会中，个人、社会之间联系的强化，人们生活视野的扩大，以及人类生活环境的变迁使人们认识到，个人私利并非和公共利益一直和谐，公共利益重于个人利益，人类利益重于国家利益。强调权利优先于善的自由主义政治哲学受到普遍的质疑，强调公共利益与共同体价值的社群主义、共和主义和法团主义等意识形态异军突起。各种以促进公共利益为目标的团

① 这种两分化比较著名的例子有积极自由与消极自由(即民主与自由)、市民社会与国家、私人领域与公共领域等。

体如环保主义者、志愿者组织和非盈利性组织在西方公民中的影响越来越大，它们的诉求目标多属于非个人的或非团体的公共利益。

（四）政治的道德化。20世纪的政治经历，以及后现代思潮的反思，使得人们对理性一心一意的信仰受到普遍的怀疑；政治领域中多元主义的肆虐所导致的公共决策私利化、集团化使人们呼吁公共道德的回归。“追寻美德”成为西方政治生活中的强大呼声；甚至有学者提出，为了解决现代性危机，我们必须重新“回到亚里士多德”那里。① 在学术研究领域，公民资格与公民教育成为学者的热点话题，打破了自由主义者历来对于道德问题“犹抱琵琶半遮面”的态度。② 在现实政治生活中，公私道德界限日益模糊，人们要求普通公民和政治领导人拥有私人美德。道德在人们的意识中，重新成为民主政治的驱动力量，尽管不是唯一的，因为人们并没有完全抛弃对自由主义制度论的信仰。

（五）政治的直接化。普选制的充分实施，新闻舆论的无孔不入，利益集团的蓬勃发展，社区民主的日益回归，社会运动的风起云涌，以及全民公决的广泛推行，使得当代西方政治生活中出现了直接民主的一些特征。由于当代西方社会中主导的政治模式依然为代议民主，所以我们姑且将当代西方的民主政治模式称为半直接民主。它意味着普通公民可以更容易、更直接发挥自己的政治影响力。这种新的民主形态的出现并没有验证现代学者对于直接民主所带来的“暴民政治”的担忧，相反却激发了西方政治生活新的活力。

（六）政治的平等化。在当代西方政治生活中，由于公民政治效能感的提高，阶级对立的趋缓，政党整合功能的衰败，以及官僚制的刻板无能，平等主义或平民主义的主观诉求与客观趋势更加明显。在西方政治生活中出现了新的深度平等主义运动：政治私人

---

① 参见［美］A. 麦金泰尔著，龚群、戴扬毅等译：《德性之后》，中国社会科学出版社1995年版，第249页。

② 西方关于公民资格与公民道德的研究概况参见［加］威尔·金里卡著，刘莘译：《当代西方政治哲学》第7章“公民资格理论”，上海三联书店2004年版，第509～582页。

化，个人的政治诉求通过新型媒体可以得到无限扩大；政治非阶级化，政治整合不再以传统的阶级划分阵地；政治非等级化，政党的影响日益降低，官僚制受到攻击，政治参与者的数目日益众多；政治非人类中心化，对于平等权利的要求扩展到动物乃至大自然；政治运动化，公民常常围绕特定问题而非特定党派或特定意识形态表达自己的政治诉求。

当代西方社会和现代西方社会有着千丝万缕的联系。同现代西方社会相比，它是不是一种独立的社会形态，如一些学者所言，尚属疑问，它的一些新的属性尚在萌发中、变化中。同样，当代西方政治生活中的一些崭新特性也处在不定型之中，还远远没有形成一种固定的体制或模式。任何社会、经济上的重大变化如经济危机、战争、恐怖活动等，都会破坏这些非常脆弱的萌芽。如果我们说，已经出现了一种完全不同于现代政治生活的一种新的政治形态，还尚属过早。

但是，我们还是可以发现，当代政治生活的上述新特性和现代政治的特性相比，具有一定的断裂性：现代政治以非生活化为旨趣，以物质利益的实现为目标，以个人私利为基础，以代议民主为模式，以多元主义为特征；当代政治则试图实现政治的生活化，摒弃政治的物质利益化，获得政治的公益化，以直接民主修正代议民主，容纳更多的平等主义。现代政治生活曾经在其母体——封建社会中孕育、发展了几百年，而在当今的一些后发国家中，它依然是一种崭新的实验。同样，我们也有理由相信，有可能在遥远的未来社会中成长出一种崭新形态的政治模式。

如果我们以历史的眼光考察西方政治发展的几个阶段，我们就会发现，当代政治竟然和古典政治有了一定的关联性。两者都认为：政治不是遥不可及之物，它和人们的日常生活息息相关；参与政治不只是为了获得物质利益，还是为了获得人格的完善和自我的实现；政治除了可以维护个人权利外，还具有超脱个人私利的更高尚的公共目标；政治可以是对道德目标的追求，而非只是对物质欲望和基本生存的满足；政治意味着公民的直接行动，而非被动无力；政治虽然不排斥精英人物，但平等的政治更有价值。由此看来，历史确实是一种在更高阶段上的循环往复运动。

如果我们能够深刻地认识到当代西方政治生活中的这种新动向，并且将它放在西方两千多年的历史长河中加以考察的话，我们会发现，这种新动向意义重大，它可能标志着一个新的政治时代的滥觞，一种新的政治生存方式的肇始。我们姑且将其称为"新古典政治"或"古典政治的回归"。古典政治在当代的复归意味着政治又重新成为人类生活中的伟大事物，成为人们摆脱俗世羁绊获得精神超脱的新大陆，成为完善人格、获得自我发展与自我实现的新圣经。这，或许意味着"政治终结论"的终结。

（胡勇　武汉大学政治与公共管理学院副教授）

论程序的正义与民主

◎朱海英

【摘　要】 本文研究的问题是程序之于民主的规范意义，这是对民主政治下程序工具主义的反驳。程序是民主制度化的基石，程序具有道德性，程序具有政治合法化的功能。本文侧重于论证程序的认知论对于现代民主政治发展的意义，即它提供了人们接受政治规则的最高判断标准。

【关键词】 程序　民主　程序正义　制度正义

本文的研究为了说明程序为何能够在民主政治中起到如此重要的作用，以至于可以称为程序政治、程序民主，而非民主政治的程序则不足以称为程序政治。这就说明民主程序必有一些特质是其他政治形态的民主所不具备的，这些特质被称为程序的正义，程序本身具有正义的性质可与民主的价值相通。关于程序与民主的相关性，我从以下三个方面来阐述。

一、程序是制度化的基石

自人类社会秩序确立的那一刻起，程序就在历史上发挥它的作用了。社会秩序是由一系列的制度来保障的，而制度的载体不是文字，而是程序。程序首先就意味着一套规则，社会秩序就是靠确定人类行为的规则建立起来的。任何制度的实行都要依靠程序，哪怕非民主的制度也是一系列程序的集合。这是程序在人类社会中的基本作用。

人类最早的制度是从建立程序开始的，我们从程序的起源可以看到程序与制度的内在逻辑关联，程序可以看作是制度化的基石。人类最早的制度起源于宗教祭祀、礼仪、禁忌、习惯等，它们带有自然的神秘力量，可以对人的行为起到约束作用。这些制度没有什么实质性的内容，也没有权利义务关系的规定，但是它们以自身的力量起到了准制度的作用。原因就在于，它们借助自然对人的威慑作用，使人们在参与的过程中达成了一种认同。它们具有形式的普遍性，可以利用这一点对其他实质性的主张赋予合法性，从这些仪式中演化出更多的制度规定。比如古代的占卜可以决定国家的政策选择，为什么占卜具有这种力量呢？因为那时人们还没有形成发达的理性，认知事物的水平低下，人们只有借助这样一个具有神秘力量的程序来赋予决策以合法性。我国古代的王位继承制度就一直带有这种神秘的合法性外衣。这里的例子是要说明人类早期的制度是从程序开始形成的。这些制度还带有蒙昧的色彩，与人类理性制定的制度的本质相去较远，下面我们以古罗马和英国早期的司法实践来分析程序是如何先于实体形成，并发展出实体权利，最后形成实体法的。

古罗马的习惯法和英国中世纪的普通法中含有一些程序正义的因素。人类最早的法律都是习惯法，先天俗成的家庭、氏族规则和其他自然形成的规则调节着人类的关系，它们对人类社会的影响会随着理性的发达而消失。但是在英国普通法传统中，这一特性一直延续了下来，颇有探究的价值。在古罗马，帝国的法律因经济的繁荣而格外发达，尤其表现在私法中的有关财产权的“契约”格式，“誓金法律诉讼”和诉讼中的权利救济程序，是程序法（主要是诉讼程序法律）的发展在推动着罗马法的进步，但后来查士丁尼编撰法律大典，企图为法官判案提供统一的标准，法律便走向一元化和僵化。英国也是一个按习惯法治理的国家，在诺曼底人统治以前，它与其他各国早期的历史一样是按习惯法治理的，即使诺曼底人的统治带来了后期罗马法的法典，也没有改变英国的法律传统，相反是习惯法吸取了罗马法的形式而发展了自身，原有的习惯法经过法官

的理性选择成为全国性的普通法。因此，英国的普通法是合乎理性的习惯法。它的诉讼形式——令状制度，具有完善的程序和形式。令状是一种文件文本，产生于中世纪，是教会或世俗上司对受件人的一个要求或指示。在法律上，令状是指国王给有关官吏或法官的命令，其中包括对有关争议问题的简明指示，命令接受令状者将被告传唤到法院并在当事人出席的情况下解决纠纷。① 令状往往是首席大法官(行政官员，由僧侣担任)以国王的名义签发的，原告在向他申请令状的过程中许多控告的内容基本相似，所以令状文本很快被标准化了，被固定为几十种格式。令状大多是关于权利请求的，每一种令状针对特定的事实类型并有一套特定的诉前程序规则，是高度形式化的。在普通法的诉讼过程中还有陪审团制度和纠问式的论辩制度，有专门的法学家阶层，他们成立的律师公会处理法律事务并垄断法律教育。古罗马和中世纪英国的普通法都以诉讼程序为主，没有明确规定的实体权利，实体权利是在程序被建立起来以后才填充进去的。两种普通法都“被‘程序的思考’所主宰着；在这两种制度中，实体法规则的形成晚于程序法规则，实体法‘隐蔽于程序法的缝隙之中’”②。这一时期在司法实践中形成了两条自然正义原则：“任何人都不应当成为自己案件的法官”、“当事人有陈述和被倾听的权利”。前一原则最早是在古罗马查士丁尼法典中阐述的，以祛除法官的偏见，它的规范表达是在英国1215年的《自由大宪章》第39条中出现的，原文为“凡自由民，如果未经其同级贵族之依法裁判，或经国法判决，皆不得被捕和监禁，没收财产，剥夺法律保护权，流放，或加以任何其他损害”。③ 这条原则起初只是针对法庭行为举止的，后来在16世纪经过大法官科克爵士的阐发，成为了法律的正当程序原则，所有法律行为都要满足正当程

---

① [德]K. 茨威格特、H. 克茨：《比较法总论》，贵州人民出版社1992年版，第338页。

② [英]梅因：《早期的法律和习惯》，转引自[德]K. 茨威格特、H. 克茨：《比较法总论》，贵州人民出版社1992年版，第342页。

③ “Magna Carta (1215)”, see Jack Lively and Adam Lively, *Democracy in Britain*, London: Blakwell, 1994, p. 174.

序的要求，程序正义观念才变得明确。① 第二条原则源于剑桥大学上诉案，它形成了一个判例：除非将利害关系人传唤到法庭，否则诉讼程序无效。② 在美国，这两条原则被写入宪法（第 5 条、第 14 条宪法修正案），成为正当法律程序原则的制度规定。两条程序正义原则作为基本的人权保护原则现已被写入国际性文件，如《世界人权宣言》（第 10 条）、《公民权利和政治权利国际公约》（第 14 条）、《欧洲人权宪章》（第 6 条）。在英美法系，程序法相对于实体法一直占有优先地位，程序正义的观念相当发达，这固然有赖其特定的文化传统，但从程序正义观念产生初期的事实来看，可以证明在人类生活中程序法是先于实体法产生的，是程序创造了实体价值。诉讼程序构成了司法制度演进的基石，法律制度是从程序法开始生长的。

具体到民主制度，也可以发现，它也是从一些古老的程序演化而来的。民主的诸多价值观念在十七十八世纪才出现，但是作为后来民主制度的许多程序性的内容却是早已产生了。选举和投票程序在古代雅典民主中就已经被广泛运用了，当时的执政官都是通过选举产生的，最著名的例子是利用“贝壳放逐法”这一投票程序对苏格拉底进行审判。在中世纪教会里也一直在沿用选举程序，并且使之得到进一步的发展。在等级会议中，各阶级的代表是在固定的选区内产生的，等级会议后来成为议会的雏形，代议制就是从这里起源的。权力制衡程序是从古代的混合政体论中演化出来的，它摆脱了混合政体的道德色彩，利用其权力对抗权力的分权思想来防止权力的滥用。这些程序起初都不是民主的程序，但是它们已经蕴含了平等的思想，思想家们后来提出的“自由”、“平等”“人权”等价值也可以从这些程序里找到证明。如果说这些程序在过去维护的是少数人的自由、平等、人权的话，那么现代民主社会只不过是要把这些程序适用的范围加以扩展，普及众人。这些说明了程序可以创造实体价值，为制度的生长提供基石。

---

① 徐亚文：《程序正义论》，山东人民出版社 2002 年版，第 4 ~8 页。

② 徐亚文：《程序正义论》，山东人民出版社 2002 年版，第 24 页。

二、程序具有道德性

人们对程序的直觉是把它当作服务于人的目的的一种工具和手段，它本身没有价值和目的可言，甚至可以说程序是中性的工具。那么说程序的道德性是什么意思呢？程序的道德性虽然反映的是程序本身的价值，但却是人赋予它的，即通过程序设计使之具有这种特性。即要把程序设计得有利于人的平等参与并在程序适用的过程中对相同条件的人适用同样的程序。程序的道德性源于它可以实现人的普遍的道德平等，因此也被称为程序的正义。参与程序的人，均被视为在道德上平等的主体，他们应受到相同的对待，他们的人格、自由、隐私等个人的尊严必须受到尊重，程序正义是为了保护人权。哪怕是法官和犯罪嫌疑人，从实质道德的角度来看，二者的道德地位相差甚远，但是在程序过程中，抛开他们各自的特殊身份，他们作为人应享有相等的最基本的人权。只有通过程序提供的基本人权的保护，公民的权利主张才有坚实的基础，它赋予公民在政治过程中有平等的身份和表达机会。在政治程序中，民主的价值不仅需要转化成一些实质性的目标，用相应的程序来实现，而且还要赋予程序自身以道德性，让程序符合正义的原则。这样做，一是为了防止用不正当的手段来实现民主的价值目标；二是程序本身就可以充当民主的价值。当然，也不是要求所有的政治程序都要优先满足程序正义的需要，一些纯粹技术性的程序，如行政管理程序，就无所谓正义的问题。程序正义要求是针对涉及相关人利益的程序，特别是在立法、选举、司法程序中，这些程序做出的决定直接影响利益、负担等的分配，它们必须优先满足程序正义的要求。

程序正义除了对参与程序的人具有道德性以外，它还可以称为制度本身的道德，反映制度本身的正义性。制度道德指制度本身的规范，也叫制度伦理。制度道德不同于个人道德，从社会的角度来看，它实现的是最基本的道德，而个人道德是没有止境的，个人道德的所要求的高层次的东西可能为制度道德所拒绝，而制度道德所要求的东西在个人道德来看是一些低层次的基本要求；制度道德的原则是公正，个人道德的原则是无私。① 制度道德包括基本制度安排、公共行为规则两个层次的道德要求，社会基本制度本身的伦理是要实现最大限度的平等，也叫制度正义，狭义的制度道德就是指制度正义。制度正义是最基本的制度道德，公共行为的道德是由它来规定的。这里研究的是制度道德中的制度正义问题。制度正义涉及制度对人的公正适用，对什么是公正的尺度却很难把握。一项制度能够得到服从，就在于它能够给所有的人以平等的对待。由于不同的人对什么是合理的价值、利益有不同的看法，制度正义无法通过它产生的实质结果来衡量，而只有通过程序提供统一的标准来衡量。程序正义与民主的关联就在于它可以维护民主制度的制度正义，制度正义是以程序的方式形成的，并由程序的正义性赋予它以正当性。

制度正义之所以重要，与现代的社会组织方式有关，它是一个现代性的事件。而当前社会秩序的分化和失序又凸显了这一主题。在现代社会，个体越来越被纳入社会分工的体系，依赖社会交换、分配制度生存，他们更多地以公民的社会角色而非个体自我的角色参与社会公共生活，活动的空间聚集在社会公共空间而非私人领域，社会生活制度化的趋势不断增强。"现代社会区别于传统社会的一个重要特征是其生活的社会公共化和制度化日益强化，或者说它的生存与发展越来越依赖于社会制度的资源供应。"②制度正义与社会生活的公共性紧密相连，正义成为它的核心价值。在传统的伦理文化中占据中心地位的是个人美德和人际关系伦理，传统社会中的公共生活的秩序问题通过私人性的伦理道德就可以调节，因此制度伦理多偏重国家和群体的善，正义并不是优先于善的；现代人因为对社会生活的参与增多，其自我意识和权利意识也更强，对制度正义的需求就更强烈，正义变得优先于善。在现代社会里，人的主

① 张贤明：《政治责任与个人道德》，《吉林大学社会科学学报》(人文社科版)1999 年第 5 期，第 70 页。

② 万俊人：《制度伦理与当代伦理学范式转移》，《浙江学刊》2002 年第 4 期，第 15 页。

要属性是社会性，人成了社会系统中的一个要素，制度影响人们生活的范围越来越广泛。可以说，人们对制度的依赖性越高，讨论制度正义的必要性就越大。

政治制度规定了社会的基本政治结构，分配基本的权利和义务、利益和负担，它以一部成文或不成文的宪法体现自身，具有很强的稳定性。若进一步考察可以发现，政治制度是对政治统治关系的安排，它以鲜明的权利、义务分配来安排政治关系，划分政治权力；它规定着个体和群体在社会中的基本地位和可以合法享有的资源(权利)。政治制度的功能是对社会全体公民的权利与义务进行分配，那么它的伦理规范就应该是怎样使这种普遍性的分配具有公正性，即正义应成为政治制度的基本伦理和评价标准。关于政治制度的正义应该是什么有两种基本观点。第一种观点是实质性的，一项制度正义与否，主要看它在分配结果上是否实行了公正，也就是说从分配正义来衡量制度的正义性。第二种观点是程序性的，制度正义与否主要应从它的产生过程来看，即它在设计时是否平等考虑到了每个人的偏好和理性。实质性的观点一般适用于衡量某一项具体的制度，因为它的结果是具体可见的；若扩及整个制度系统，则会因每个人对什么是公正的分配结果的不同意见而无法实行。程序性的观点适用于整个制度系统或者说任何一项制度，它避免了在结果上的不确定性，而依赖制定制度的正义过程。二者相对而言，程序性的衡量标准更适合于以宏观形式存在的政治制度。

历史上关于制度正义的研究，其梗概如下。正义与政治的关联最早出现在古希腊时期，但那时正义有丰富的含义，并不是专门用来说明政治制度问题的，而是指个人在既定的制度下应该如何行为，是一种德行。柏拉图认为“正义有时指个人美德，有时指国家的美德。由于国家大于个人，正义与非正义的性质，首先体现于国家，然后表现在个人身上”。① 国家的正义就是等级分工，各守其

① 转引自张乃根：《西方法哲学史纲》，中国政法大学出版社 1997 年版，第 12 页。

职。亚里士多德曾较系统地研究制度伦理，他有以下四个论点。正义是最高的善，集一切德行之大成；“正义是树立社会秩序的基础”①，正义以公共利益为依归，以城邦的整个利益以及全体公民的善业为依据。政治制度的正义是“中庸”，政体的原则过于偏激会使之发生退化，而融合各种政体原则的混合政体是最好的政体。正义的衡量标准是守法与均等(数量、比例平等)，因为法律“是以合乎德行以及其他类似的方式表现了全体的共同利益，或者只是统治者的利益”②；违法和不均是不公正的；公正按不同的均等性分为分配的公正(按照各自提供物品的比例分配公物)和矫正的公正(数量上的均等，是所得与所失的中间)，公正就是比例、中间。政治的正义是自然的或者是传统的，而非人为的。亚里士多德的这些论述为后人研究制度道德问题提供了理论基石。在中世纪，政治制度依附于宗教伦理，制度正义也就是上帝的意志，它是实质性的制度正义。近代以来，制度正义在政治哲学史上没有给予足够的重视，自由、平等、人权、秩序、安全等价值是政治价值，但它们并不指制度本身的价值，制度道德体现在社会契约论的思想中，社会契约论论证了国家产生的程序，也就是在说明经由这个程序产生的制度才是具有合法性的制度。当代的制度主义学派关注的问题不是制度的正义性问题，而是研究制度如何影响人的行为选择，在他们看来制度的正义性就在于规则和程序能否很好地将个人意愿整合成集体决策，这是一种功利取向的实质道德观。1971年罗尔斯《正义论》发表之后，才重新引发了对制度正义问题讨论的热潮，并显现了程序正义之于制度道德的重要性。

民主的制度道德首先应该是程序正义。在非民主社会，制度的道德可能来源于神话、宗教、血统等非理性的因素，而在民主社会里人们判断道德性的标准是人的理性。因此，民主社会需要用理性来证明制度的道德性。民主的制度道德首先要回答的是一套制度体

---

① [古希腊]亚里士多德：《政治学》，商务印书馆2000年版，第9页。

② [古希腊]亚里士多德：《尼各马科伦理学》，中国人民大学出版社2004年版，第94页。正义(justice)在该书中被译为公正。

系应该如何制定出来，制定制度的正当程序是什么。只有先满足了程序正义的要求，才能推论制度的实质正当性。目前关于制度道德的程序正义有自由主义和共和主义两种观点。自由主义所持的理论是社会契约理论，契约就是一个程序。传统的契约论认为人们通过订立契约把个人权利让渡给社会，组成国家，成立国家的目的是为了更好地维护个人权利。这样，国家就获得了人们的合法授权，它所制定的制度也一定是正当的。以罗尔斯为代表的新契约论更加明确地把制度正义放在首要的地位。罗尔斯认为，政治的正义首先应该是制度的正义，它“是社会主要制度分配基本权利和义务，决定由社会合作产生的利益之划分的方式”。① 如果制度都不满足正义的要求的话，人们将没有一个具体的标准来评价人的行为是否合乎正义。他指出亚里士多德所说的评价个人行为的正义——给予每个人应得的份额，关于“什么是个人应得的份额”，亚里士多德没有给出解释，其实这是制度正义要回答的问题。他的两个正义原则给出了制度应该如何分配权利和义务的方法，它们是实质性的标准。但是，罗尔斯论证这两个原则的方式却诉诸的是程序正义，制度道德的终极来源还是程序正义。传统的共和主义一般是用共同体共享的实质性目标来衡量制度道德，制度道德在于制度赋予人们实质性权利。这在多元社会引起了批评，实质性权利无法成为普遍性的权利。哈贝马斯运用商谈理论来改进共和主义的观点，他认为在多元社会，一切规范和价值的正当性都应来自于人们的商谈，商谈是一个对话程序，人们可就多元的价值进行辩论，最后达成的共识才能获得大家的认可。制度的规范也是由商谈程序决定的，是人们达成的抽象价值的共识。

通过以上的分析可以发现，程序自身的道德性一方面是对于参加程序的人而言的；另一方面是由制度保证的对所有人的平等对待而言的。程序的道德性决定了它与非民主社会下程序的区别。非民主社会的程序，它服务的是少数人的意志，是少数人推行自己意志的工具，因此是作为一种管理手段出现的。它所追求的价值不是普

---

① ［美］罗尔斯：《正义论》，中国社会科学出版社 1988 年版，第 5 页。

遍性的平等或者正义，而是管理效率。也许，从统治者的利益和道德标准出发，他认为符合少数人利益的程序具有正义性，但这个正义性是从程序实现某种结果的能力来衡量的，是功利取向的，也就是说，是程序的外在价值。而民主程序的正义性是它自身的内在品质，只有它普遍、平等地适用于每个人，它的这种品质才能体现出来。

三、通过程序的合法化

程序具有使决定合法化的功能，这最早是由社会学家提出来的。1969 年，德国社会学家尼克拉斯·卢曼提出了"通过程序的合法化"这一议题，即政治管理系统怎样通过各种程序为其决定取得合法性。① 卢曼所指的程序指做出一个有约束力的决定，政治系统的功能在此只存在于寻求决定的过程之中。他援引并描述的例子包括从政治选举开始的立法程序，行政程序，以及影响最为深刻、内容最为详细的法庭程序。程序如何具有合法化的功能呢？这首先与"隔离理论"(Isolation Theory)有关，程序将当事人与复杂的外部环境隔离开来而仅凭程序对他的影响来认可决定，这就把每个人的特殊性的实质的判断标准排出了。卢曼认为每一种冲突都会趋于普遍化，即纳入越来越多的话题，卷入越来越多的民众，和升级攻击手段。程序通过限定当事人的斗争工具、明确指定论题以及将当事人从其社会环境中隔离出来，来阻止这种趋势。其次，程序向相关的个人提供了一个学习过程，让他们接受程序的结果并作为将来行为的依据。唯一重要的是外部意义上的成功。比如在法庭审判程序中，虽然被证实有罪的被告人会对有罪判决不满意，但他们仍然表现顺从，因为他们不得不认识到他们无法动员亲友和普通公众反对

① 关于卢曼的正当化理论，其德文原著还没有被翻译成中文，这里引用的资料是间接资料。可参见：Klaus F. Rohl and Stefen Machura. *Procedural Justice.* The ONATI International Institute For The SOCIOLOGE Of Law, pp. 18-20. 或者见克劳斯·F. 勒尔著，陈林林译：《程序正义：导论与纲要》，法律思想网 http://www.law-thinker.com。在这本英文著作中"通过程序的合法化"，合法化用的是"legitimation"，我国有的学者把它翻译为正当化。

这一判决。这就是程序的贡献：它不需要个人确信他们得到了公正的对待，而是改变了当事人的期望结构和生存环境，通过这种方式将当事人在程序中整合起来，使得他们在最后除了接受决定以外别无选择（就像我们虽然不喜欢某种天气，还是无可奈何地接受了它）。卢曼认为人们对决定结果的接受和程序的工具特征毫不相干，他对程序公正也漠不关心。对决定的结果的认可并非基于当事人是否确信决定的必然性、正确性和正义性，而是在与对方以及第三方达成合意的过程中认识到了自己的期望在社会系统中的限度，从而改变了自己原来的期望结构。如果某人对某一程序的参与并未受到粗暴的强迫，则他已经向周围的环境发出了他会接受结果的信号。假如结果令他失望，他也不能反对。他因为参与放弃了这种可能性。程序的公开性，使未参与程序的人也看到了事物是在朝正确的方向发展，从而产生出对整个制度的认同。

政治程序也具有合法化的功能。我们从卢曼提出的程序——学习的联结理论中发现程序可以通过改变人的对规范的认知预期，来使决定具有合法性。当代政治哲学中兴起的程序正义理论也是要从认知论上来阐明。政治哲学中所讲的程序正义是一种政治的正义，意味着政治的正义是由程序来决定的，程序以自身的道德价值赋予结果以正当性，政治的正义来源于程序正义。

程序正义所依赖的社会环境是多元社会，这是程序正义存在的客观条件。西方的思想家认为当前自由民主社会向多元社会转变，这从根本上改变了现有的政治结构。它有两个层面的含义：一是社会结构日益分化，形成了多种利益独立的社会集团，它们分享着公共权力，作为政治权力中心的国家权力遭到侵蚀，国家的整合能力下降，公共政策出现失灵问题；二是文化价值上的多元分化，在自由民主社会随着传统道德、宗教权威和自然法被现代理性消解，社会各系统均有自己独立而完备的价值论说，它们各有自己的理性但又互不相容，如宗教学说、哲学学说、道德学说，甚至在有些学说的内部还存在诸多多元并立的完备性学说，即理性多元主义

(rationale pluralism)①，理性多元论的事实是民主制度之公共文化的一个永久性特征。② 人们无法找到一种普遍性的价值来作为社会共同的价值规范，政治失去了统一的道德价值而遭人诟病。其次，后工业社会的社会风险和不确定性大大增强，需要更多的社会共识才能抵抗风险。社会理论向着整合的方向发展，民主政治也需要再整合自己的价值体系。上述危机不仅是西方自由民主社会特有的，也可以说是整个现代性的必然危机，而非某种偶然的状态。

现代统治秩序面临的一个根本问题是社会结构和文化价值观或意识形态越来越多元化，使政府无力承担社会多样性的要求，社会秩序所需要的基本价值也在动摇，人们对现状愈加不满，社会秩序的失范是以往的任何时代所不能比拟的。它主要表现为文化矛盾或者叫价值危机，因而需要寻求新的解决之道。文化矛盾的根由在于人的理性，在人的身上重新寻找统一的因素成为解决问题的路径。在传统、上帝、自然法赋予人类的同一性都被理性批判驱除以后，在实证主义的审查面前唯一剩下的是人的理性认知本身。在价值多元主义的社会，理性面临的最大的困惑是确定什么是“真”。人们在质疑传统的自然法的普遍性价值的真实性的同时，也会对现代社会存在的各种合理而完备的价值主张提出同样的疑问。到底什么价值才是真理呢？由对价值的“真”的反思，人们反思到自己得出价值判断的理性认知过程。“真”在自然界是主观与客观相符合的过程，而在社会关系中它不过是主体之间达成的共识，检验真理的标准并非客观性，而是实践活动中主观的“主体间性”。主体间性来源于康德的道德律令，即把每个人看成是自身目的，互相把对方当作主体而不是工具看待，人们之间真正的沟通才有可能。它意味着

---

① Joshua Cohen. *Procedure and Substance in Deliberative Democracy.* See James Bohman and William Rehg. *Deliberative Democracy—Essay on Reason and Politics.* pp. 407-412.“理性的”(rationale)在有的中文译者那里被翻译成“合理性的”，如 rationale pluralism 被翻译成“合理的多元主义”。在哈贝马斯那里理性多元主义被表述为社会各个系统的自主性。

② [美]罗尔斯：《作为公平的正义——正义新论》，上海三联书店 2002 年版，第 57 页。

把社会道德关系中的真理相对化了，但它并不反对真理的客观性，而是意味着在道德主体的身上真理的客观性与主观性通过主体之间的交往而统一，交往和交往理性都是客观存在的。理性主义认为只有在对社会道德关系的客观状况——真——阐释清楚后，才能得出合理的道德原则。罗尔斯在一篇专门讨论道德方法的文章中指出，伦理学中历来关心的最大的一个问题是道德原则的客观性问题，道德原则的客观性并非决定于道德判断与外在世界的符合程度，而是决定于我们能否找到一个合理的程序来检验这些判断的真假。① 这个合理的程序其实就是一个证明过程。现代社会政治正当性的证明不是启蒙时代的个人理性，而是主体间性。主体间性是一种认知方式，它不再从单一的主体视角来认识世界，也要主体采纳他者的视角来看待世界和自身，即反思自我，这样才能达到对事物的全面认知和深刻洞察。主体间性作为政治认知的理性引申出了程序正义，主体之间要达到合意须依赖一个论辩程序，在这个程序内人们相互论证自己的观点，反思和理解别人的观点，经过这样理性论证后得出的共识才可以获得众人的认同。程序的正义价值就在于引导产生某种结果，而结果的正当性是由论辩程序决定的。

长期以来，人们一直对主体的反思性以及它所表明的主体与主体之间的关系的意义没有充分重视。人们更多地关注主体与客体之间的关系，因此人的理性也就主要表现为手段——目的关系的工具理性，人性的世界也异化为一个物化的世界，人的道德性失去了根基，遂使功利主义道德大行其道。当代西方批判哲学在对工具理性进行批判之后，提出要限制工具理性的应用范围，恢复价值理性的独立领域，重新寻找价值理性在当代多元社会中也需要新的方法。现代以前的价值理性倚赖的是传统、宗教、自然法等终极道德源泉，而现代的价值理性失去了上述背景，价值只能出自人的理性本身。理性给世界所带来的多元价值，在解放人自身的同时，也破坏

① John Rawls, *Outline of a Decision Procedure for Ethics* , The Philosophical Review, 66 卷(1957), pp. 177-179. 转引自石元康：《罗尔斯》，广西师范大学出版社 2004 年版，第 160 页。

了公共生活的统一协调性，因此人们迫切需要为公共生活寻找新的价值理性。对这种情况的反思引入了“主体间性”这一概念，它渗透在“重叠共识”、“公共理性”或者“交往理性”这些新的政治理性中，并影响着立法和行政决策的模式。正是在上述认知前提发生改变的情况下，当代的一些思想家提出并论证了程序正义的理念。

1. 罗尔斯

当代自由主义大师罗尔斯继承古典契约正义的路径来阐发他的政治正义理论，其理论的特点不仅在于使自由与平等两种价值协调共存，更重要的是他对以上认知新方式的重视以及论证的程序性特点。他提出的作为公平的正义，其“公平”体现了程序正义的思想，两个正义原则则是程序正义的结果，结果的正当性是由论证该结果的程序决定的。程序正义体现在两个正义原则产生的环境——选择的条件——原初状态，以及选择方式——重叠共识和公共理性。

罗尔斯也假定社会有一个原初的自然状态，但它不是历史的、经验的，纯粹是认知的、理性设计的。这个原初状态是达成公平的正义这一契约的前提，公平的正义从这一环境中产生。“原初状态的观念旨在建立一种公平的程序，以使任何被一致同意的原则都将是正义的。其目的在于用纯粹程序正义的概念作为理论的一个基础……排除使人们陷入争论的各种偶然因素的影响”①，以便达成普遍性的原则。原初状态的第一步是构造一个正义的环境，包括客观、主观两方面。人们有互惠合作的共同愿望；社会有一种中等程度的资源匮乏，必须进行合作，这构成了正义的客观环境。正义的主观环境是人们之间相互冷淡，只关心自己能把握的最大化的利益，而没有嫉妒和干涉他人利益的愿望；每个人在知识、思想、判断方面是有缺陷的，没有完人。原初状态的第二步是构造理性选择的认知条件：“无知之幕”，设计它的目的在于体现公平，使原初

① [美]罗尔斯著，何怀宏、何包钢、廖申白译：《正义论》，中国社会科学出版社 1988 年版，第 131 页。

状态的条件和程序显得公平，从而使得出的结果也是公平的。① 人们在无知之幕的背后不知道关于个人以及他人的一些特质和善观念，也不知道自己的社会政治或经济状况，在这些特殊性事实之外，人们面临的是一个相同的选择环境，他们“不得不在一般考虑的基础上对原则进行评价”②，“无知之幕使一种对某一正义观的全体一致的选择成为可能”。③ 无知之幕排除了社会结构中的不平等的因素和差异性，各色人等实际上折中为一个个平常人，选择的一致性才有可能；这种设计满足了最理想的平等条件，正义的公平性得以凸显。原初状态的第三步是构造选择的主体，参加契约的各方是自由、平等、有理性的，自由指选择自由，平等指道德人格上的平等，理性指工具理性，人们只关注自己的“基本善”，并能选择最有效的手段来实现它。正义原则要得到人们的认可，其论证也要符合一定限制条件。在他们的推理过程中还要满足以下条件：原则本身要满足一般性、普遍性、公开性、有序性和终极性的形式限制；人们按照最大最小值原则进行选择，只关心从他人那里能得到的最大利益。“任何时候我们都能进入原初状态，只要遵循某种程序，即通过相应于这些限制条件对正义原则所作的论证。”④以上的环境、条件和限制等均是纯粹程序正义的要求，公平的正义原则经过了这些论证程序的推理，因而能得到大家的接受和服从。

重叠共识是罗尔斯早期提出的人们选择的方式，它与后来罗尔斯提出的公共理性是一脉相承的。重叠共识作为一种公共理念由人们根据自己所持的各种独立而完备的学说来加以认可，对它的认可并不影响各完备性学说本身的独立性。它是各种完备性学说的共

① 何怀宏：《公平的正义——解读罗尔斯的〈正义论〉》，山东人民出版社 2002 年版，第 134 页。

② ［美］罗尔斯著，何怀宏、何包钢、廖申白译：《正义论》，中国社会科学出版社 1988 年版，第 131 页。

③ ［美］罗尔斯著，何怀宏、何包钢、廖申白译：《正义论》，中国社会科学出版社 1988 年版，第 134 页。

④ ［美］罗尔斯著，何怀宏、何包钢、廖申白译：《正义论》，中国社会科学出版社 1988 年版，第 16 页。

识，但不决定于它们而只是间接依赖于它们，对于二者的关系罗尔斯曾做了一个形象的比喻，重叠共识不是诸完备性学说的交集，而是像从它们各自引出一条线所共同指向的一个小圆圈，这就是说重叠共识是独立于各种完备性学说的。① 重叠共识本身不是一种完备的学说，它只是涉及社会的基本结构或者宪法安排的基本原则这一特定领域，即特定的政治共识问题，而不能包容一切社会领域。重叠共识如何达成呢？它直接决定于"反思的平衡"这种辩证理性。由于民主的政治文化中存在某些共享的根本理念，比如宽容、良心的自由平等、思想自由等，各种完备性学说可以并存，人们通过"比较"②各自的论据和论证，能够彼此理解，反思自身的合理性、进行修正；他们也可以把正义的两原则与在具体环境中形成的常识性正义相印证，从而接受正义的原则。政治正义就是重叠共识的产物，它不是一种统和性的价值，而是与各完备性学说相容，但又能得到它们的理性支持；其他的完备性学说则没有这种公共性。

后来，罗尔斯对原初状态做了改进。他认为这些条件尽管是在尽可能地照顾理想性和现实性的需要，但仍然无法得到满足，因为这些条件高度依赖主体的道德性。他转而从公共理性来探寻公平正义原则的可能性，把原初状态改造成公共性的条件。正是在这一点上可以说他已经超越了契约正义的局限性，不再在自然法下的道德的虚拟条件设置上浪费精力，而尽量使规范接近经验事实，寻找政治的正义，而不是普遍性的道德规范。

公共理性是罗尔斯在把公平的正义从普遍的道德正义压缩为政治的正义——政治自由主义时提出来的，它进一步明确了重叠共识的认知论色彩。罗尔斯特别指出政治观念包括两个部分：一是关于社会基本结构的实质性正义原则；一是关于正义诸概念的推理原则和证据规则，也就是公共理性，如正确地使用判断、推理以及具有合理性和思想公正之类的公民道德，它们表现在公民运用常识性的

① 何怀宏：《寻求共识》，人大复印资料《政治学》1996 年第 7 期，第 6 页。

② ［美］罗尔斯著，何怀宏、何包钢、廖申白译：《正义论》，中国社会科学出版社 1988 年版，第 46 页。

标准和程序以及使用没有争议的科学方法和结论这些推理方式中。① 政治自由主义取决于这两个方面的配套。“公共理性是一个民主国家的基本特征”②，它不同于其他政治理性的地方是它专指“最深层的基本道德和政治价值，这些价值用以决定宪政民主制政府与其公民之间的关系，并决定公民与公民之间的关系”。③ 公共理性用于对政治的正当性进行公开推理，平等的公民可以在公共论坛中就他认为合理的政治正义观念展开讨论，真诚捍卫并期待他人的认可。他们共享的探究方针和推理方法使理性成为公共的，正义原则也才能包容其他合理而完备的价值、学说。罗尔斯强调的公共理性体现的是理性的反思，从以主体为中心的理性走向互主体性的交往理性。这是任何现代证明方式都无法完全回避的方式，在下文可以看到哈贝马斯主要也是在运用类似的逻辑进行推理。

重叠共识和公共理性的本质都是关于推理问题的，是一套推理的规则，我们也可把它们称为程序，推理的程序实际上是政治价值的论证程序，它们显现了最基本的政治价值的形成方式，只有满足这些程序要求的政治价值才能获得正当性。从这个意义上说，在罗尔斯的正义理论中是有丰富的程序正义思想的，虽然他在与哈贝马斯的辩论中坚持自己的正义观是实质的而非程序的。④ 其原因在于他对“程序”的理解与哈贝马斯不同。在哈贝马斯那里程序不仅是一个规定性概念，同时也是一个表达制度性程序的真实概念，所以他认为论证程序其实就是程序正义的体现，它若在立法过程中实现

---

① ［美］罗尔斯著，万俊人译：《政治自由主义》，译林出版社 2000 年版，第 236～241 页。或者何怀宏：《作为公平的正义》，山东人民出版社 2002 年版，第 149～150 页。

② ［美］罗尔斯著，万俊人译：《政治自由主义》，译林出版社 2000 年版，第 225 页。

③ Samuel Freeman, *John · Rawls: Collected Papers*, Harvard University Press 2001, pp. 616-622. 中译见罗尔斯著，时和兴译：《公共理性观念再探》，见汪晖编：《公共理性与现代学术》，三联书店 2000 年版，第 2 页。

④ ［美］罗尔斯著，万俊人译：《政治自由主义》，译林出版社 2000 年版，第 448～461 页。

的话就是政治程序。而在罗尔斯那里，政治程序是指权力和利益分配的实质性概念，政治价值论证程序不足以称为政治程序，论证程序仅仅是一个规定性概念。对他来说，论证过程中一些中立性程序的设计是为了推导出公平的正义，是工具性的，而不同于哈贝马斯的程序本位主义。总之，他的两个正义原则本身的确是实质正义的，但是其论证方式是程序主义的；他兼容两种正义观，不过实质正义优先于程序正义，后者以前者为目的。按照他自己的看法，他不认为自己提出的政治正义观是程序正义，但是他的论证结构也存在一个问题。因为程序正义不预定结果，而他预设了一个价值目的论的哲学前提，而其论证方式又是程序主义的，从预设到论证不能自恰。这里引出一个问题：论证程序能否合理地被视为政治程序？如果成立，那么我们也可以说罗尔斯的正义论是程序正义。对这个问题，后文将进行分析。下面先看看哈贝马斯对程序正义的论证。

2. 哈贝马斯

哈贝马斯直接提出道德价值是由交往程序来证明的。在罗尔斯那里，程序与结果的正义之间还有三种可能性，程序并不是正义的绝对的衡量标准。但是在哈贝马斯这里，程序则成了正义的绝对衡量标准，因为他更加突出了理性论证的重要性。为了推导出普遍性原则，他跟罗尔斯设定原初状态的做法一样，假设了一个“理想的交谈情景”(ideal speech situation)。交往程序是一个以语言为媒介进行的一个抽象的论辩过程，它需要满足以下四项有效性条件：第一，一个人表达出的语句是可以被理解的，即可了解性(正确性)(comprehensible)；第二，他说的话是真实的，即真实性(true)；第三，他的意图是真诚的，即真诚性(truthful)；第四，他在那个场合讲出那样一句话合乎规范。只要满足以上四项条件，沟通就能进行，人们之间就可以相互理解，达成一致同意的规则。他是利用语言与理性之间的关联来论证交往理性的可能性的，因为语言本身蕴含着统一的逻辑规则，按照此规则对话就能达致相互理解、沟通，最后达成共识。在价值多元主义的时代，最后剩下的共同规范就是语言的逻辑了，语言的共同性结构使人们能够相互理解、承认、奠定共识的前提。在他这里，“交谈”、“理想的言谈情境”、“同意”

都是形式条件，结果的正义完全取决于交往程序的正义。在相同的形式条件的约束下，人们对于最后能达成何种共识事先并不确定。只有借助这些语用形式条件的限制，交往理性才能得到保证。以上是一个规范交往程序，在现实的公共讨论中，可以参照这些要求来设计对话程序，使对话过程具有正义性，以促进结果的正义。在自由而平等的交谈者之间，他们就各自的观点和论据、论证方式进行阐述并相互质疑，只有那些理由较为充分的论证才会得到大家的认可。相对于罗尔斯的复杂论证，哈贝马斯用对话程序更清楚地说明了人们是如何达成共识的。哈贝马斯的论证方式也是纯粹程序正义的，但他们各自主张的程序正义对结果的影响力不同。在罗尔斯那里，作为纯粹程序正义的原初状态仅仅是为论证而设计的，它必然指向两个实质性的正义原则，而不可能是其他的正义原则；在哈贝马斯这里，“理想的交谈情景”虽然有利于论证，但是它不决定任何实质性的结果应该如何，它只保证凡经过这一理想的交往程序的任何结果都能得到大家的普遍认可和服从，但不是把某一结果像公平的正义那样作为一个普遍性的原则，也就是说它不是追求实质结果的手段，而是独立于结果。从效果上比较，哈贝马斯的程序正义比罗尔斯的实质正义更有普遍适用性、可行性，但缺乏后者的道德理想主义的气质而显得过于实用。

3. *论证程序与政治程序的关系*

在人类历史上关于政治正当性的证明方法有两类，叙事和论证。① 最早证明方式是神话式或叙事式的。在人类的早期，统治者依靠自己出生的神话或者家族的血统来证明自己的正当性，叙事的有效性取决于人们对它的信仰，几乎是不证自明的。随着文明的发展，人们需要从人自身的理性出发来进行证明，叙事变成了论证，因为论证即是人的理性推理。一种论证是人们提出一个合理化的世界观，对之进行理论说明，但它是通过诉诸某个终极的基础，如宗教、自然法来为其获得普遍性的，但是终极基础本身如何得到证明却无法解决，依然要依赖人们对它的信仰。程序性论证是更彻底的

---

① 石元康：《罗尔斯》，广西师范大学出版社 2004 年版，第 165 页。

论证，它排除了信仰而只依赖人的理性，把终极基础的幻象落实在人的理性中，这个理性不再是个人理性而是主体间性，对价值以及价值判断所依赖的知识基础进行双重论证，即从真理和道德两个维度上进行论证，也被称为“二次正当性论证”。① “契约正义”、“交往伦理”都是程序性证明的方式，是用某个认知推理程序来检验价值判断，不符合论证程序的价值被证明是不合法的。这里要强调的问题是认知或者论证程序为何具有合法化的力量或者程序为何要从认知(理性)上来设计。为了理解，理解是达成共识的基础。而理解最终要走到认知论上来，这是最彻底的理解。论证程序的设计是为了人们能够相互理解彼此的立场和观点。它还扩展了一种普遍性的道德。也就是说，在理解的基础上人们达成了内在的承认，公共性的道德就在这个理解的过程中形成了，正是这种超越个人伦理的新的道德使人们对结果表示承认。在罗尔斯那里，伦理学意义上的实质性正义原则最后变成政治的正义原则，原因即在于其正当性的论证是高度程序化的，它要满足一系列条件，并且这些条件的实现所需的公共理性具有政治公共性的特征。他的转变说明实质正义是依赖程序正义的，程序是其实现的工具。在哈贝马斯那里，程序的地位更高，它直接决定实质正义的品性，实质正义依赖于程序正义。

程序正义若落实到现实的政治程序，我们可以说论证程序是政治程序的源头，即论证程序的正义要求规定着政治程序的设计。它们之间的关系有这样一个逻辑链：合理的论证持续产生合理的价值，合理的价值需要实现价值本身的工具性程序，论证程序决定了政治程序的正当性；另外论证程序体现出的独立价值，即对个人的自由和理性的尊重，是政治程序在实现特定的结果之外必须满足的正义要求，因为任何政治程序都要以正义的方式实现才能获得人们

① 刘小枫：《现代性社会理论绪论》，上海三联书店1998年版，第236页。

承认。简而言之，当认知论上的真理只能以程序主义的方式①形成时，这种真理作为理性逻辑推演的基础，决定了政治程序的设计方针，只有按这种方针设计的政治程序才能满足真理、道德的双重要求。在政治现象中，政治的论证程序与可操作的政治程序是内在相通的，评价政治程序需以前者的规范——程序正义为标准。这一点在我们现有的政治学研究中没有引起足够的重视，我们虽然也从权利、人权等价值出发来分析政治程序的完善，但大都流于分析程序的外在价值，即它对实现特定结果的有效性，而没有把程序的正义这一内在价值放在首位。这说明了我们对民主政治实践的内核没有把握，民主政治实践的内核是把人们平等的自由权利转化成多数规则的程序性操作，规则是怎样形成的——民主地还是专断地——正是民主政治区别于非民主政治的关键因素。

程序正义就是用来说明民主政治的程序应该怎样形成这个问题的。在价值多元主义的时代，程序正义是证明价值的正当性的根本方式，价值是否正当取决于其产生程序的正义性。因此，程序正义对程序民主提出了更高的要求，民主实践的制度性程序也要合乎正义，由一个正当的论辩程序来产生。这是规范上的要求，现实中这个论辩程序通常是由立宪过程来满足的，人们对宪法的讨论过程，实际上就是在运用源程序来制定制度性程序。在具体的程序制定过程中，人们也需要遵循程序正义的诸多规范要求，才可能使制定出来的程序得到大家的认可。比如在各政治力量的谈判中，若不遵循程序正义，就不容易达成各方的共识。任何事物一经反思就上升到理性认知层面，程序正义体现了正义的反思，它是关于正义本身的逻辑学和认知论，也为我们诊断制度性程序的正义性提供了一个标准。程序正义对实践的意义是要我们去关注如何才能达成正义的共识，去挖掘影响程序不正义的认知背景。如果关注这个程序的程序，那么就可以避免程序的形式主义，防止程序产生一个专断的结

① 程序主义的认知方式有两重含义：一是认知程序可以弥补个人理性之不足，这在罗、哈二人的理论中是隐含的常识；二是认知程序各种约束条件能满足道德性的要求，他们着重强调的都是后者，以程序的方式寻求道德共识。

果。也就是说，从源程序入手来纠正程序民主的弱点。在源程序的论辩中，无论是多数的意志还是强有力的少数的意志，都处于平等的地位，达成的结果是双方的共同认可的合意，这样在论辩的过程中就把多数或者少数的专断理性给克服了。

四、结　语

程序之与民主的重要性，就在于它以正义的要求实践着民主的价值。程序正义所体现的内在道德规范和具体要求，其实是一些最普遍最基本的道德规范，是从认知理性角度规定人们应该如何相互平等对待、相互理解和尊重。这种有关程序的哲学认知论是对曾经作为制度规范的个人理性主义的超越，它为民主制度设计和运行提供了新的道德规范。当代思想家们的探索给我们提供了一幅清晰的逻辑地图，为我们从逻辑上把握程序与民主的关系提供了线索。但对于民主制度正在形成的国家而言，现实中的程序至于民主的关系很难具备这种规范性，规则生成的动力主要是权力之间的博弈，还不是自觉的道德认知。对于我们要接受什么样的规则来说，程序的认知论为我们提供了判断标准。

（朱海英　武汉大学政治与公共管理学院讲师）

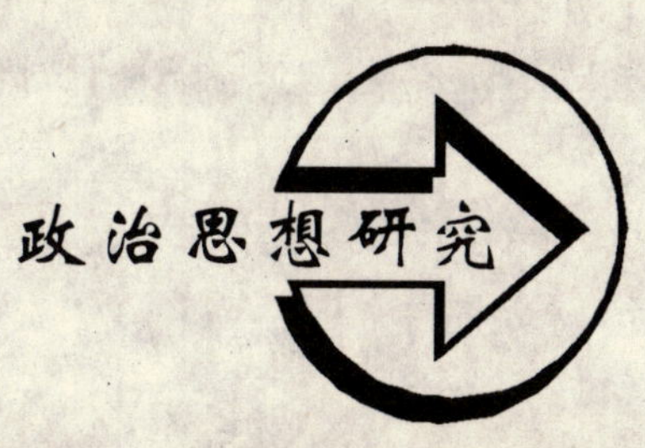
政治思想研究

亚里士多德的政治观刍议

◎艾克文

【摘　要】 国内学者长期以来把亚里士多德的政治观称为“伦理政治观”，但对何谓“伦理政治观”则普遍语焉不详，同时也没有看到亚里士多德的政治观和中国古代儒家的伦理政治观及西方近代以来的权力政治观之间的区别。亚里士多德虽然没有给政治下一个明确的定义，但他从政治的起源、目的和结构等方面对政治关系的实质作了大量的论述，特别是，在亚里士多德的政治观中，“权力”仍占有一席之地，而这一点一直被忽视了。亚里士多德还把对理想政治的研究和现实政治的研究结合起来，这些思想对后世都产生了深远的影响。

【关键词】 亚里士多德　伦理政治观　城邦　权力　理想主义政治观

一、绪　论

亚里士多德是公认的政治学学科的创始人，其代表作《政治学》一书，一方面以其广博的视野和精辟的见解令后世的众多学者为之仰止；另一方面也以其错乱的结构和似乎相互冲突的观点令几乎所有的研究者感到困惑不已。这个困惑突出表现在对亚里士多德的政治观的认识上。对此，西方学术界一个虽然勉强但也算比较普遍地接受的解释是：亚里士多德的政治观包括两个层次：一是理想的；一是现实的，它们分别代表了亚里士多德政治思想发展的两个不同的阶段，即受柏拉图影响的阶段和试图摆脱柏拉图影响的阶段。相比之下，我国学术界对这个问题的研究还显得很不够。对亚里士多德的政治观，国内学者在很长的一段时间内几乎众口一词地名之曰“伦理政治观”，但若深究何为伦理政治观，则又普遍地语焉不详。笔者归纳了各种各样的说法，认为它们或明或暗地表达了这样几层意思，或者说有意无意地给读者造成这样几个印象：

第一，伦理政治观就是把政治等同于伦理诉求；

第二，中西古代的政治观同属伦理政治观，两者无实质性的区别；

第三，伦理政治观不同于近代以降的权力政治观之处在于伦理政治观无关权力，而权力政治观无关伦理，或者

第四，伦理政治观建立在对人性本善的认识论基础上，而权力政治观建立在对人性本恶的认识论基础上。

笔者通过对上述观点的质疑而指出，仅仅“伦理政治观”这一说法并不能概括亚里士多德政治观的全部的内涵，而且究竟在什么样的意义上亚氏的政治观能够被称为“伦理的”也是一个问题。笼统地将亚氏的政治观称为伦理政治观，不仅没有看到其与也被称为伦理政治观的儒家思想的巨大差异，而且也容易忽略亚里士多德对于西方政治学的真正贡献，看不到其政治观与近代以降的权力政治观之间的真正的区别与联系。不过这种状况近年来已有所改变，如聂智琪在《重新解读西方古典伦理政治观》一文中对于古希腊时代的政治生活和道德生活的关系进行了梳理，明确了西方古典的伦理政治观的概念内涵，认为它是一种只属于古希腊的政治观，并在此基础上分析了当代自由主义者对西方古典伦理政治观的误读。① 台湾学者江宜桦在《政治是什么？——试析亚里士多德的观点》一文中，从亚里士多德对“政治动物”、“政治社群”、“政治统治”等概念的陈述中分析出他对政治本质的理解。江宜桦认为，亚里士多德

① 聂智琪：《重新解读西方古典伦理政治观》，《社会科学论坛》2004 年第 3 期。

的"政治"观念有三种可能意义：第一，"具有共同目的的群居互动"；第二，"与城邦生活有关的活动"；第三，"用理性言说与他人沟通，以建立利害公道等概念之共识"。由于"理性言说"使人的政治性突出于其他动物的政治性之上，使合理的城邦生活成为可能，并且保证了自由公民之间可以实行平等的轮流统治，因此"理性言说"可以说是亚里士多德"政治"概念的核心。① 应该说，这一分析是独到而富有启发意义的，不过它过于强调了亚里士多德对于"应然"政治的理解，而对亚氏关于现实政治的论述则关注不够。本文则试图将这两个方面予以综合的考察，以期能不仅对于亚里士多德的政治观，而且对整个西方政治思想传统有一个更加全面的认识。

二、伦理政治观质疑

当我们将亚里士多德的政治观称为"伦理的"时，我们首先必须明确这样一个问题，那就是什么样的政治观才能称为"伦理的"？有学者认为，所谓伦理政治观，就是将政治等同于道德。这种说法，显然过于粗糙，因为即便在亚里士多德看来政治学是一门研究至善的科学，我们也无法从中逻辑地得出政治就等同于道德的结论。更何况我们知道，在亚氏的政治观中，伦理问题仅仅关涉政治的目标，而仅从目标这一方面是难以概括政治关系的全部内涵的。进而言之，即使某种政治观的目标具有伦理性质，我们能否将这种政治观称为伦理的也还是一个疑问。

那么，我们究竟是在什么样的意义上将一种政治观称为伦理的呢？或许通过比较的方法可以部分地解决这个问题。国内学者将亚里士多德的政治观称为伦理的，一是将它与中国古代儒家的政治观相提并论，认为这两者的性质是相同的；二是把它作为与近代的"权力政治观"在政治与道德关系问题的看法上有着实质性差别的一种范式。然而在笔者看来，这两个方面的比较都是有问题的。

---

① 江宜桦：《政治是什么？——试析亚里士多德的观点》，李强主编：《政治的概念》，北京大学出版社 2008 年版，第 3 ~ 23 页。

这里先来看第一方面。的确，儒家也是将某种道德目标作为政治追求的最终目的，但儒家随追求的道德目标与亚里士多德所认为的城邦所追求的道德目标之间显然存在着很大的差异。严格地说，只有儒家的目标才称得上是“伦理的”，因为它关注的就是“人伦”，是宗法伦理，是和谐的人际关系。按费孝通先生的说法，伦重在分别，在《礼记·祭统》里讲的十伦，都是指差等，伦就是有差等的秩序。① 因此儒家的“止于善”，对处于不同的社会地位中的人的要求是不一样的，比如为人君要止于仁，为人臣要止于敬，为人子要止于孝，为人父要止于慈，与国人交要止于信。一个有道德的人，首先应该是一个明白自己在社会中的身份地位的人，其次他必须按社会对这一身份地位的要求来训练自己，使自己的行为符合社会的规范，从而成为一个对社会有价值的单元。在这里，道德对于个人的意义不仅在于它是一种协调人际关系的规范，而且在于它是一种对个人身份地位加以确认和强化的戒条，因此个人人格的独立性很难彰显出来。

亚里士多德的城邦所追求的目标与此有较大的不同。在亚里士多德看来，城邦的目的是为了优良的生活，而所谓优良的生活，一定具有三项善因：外物诸善，躯体诸善，灵魂诸善。他认为，对于前两项善的追求应适可而止，而灵魂诸善则是越多越好。② 亚里士多德是从个人的角度出发来看待道德问题的，在他看来，城邦不过是一个由平等的公民组成的社会团体，人们之间不存在人格上的依附关系。因此，在谈到以善德为本的生活应该取什么样的方式，亚里士多德认为可以有两种，即政治生活和哲学生活。③ 他说，有为的生活并不必然牵涉人间相互的关系，也不能说人的思想只在指向外物，由此引起他对外物的活动时才说他正在有所思想。思想要是

① 费孝通：《乡土中国》，生活·读书·新知三联书店 1985 年版，第 25 页。

② 亚里士多德著，吴寿彭译：《政治学》，商务印书馆 1965 年版 1323a26 ~ 1323b11。

③ 亚里士多德著，吴寿彭译：《政治学》，商务印书馆 1965 年版 1324b30-31。

纯粹为了思想而思想，只限于它本身而不外向于它物，方才是最高级的思想活动。① 这种善和儒家所追求的善显然有极大的不同。

亚里士多德和儒家的政治观的区别还在于两者对实现其道德目标的手段的看法不同。在儒家看来，道德的目的只有通过道德的手段才能达到，因此最好的统治就是德治和礼治，“为政以德，譬如北辰，居其所而众星拱之”(《论语·为政》)，“道之以政，齐之以刑，民免而无耻。道之以德，齐之以礼，有耻且格”(《论语·为政》)是之谓也。在应该由谁来统治这个问题上，儒家毫不犹豫地主张贤人政治。德治、礼治与贤人政治有一个共同的特征，就是它们都认为一种有德行的生活不是靠外在的权力来推行的，而是通过教化来养成的，统治者在这一过程中主要起着一个表率的作用，政者正也，统治者其身正，不令而行，其身不正，虽令不行。因此，对于任何统治者来说，首先必须加强自身的修养，具体来说是从格物致知做起，通过诚意正心，修身齐家，最终达到明明德于天下这一目的。

亚里士多德则是法治思想的明确的主张者，他认为法治优于人治，因为凡是不凭感情因素治事的统治者总比感情用事的人们较为优良，而法律正是没有感情的。② 谁说应该由法律进行统治，就等于说只有神和理智可以统治；至于谁说应该让一个个人来统治，这就在政治中混入了兽性的因素。③ 同时，在谁应该统治这个问题上，亚里士多德主张全体公民轮番执政，这不仅由于多数人的理智强于一个人的理智及多数人与一个人相比不易腐败，更在于既然城邦之中每个人都是平等的，人人具有同等价值，故大家轮流做统治者与被统治者，这才符合正义。这样的结论也是主张以法律为治，因为建立轮番制度就是法律。从这一点来看，法治也是优于一人之

① 亚里士多德著，吴寿彭译：《政治学》，商务印书馆 1965 年版 1325b16-20。

② 亚里士多德著，吴寿彭译：《政治学》，商务印书馆 1965 年版，第 163 页，第 142 页。

③ 亚里士多德著，吴寿彭译：《政治学》，商务印书馆 1965 年版，第 171 页。

治的。

亚里士多德的政治观与儒家政治观的这些区别，在于它们对政治关系的范围和本质的看法的不同。在儒家看来，一切政治关系都是伦理关系，反过来，一切伦理关系也都是政治关系。这方面儒家有着大量的论述，比如：

> 所谓治国必先齐其家者，其家不可教而教人者，无之。故君子不出家而成教于国：孝者，所以事君也；弟者，所以事长也；慈者，所以使众也。(《大学》)
>
> 齐景公问政于孔子。孔子对曰："君君，臣臣，父父，子子。"(《论语·颜渊》)
>
> 或谓孔子曰："子奚不为政？"子曰："《书》云：'孝乎！惟孝，友于兄弟，施于有政。'是亦为政，奚其为为政？"(《论语·为政》)

但是亚里士多德就从来没有将所有的人际关系都称为政治关系，在《政治学》中，亚里士多德给我们区分了多种人际关系，如配偶关系、亲属关系、主奴关系以及平等公民之间的关系等，只有最后一种关系才称得上是政治关系。由此可见，政治关系与伦理关系有着根本性的区别，决不能混为一谈。这种政治观与儒家那种伦理化的政治观的差别显然不能以道里计。

再来看第二个方面。把亚里士多德的政治观称为"伦理的"也忽视了这样一个问题，即从西方近代以来的政治观来看，它也没有真正与伦理问题彻底划清了界限。虽然，在公认的西方近代政治哲学的奠基人马基雅维利那里实现了道德与政治的分离，但我们知道，这只是一种"权宜之计"，马基雅维利并没有把权力作为政治的根本目的，它是为某个更高的目的服务的，而且其共和理想显然只能由有道德的公民来维系。再以近代以来影响最大的自由主义来说，它将国家的功能完全看作是工具性的，认为在"什么样的生活是值得过的美好生活"这个问题上没有一个客观的答案，因此我们应该以自由原则取代古典的幸福原则。然而，自由主义所要促进的

目标难道就没有道德价值吗？自由、平等、人权难道不正是一种道德权利吗？其实，任何政治都包含了一个理想的境界，其所要促进的目标都包含了道德性。当然，我们也没有必要因此把所有的政治观都称为伦理政治观，只是我们在使用这个概念时一定要慎之又慎，要建立在对其内涵作精确界定的基础上，特别要分清古今中外不同政治观的区别。如果我们一定要将亚里士多德的政治观称为伦理的，那么我们就应该知道，伦理政治观这种说法并不能概括亚里士多德政治观的全部内容，同时也要看到，一方面，它与中国古代儒家的伦理政治观之间有着巨大的差别；另一方面，它与西方近代以来的权力政治观之间的差别可能并不像我们认为的那样大。

三、权力——亚里士多德政治观中被忽视的一个维度

把亚里士多德的政治观与西方近代以来所谓的权力政治观对立起来容易犯的另一个错误是认为伦理政治观无关权力。其实，只要对文本稍加留意，我们就可以看到，在亚里士多德的《政治学》中，已经大量地包含了与“权力”相关的一些概念如“统治”及“最高治权”等。比如在《政治学》的开篇，亚里士多德就告诉我们说：

> 我们见到的每一个城邦(城市)各是某一种类的社会团体，一切社会团体的建立，其目的总是为了完成某些善业——所有人类的每一种行为，在他们看来，其本意总是在求取某一善果。既然一切社会团体都以善业为目的，那么我们也可说社会团体中最高而包含最广的一种，它所追求的善业也一定是最高而最广的：这种至高而广涵的社会团体就是所谓“城邦”，即政治社团(城市社团)。①

这段话是研究亚里士多德政治观的学者们最常引用的，他们通常也据此将亚里士多德的政治观称为“伦理的”。的确，在这里及该书的其他一些地方，亚里士多德都一再地告诉我们说，城邦不仅

① 亚里士多德著，吴寿彭译：《政治学》，商务印书馆1965年版，第3页。

为生活而存在，而且应该为优良的生活而存在，政治生活的目标，是要促进善德的实现。① 但是，“至善”对于政治生活来说是至关重要的，但不是全部。我们可以看到，就在上述的这段话中，亚里士多德还表达了这样两层意思：

第一，城邦是“最高的(the most sovereign of all)”社会团体；

第二，城邦是“最广的(includes all the rest)”社会团体。

由此可见，城邦不只是一个要完成某种道德目标的社会共同体，它也是一个在一定地域范围内垄断了最高权力的社会共同体。不明白此意，我们就不能理解为什么在《政治学》中，亚里士多德要花那么大的精力研究政体问题。终《政治学》一书，它所研究的主题并不是“善”之为何的问题，而是城邦的政体问题。政体问题才是亚里士多德政治学所关注的主要问题。这不仅与亚里士多德的其他伦理学著作，同时也与柏拉图的《理想国》形成了鲜明的对比。

要理解“权力”这一概念在亚里士多德的政治观中的地位，我们需要对亚里士多德所谓的城邦的本质作深入的分析。亚里士多德所理解的政治，是城邦生活的一个重要组成部分。那么，城邦究竟是一个什么样的社会团体？它是一切社会团体中“最高而最广”的团体，也是公民“轮番为治”的团体。与城邦的本质特征有关系的是这样三个相互关联的概念：公民、政体与统治。

亚里士多德说，城邦的一般含义就是为了要维持自给生活而具有足够人数的一个公民集团，而所谓公民，就是凡有权参加一个城邦的议事和审判职能的人。城邦不论是哪种类型，它的最高治权一定寄托于“公民团体”，公民团体实际上就是城邦制度。② 这就是说，不同层次的公民身份就决定了不同的政体。同时，这也意味着当亚里士多德宣称“人是天生的政治动物”时，他所说的“人”，并不包括城邦中所有的人在内，而是仅就具有公民资格的成年男性而

① 亚里士多德著，吴寿彭译：《政治学》，商务印书馆1965年版，第137页，第13页。

② 亚里士多德著，吴寿彭译：《政治学》，商务印书馆1965年版，第129页。

言。妇女、儿童和奴隶都不是政治动物。亚里士多德对这个问题的论证我们都很熟悉，这里就不赘述。唯一值得注意的是亚里士多德在论证这个问题时谈到了主人对奴隶的统治，但我们知道他没有将主奴关系视为政治关系。实际上，亚里士多德至少区分了三种类型的统治：第一种是主人对奴仆的统治；第二种是家长对于妻子和子女以及一般家属的统治；第三种是城邦宪政统治。① 在亚里士多德看来，只有第三种类型的统治才是政治统治。这种统治是平等公民之间的"轮番为治"。"轮番为治"指的是城邦在任何一个时期，都只有一部分公民在行使统治权而另一部分公民被统治，而不是像过去我们有些学者所理解的是所有的公民都同时既是统治者也是被统治者。

因此，亚里士多德认为城邦作为一个若干公民集合在一个政治团体以内的社会组织，其本质特征就在于其政治制度。不论其人民是否发生了变化，凡政治制度相承而没有变动的，我们就可以说这是同一城邦，凡政治制度业已变更的，我们就说这是另一个城邦。② 可见，对于城邦而言，制度才是其根本因素，这也是亚里士多德把政体问题当作《政治学》研究的核心问题的原因。当然，伦理对于城邦仍是有意义的，这不仅体现在城邦的目标上，还体现在城邦公民所必须具备的道德水准上。但是，公民的道德首先应与城邦的政体相符。在论述善人的道德与良好公民的道德应该相同还是相异这个问题时，亚里士多德说，既然社会已经组织成为一个政治体系，那么公民既各为他所属政治体系中的一员，他的品德就应该符合这个政治体系。倘使政体有几个不同的种类，则公民的品德也得有几个不同的种类，所以好公民不必统归于一种至善的品德③，统治者的品德也有别于一般被统治公民的品德。不过，对于城邦这

① 亚里士多德著，吴寿彭译：《政治学》，商务印书馆 1965 年版，第 131 页。

② 亚里士多德著，吴寿彭译：《政治学》，商务印书馆 1965 年版，第 119 页。

③ 亚里士多德著，吴寿彭译：《政治学》，商务印书馆 1965 年版，第 120 ~ 121 页。

种治理体系来说，亚里士多德认为，统治者和被统治者的品德虽然相异，但好公民必须修习这两方面的才识，他应该懂得作为统治者，怎样治理自由的人们，而作为自由人之一又必须知道怎样接受他人的统治。① 这其实表明，在亚里士多德看来，对于城邦的维系来说，伦理的因素要依附于制度的因素。

亚里士多德对于建立政体的正当方法、政体的构成要素、每一要素所具有的权力以及城邦具体的统治方式等问题都有大量的论述，这里就不一一论及。不过，到这里为止，我们实际上都是根据现代的权力观——把权力看做是与统治、权威与服从相关的某种关系——来考察亚里士多德的城邦思想的，而没有具体考察亚里士多德本人对于权力问题的看法。其实亚里士多德对此也有不少的论述，而当把权力作为一种统治方式时，指的是与法律的方式相对的一种方式。比如，在谈到城邦最高治权的归属问题时，他提出最后的裁决权力应该寄托于正式制定的法律。只是所有的规约不能概括世事的万变，个人的权力或若干人联合组成的权力，只应在法律有所不及的时候，方才应用它来发号施令，作为补助。② 亚里士多德显然还没有把法律看做主权者的意志这种思想，因此他虽然极力主张法治，却并没有把政治关系从本质上看做一种权力关系，而现在我们都相信，所有的社会规则即便不都是由主权者所制定的，但肯定都与主权者的意志有着某种关系。

因此，在亚里士多德的政治思想中，"权力"这一概念所受到的重视程度还不能与其在西方近代以来的政治观中的地位相提并论。两者之间的区别，说到底可能存在于在"城邦"与"近代国家"这两个概念的区别上。城邦的权力首先是一种政治权力，按亚里士多德的看法，它只涉及城邦这个"公民团体"内部公民之间的关系，同时是对法律这种社会规范的一个补充，而近代国家的权力作为政

① 亚里士多德著，吴寿彭译：《政治学》，商务印书馆1965年版，第124页。

② 亚里士多德著，吴寿彭译：《政治学》，商务印书馆1965年版，第147页。

治权力首先是一种国家对社会的权力，它是一种“无所不包”的权力，法律不过是其具体的一个体现。我们知道，这种国家与社会的分野在古代思想中是不存在的。在亚里士多德那里，人们组成城邦是“自然的”事，这是因为人有合群的本性；但在近代的一些思想家们看来，如果没有权力而任由人按其本性生活，那么社会本身的存在都会有疑问。当然，我们可以从一个更高的角度来说，城邦也是一种国家制度，公民对奴隶的统治也是一种政治权力关系，城邦的法律是奴隶主阶级意志的体现。但这属于另外一个层次的问题，与亚里士多德的政治观没有什么关系。

总的来说，亚里士多德的政治学的一个明显的特征是，它是一种公民政治学或城邦政治学，它将政治的范围局限于城邦之中。这也就意味着，不是一切统治关系（或者说权力关系）都是政治关系（后来的霍布斯等人批判亚里士多德的政治观特别是批判他的奴隶制理论时，实际上多少犯了偷换概念的错误）。但是另一方面，离开权力来看待亚里士多德的政治观显然也是不完整的。没有治权，城邦也就不成其为城邦。

四、自然与政治

对亚里士多德政治观的另一种比较有代表性的看法是称之为自然政治观。这是国内政治思想史研究学者通常持有的一种观点，在笔者看来，这种观点较之伦理政治观的看法更适合作为我们探讨亚里士多德政治观的出发点。我们知道，之所以在对亚里士多德的政治观的认识上存在诸多的争议，一个重要原因是亚里士多德本人并未在其著作中给这个问题以一个确定的说法，而流传下来的《政治学》在完整性和连贯性方面可能存在的问题又进一步给我们的认识增加了难度。不过我们对此也并非无章可循，这个“章”，就是亚里士多德对于政治关系起源的论述。关于政治关系的起源，亚里士多德有一个经典的说法，即人从其本性（自然）来说是一个城邦（政治）动物。但是对这一命题，我们同样需要进一步的分析，弄清楚它与近代以来的所谓的权力政治观的根本区别究竟何在。

对亚里士多德的这一命题，后世曾有多种阐释，总的来说，它包含了这样两层基本含义：一是表明城邦本身是一个自然物，它的产生是一件自然而然之事；二是表明城邦生活最符合人的本性。这两层含义，正好对应着古希腊人对“自然”这一概念的理解。古希腊人所理解的“自然”，有两层含义：一是指内在于事物之中、使得它们像它们所表现的那样表现的某种东西；二是指“世界或者那些组成世界的诸事物”，即与“人工”的东西相对。① 亚里士多德在论述城邦的“自然”起源时，就同时用到了自然的这两重含义。他一方面从发生学的角度向我们阐述了城邦是如何一步步从个人经由家庭再到村坊最后到城邦逐渐演化而来，指出城邦的产生是一个“自然”的过程；另一方面又对人的本性作了详尽的分析，指出人除了具有群居性这一特征之外，还独具语言的技能和明辨正义与否的能力（即江宜桦教授所谓的“理性言说”），而只有生活在城邦之中，这些本性才能得到充分的实现。

对于亚里士多德的这一论述，当然也不是没有争论的，比如，如果说在家庭的形成过程中，配偶关系和亲属关系都是“自然的”，这完全可以理解，但把主奴关系也说成是“自然的”，这就让人难以接受，因为在很多人看来，奴隶制根本上就是违背“自然”的。但这不是我们所关注的问题。我们所关注的是这种政治观与近代以来的权力政治观区别究竟何在。对于这两者的区别，我们首先要明确的一点是，近代以来的权力政治观同样是从人的本性出发来研究政治问题的。不同之处在于，近代的思想家如霍布斯等人认为，人若完全按自己的“自然”生活，那么他们将不会生活在一个有序的政治社会中，而是生活在一个“每个人反对每个人”的“自然状态”中。政治的产生不是“自然”的结果，而是人工的产物，是人有意地根据自己的目的对自然作的改造。在亚里士多德那里，最初的社会团体家庭和最后的同时也是最大的社会团体国家之间不是对立的，而是一个连续发展的过程。但在霍布斯那里，自然状态和公民社会是相互对立的，政治社会是作为自然状态的对立面产生的，其

---

① 参见柯林武德著，吴国盛译：《自然的观念》，北京大学出版社 2006 年版，第 52～54 页。

目的正是为了纠正或消除后者的缺陷。国家不是合乎人性的，恰恰相反，它是要对人的本性施加束缚。

但是另外一方面，我们也可以看到，从对自然与政治的关系来看，亚里士多德的政治观与近代的政治观的差别可能并不像我们想像的那样大。两者都是从人性出发来研究政治问题的，不同之处只是在于对人性的看法不同，而这种不同也不能简单地概括为前者相信人性本善，而后者相信人性本恶。用"善"或"恶"来描述人性本身就是一种成问题的做法，因为如果人性是内在于人的、使人成其为人的那种特质的话，那么我们就很难从道德上对它进行臧否。或许用善的倾向或恶的倾向这种说法更合适。亚里士多德也谈到了人性中恶的倾向，比如，在批判柏拉图的"共产"主张时，亚里士多德说，凡是属于最多数人的公共事物常常是最少受人照顾的事物，人们关怀自己的所有，而忽视公共的事物，对于公共的一切，他至多只留心到其中对他个人多少有些相关的事物；人人都爱自己，而自爱出于天赋，并不是偶发的冲动（人们对于自己所有物感觉爱好和快意，实际上是自爱的延伸）；自私固然应该受到谴责，但所谴责的不是自爱的必需而是那超过限度的私意；现实社会中的确有很多的罪恶，如违反契约而行使欺诈、作伪证以及谄媚富豪等，但所有这些罪恶并不是由于私有制，而是"导源于人类的罪恶本性。即使实行公产制度依然无法为之补救"。在批评财产的平均分配主张时他又说，人类的恶德就在他那漫无止境的贪心，一时他很满意于获有两个奥布尔的津贴，到了习以为常时，又希望有更多的津贴了，他就是这样的永不知足。人类的欲望原是无止境的，而许多人正是终生营营，力求填充自己的欲望。财产的平均分配终于不足以救治这种劣性及其罪恶。①

亚里士多德对人性的这种态度，看起来简直是近代的思想，有人说他实际上在霍布斯之前就宣布了自然状态是战争状态的观点。但是我们知道，亚里士多德并没有公开地得出这样的结论，而这与

① 亚里士多德著，吴寿彭译：《政治学》，商务印书馆 1965 年版，参见第 48 页，第 55 页，第 56 页，第 73 ~ 74 页。

他对城邦的目的的看法是分不开的。亚里士多德坚持认为，政治的目的并不仅仅是抑制人性中的恶劣倾向，不仅是为了个人的自我保存，而是为了"优良的生活"，是为了"幸福"，为了"至善"。而近代以来的思想家们则主张，既然人性是不堪改造的，因此，要进入政治社会，首先就必须降低对人性的要求，也就是说，政治不应该以"扬善"为目标，也不应该以培育具有某种道德的新人为目标，因为这可能永远也实现不了；政治现实的目标应该是抑制人性中的恶劣倾向，让人在追求自己的目标时不得侵犯他人的或公共的利益。如果要对这两种政治观分别作出评价，我们只能说，亚里士多德的政治观是一种理想主义的政治观，它建立在这样两个基础上：第一，自然是完美的，自然物要优于人造物，凡是接近自然的，则是趋向善的，否则就是背离善的；第二，人性是可以信任的，人从其本性出发可以组成完美的社会。但是在近代的政治观中，这两个命题基本上遭到了否定。近代的政治观总的来说是一种现实主义的政治观，它相信不完美的人不可能组成一种完美的制度，因此，在政治问题上，核心的问题不是如何塑造有道德的新人，而是如何运用权力及对权力的行使施加必要的限制。

总之，把亚里士多德的政治观称为自然政治观主要是从政治的起源而言的，而在亚里士多德那里，政治的起源问题又是与政治的目的问题分不开的，在这一点上，亚里士多德的政治观带有明显的理想主义的色彩。但是，这种理想主义的政治观又引来这样一个问题，那就是如何看待它与亚里士多德在《政治学》中对现实政治所作的大量的论述之间的关系？

五、理想主义政治与现实主义政治

前面我们说过，对于亚里士多德的政治观，西方许多学者认为它包含了两个层次或者说不同的发展阶段，即受柏拉图影响的阶段及试图摆脱这种影响的阶段。这种观点，大体上可以认为源自耶格尔，他认为《政治学》全书大致可分为两个部分：一是从柏拉图那里吸取灵感，处理理想国或可能的最好的国家的建构；一是他自己的偏重以经验主义的手法，处理现实世界的政治。①

亚里士多德的政治观真的前后不一致吗？对这个问题，这里只提出一点初步的见解。笔者认为，亚里士多德的确受柏拉图的影响很大，他后来也试图摆脱这一影响，这当然在他的政治思想上有所体现；但是要说这一点决定了他的政治思想的"理想的"和"现实的"两个层次，我认为可能有些夸大其词。其实，任何政治思想都可能包括理想和现实两个层次，我们不能说这两个层次一定是自相矛盾的。我认为亚里士多德的政治观总的来说是一种理想主义的政治观，这主要因为他对人性所抱的乐观的态度，但理想主义者同样可以关注现实的问题，通过发现问题、分析问题来找出对策，从而实现政治的目的。毕竟，在亚里士多德看来，政治学不是理论科学而是实践科学，它的对象不是不变的，而是变化的；它的目的不是知识，而是行为的改善。其实，在《政治学》中，亚里士多德就告诉我们，一门完整的政治学学科应该包含这样几个方面的内容：

第一，政治学应该考虑，何者为最优良的政体，如果没有外因的妨碍，最切合于理想的政体要具备并发展哪些素质；

第二，政治学应考虑适合于不同公民团体的各种不同的政体，因为最优良的政体不是一般现存城邦所可实现的；

第三，政治学还应该考虑，在某些假设的情况中，应以哪种政体为相宜，并研究这种政体怎样才能创制，在构成以后又怎样可使它垂于久远；

第四，政治学还应懂得最相宜于一般城邦政体的通用形式。②

亚里士多德也看到了，研究政治的有这样两类人，其中一些人追求最崇高的理想，而另一些人虽然崇尚实际政治，却老是不满自己所身处其中的本邦的体系。他的目标是希望能将这两个方面的研究结合起来，而我们也可以说，他基本上实现了自己的目标。

---

① 参见麦克里兰著，彭淮栋译：《西方政治思想史》，海南出版社 2003 年版，第 71 页。

② 亚里士多德著，吴寿彭译：《政治学》，商务印书馆 1965 年版，第 176～177 页。

六、结　　语

在《政治学》中，亚里士多德没有给政治下一个明确的定义。如果我们注意到他的老师和前辈们对概念刨根问底的热情以及他本人对其他的一些概念如“城邦”、“公民”、“政体”等都作了深入的分析和界定，我们就会感到这是一件很奇怪的事情。也许我们只能猜测说，亚里士多德本人也感到要做到这一点很困难。但是他的确从多个方面向我们揭示了他对于政治的理解——包括政治的起源、目的、结构等。本文也试图对这些方面作一些梳理，并将它们与其他的一些政治观进行比较，以期能对我们认识亚里士多德的政治观有所助益。文章的基本结论是：

第一，在亚里士多德那里，伦理仅仅是就政治的目标而言，它不能概括其政治观的全部内涵。

第二，中西古代的政治观虽然都可称为“伦理的”，但两者在伦理目标的内涵及实现这一目标的手段等方面都有很大的差别，不可相提并论。

第三，伦理政治观并不一定排斥权力，在亚里士多德的政治观中，权力应占有一席之地，而这一点长期被忽视了；另一方面，权力政治观也并非完全做到了价值中立，无关伦理。

第四，亚里士多德的政治观与西方近代的政治观都是从人性出发研究政治问题的，不同之处在于亚里士多德对于人性持有一种更加乐观的态度。

第五，亚里士多德的政治观包含了理想和现实两个层面，这两个方面并不是相互割裂的，而是可以统一起来的。

这些结论都是初步的，因为它们还只能称得上是对亚里士多德政治观某些方面特征的描述；笔者也无意特别强调其中的某一方面，毕竟在上述的各个方面，亚里士多德对后世都产生了深远的影响，而我们也在这个问题上犯了太多以偏概全的错误。

（艾克文　江汉大学政法学院讲师）

亚里士多德的人本主义法治政治思想

◎刘俊祥

【摘　要】　亚里士多德是古希腊政治人学方法和人本主义法治政治思想的集大成者，并以此极大地影响着后世。其政治人性观集中体现为“人在本性上是法治政治动物”的命题；其政治起源观可以归结为城邦政治社会既是自然的产物又是人工的创造的观念；其政治主体理论的核心即“城邦是公民共同体”的思想；在政治形式和政治价值观上，强调最优良的政体能够让人们过上最幸福的生活。法治政治的最高表现即宪法政治，法治政治的现实存在即宪政制度。亚里士多德人本主义法治政治思想，在本质上，强调法治政治优于权治政治，其最终落脚点是城邦的宪政统治，强调城邦宪政统治即共和政体，是区别于家庭主奴关系和强力管理的优良可行的政治形式。

【关键词】　政治人学方法　法治政治动物　人本政治　法治政治　宪法政治

一、政治人本主义的方法理论

在古希腊的早期，自然哲学家已经对人与城邦之间的关系给以关注，并对城邦政治的本原和本质进行了探讨，只不过在自然哲学中，是以人之外的超然性的自然力量或自然准则作为城邦政治的本原。而当自然哲学向人本哲学的转化，就意味着从自然为本向以人为本的城邦政治观念的转化，由此而形成了人与政治的本质相关性的观念，同时，也开创了政治人本主义的方法理论和西方人本政治的文化传统。德国学者文德尔班认为，以智者为标志，希腊哲学和科学“走上了人学的道路，或者说走上了主体性的道路”。① 因此，形成了古希腊的政治人本主义，即“对于古代希腊人来说，政治是一种新的思想方式，新的感觉方式，尤其是一种新的人与人的关系”②。这表现在，柏拉图强调“不应当在人的个人生活中而应在人的政治和社会生活中去研究人。……人的本性是以大写字母写在国家的本性上的”③。而亚里士多德在《政治学》中则“叙述了一种政治人类学，其划时代的论断是人的政治本性”④，因此，“人在本性上是政治动物”这一命题集中反映了古希腊从自然主义转向人文主义并从人的角度分析社会政治生活的起源和性质的政治人学方法。同时，它也反映了古希腊人关注人自身，注重对人及其在社会政治生活中的价值、地位和作用即主体性的研究。由此可以说，整个西方人本政治文化就是对“人在本性上是政治动物”这一命题的逻辑展开，也是对古希腊政治人本主义的方法论和人本政治文化的历史传承。

基于政治人本主义的方法论，古希腊人的人本政治思想，具体表现为“城邦人本政治观”或“社会人本政治观”。亚里士多德继承并发展了这种政治人本主义的方法理论，在此基础上创立了他的政治人学方法和人本主义法治政治理论。实际上，亚里士多德是古希腊政治人学方法和人本主义法治政治思想的集大成者，并以此极大地影响着后世。有学者甚至评价道：“亚里士多德的人学思想，以其丰富性和独创性受到中外人学史的高度重视，尤其是他对人性、

---

① [德]文德尔班著：《哲学教程》(上册)，商务印书馆 1978 年版，第 97 页。

② [美]米诺格著：《当代学术入门：政治学》，辽宁教育出版社 1998 年版，第 11、10 页。

③ [德]卡西尔著：《人论》，上海译文出版社 1985 年版，第 81 页。

④ [德]赫费著：《政治的正义性——法和国家的批判哲学之基础》，上海译文出版社 1998 年版，第 225 页。

人的本质所作的认知、思维辨析和社会政治观照，可以说达到了古希腊人学思想发展的顶峰。”因此，“应该说亚里士多德为现代人学思想的发展提供了宝贵的思想资源”。①

概括起来，亚里士多德的政治人本主义的方法论，是以“人在本性上是政治动物”这一经典命题为表征的，在此基础上，形成了其人本主义的政治人性、政治起源(本原与生成)、政治主体、政治形式、政治本质和政治价值的法治政治思想。

二、人在本性上是法治政治动物

“如果对任何事物，对政治或其他各问题，追溯其原始而明白其发生的端绪，我们就可获得最明朗的认识。”(说明：在下文中，引用亚里士多德著《政治学》中的内容，将在引文后直接标明页码，如 P4)②亚里士多德就是基于政治人本主义，从这种本体方法来分析城邦政治现象的。因此，其城邦政治思想必然要首先设定“人性模式”，即认为“人在本性上是政治动物”。具体地说，他是从以下方面来作人性设定的：

1. 人具有自然本能。亚里士多德用人的自然性即人的基本生理需要来说明家庭等原始的、初级的团体的形成，并以此作为分析城邦政治起源的自然前提。认为在人类的最初状态，“相互依存的两个生物必须结合，雌雄(男女)不能单独延续其种类，这就得先成为配偶，——人类和一般动物以及植物相同”(P4)。

2. 人具有合群性即社会性。城邦(虽在发生程序上后于个人和家庭)，在本性上则先于个人和家庭。就本性来说，全体必然先于部分；而确认自然生成的城邦先于个人，是因为(个人只是城邦的组成部分)，每一个隔离的个人都不足以自给其生活，必须共同集合于城邦这个整体(大家才能满足其需要)。那么，“凡隔离而自外于城邦的人——或是为世俗所鄙弃而无法获得人类社会组合的便利

---

① 王善超：《论亚里士多德关于人的本质的三个论断》，《北京大学学报》(哲社版)2000 年第 1 期，第 121 页。

② [古希腊]亚里士多德：《政治学》，商务印书馆 1981 年版，第 4 页。

或因高傲而鄙弃世俗的组合的人——他如果不是一只野兽，那就是一个神祇”。因此，“人类生来就有合群的性情”(P9)，人类天性乐于群居，孤独不合于自然。如果离开城邦，人就将无法生存。这种“人具有合群性”、“人是社会动物”的人性假设，说明了人类必须建立社会共同生活秩序，但这仍不足以说明城邦政治社团的产生。

3. 人具有理性。亚里士多德认为，作为动物而论，人类为什么比蜂类或其他群居动物所结合的团体达到更政治组织，原因非常明显。照我们的理论，自然不造无用的事物，而在各种动物中，独有人类具备言语的机能。人类所不同于其他动物的特性就在他对善和恶是否合乎正义以及其他类似观念的辨认(这些都由言语为之互相传达)，而家庭和城邦的结合正是这类义理的结合(P8)。人之所以是“理性的动物”，是因为：第一，“在各种动物中，独有人类具备言语的机能”。也就是说，人有语言、智慧(逻各斯)。第二，人有求知的本性。在《形而上学》一书中，亚里士多德提出，“求知是所有人的本性。对感觉的喜爱就是证明”。① 第三，人类趋于智虑和善德。即“人类由于志趋善良而有所成就，成为最优良的动物”(P9)，人类区别于“最恶劣的动物”之处在于讲“正义”。城邦就是以正义为原则，城邦社会秩序也是以正义为基础。

4. 人是法治政治动物，具有规则理性。人的理性是以人的自然性和人的社会性为前提基础的；人的自然性、社会性和理性的结合，才是亚里士多德论证城邦政治起源的人性模式即人的政治性，因为“人类自然是趋向于城邦生活的动物(人类在本性上，也正是一个政治动物)。凡人由于本性或由于偶然而不归属于任何城邦的，他如果不是鄙夫，那就是一位超人”。(P7)值得人们特别注意的是，在亚里士多德看来，人类的智虑和善德即是正义，就是讲礼法。因此，人的政治性的核心是规则理性，由此决定了人是法治政治动物。那么，人类“如果不讲礼法、违背正义，他

---

① [古希腊]亚里士多德著：《亚里士多德全集》第7卷，中国人民大学出版社1997年版，第1页。

就堕落为最恶劣的动物”。于是，“城邦以正义为原则。由正义衍生的礼法，可凭以判断(人间的)是非曲直，正义恰是树立社会秩序的基础”(P9)。可见，人的规则理性就是城邦政治生成的人性基础。

总之，亚里士多德根据人所具有的自然性、社会性和规则理性，得出了人具有政治性即人在本性上是法治政治动物的结论，在此基础上，推论出了城邦政治的人本主义起源及其人本法治的政治思想。这就是亚里士多德人本法治政治思想的“人性模式”。对于这种“人性模式”的假设，需要注意以下两点：第一，人的自然性、社会性属于其“人性模式”的第一层内容，这与其他动物的属性没有本质区别。人的理性则是人类区别于其他动物的特有本性，属于其“人性模式”的第二层内容。而人的政治性即规则理性是其“人性模式”的第三层内容，人的政治性是建筑于前两层人性之上、又高于前者的。由此决定了亚里士多德人本主义法治政治思想的独特性。第二，作为“人性模式”所讲的“人”是区别于动物的人类，他着眼于人类的共同本性。

三、城邦政治社会既是自然的产物又是人工的创造

从智者开始，古希腊人对社会政治生活本源的探讨，已经形成了人与自然、自然(Physis)与约定(Nomos)的分歧与论争，并影响至今。后世或者认为，社会政治现象是不以人的意志为转移的客观必然性；或者认为，社会政治现象是人们订立契约而人工创造的，当然，也有将自然与约定结合起来的观念，等等。可以说，“古希腊哲学就起源于探索这样一个难题：城邦一方面是自然的产物；另一方面又是人工的创造”。① 亚里士多德在扬弃前人观点的基础上，提出了自然约定调和论的观点，即认为城邦政治社会是人根据其自然本能和理性而逐渐建立起来的，即城邦既是自然的产物，又是人工的创造。

---

① [美]米诺格：《当代学术入门：政治学》，辽宁教育出版社 1998 年中文版，第 13 页。

一方面，政治社团即城邦是基于人的“自然”本性而“自然长成”的。亚里士多德认为“城邦出于自然的演化，而人类自然是趋向于城邦生活的动物”。所谓“城邦出于自然的演化”，是指“早期各级社会团体都是自然而然地生长起来的，一切城邦既然都是这一生长过程的完成，也该是自然的产物”(P7)。这里的“自然”就是指城邦的非“人为”建立。所谓“人类自然是趋向于城邦生活的动物”，是指人类具有过政治生活的“自然”即“本性”，“人类仅仅为了求得生存，就已有合群而组成并维持政治团体的必要了”(P130)。于是，城邦政治就是基于人的政治本性(自然)，由男女同主奴这两种关系的结合而组成“家庭”，进而由若干家庭联合组成“村坊”，最后由若干村坊组合而为“城市(城邦)”而自然生成的。由此可见，亚里士多德不是从超然于人或者外在于人的自然界当中寻找城邦政治产生的本原，而是从人的本性即人的政治基因当中，探寻城邦政治产生的最初动因。由此而得出了城邦是基于人的“自然”本性而“自然长成”的结论。

另一方面，城邦政治社团又是理性的人有目的的意志活动的产物。根据亚里士多德的“目的论”观点，城邦政治社团是理性的人设想和缔造的。因为人是理性动物，能够意识到其生理需要和群体生活的必要，也能够根据其需要而有目的地建立城邦政治团体。人类是为了“共同利益”，为了在城邦之内使“人类的生活可以获得完全的自给自足”，为了“谋取优良的生活”之目的，于是建立了城邦。正因为如此，亚里士多德才说：“最先设想和缔造这类团体的人们正应该受到后世的敬仰，把他们的功德看作人间莫大的恩惠。”(P9)

可见，在城邦政治的起源方面，亚里士多德基于其“人性模式”设定，认为城邦的本原是人的政治本性而非超人的宇宙理性，因此而不同于古希腊早期的“自然生成论”。然而，他又认为城邦政治是自然演化的结果，因此而区别于柏拉图的“自然人为生成论”。同时他还认为城邦政治社会是理性的人有目的设计建造的，但又不同于后来的“契约论”。从这里也可以看出，那种认为亚里士多德是单纯的"国家自然生成论者"①的观点是片面的。不过，从其思想倾向来看，亚里士多德在城邦政治起源上，更是一个"人本自然生成论"者。

四、城邦是公民共同体

根据城邦的"人本自然生成"，可以说，人与政治之间具有本质的关联性，它们同时产生，相互依存，城邦政治的生成即人的长成。作为政治人的公民必然是城邦政治的主体。由此决定了政治学应该是探讨在城邦政治社会，作为公民的政治人如何确立其主体地位、应该如何生活并实现其主体价值和利益。于是"我们如果要阐明城邦是什么，还得先行研究'公民'的本质"(P109)。亚里士多德的这种公民理论即政治人理论，也就是政治主体理论，其核心观点可以概括为"城邦是公民共同体"。该公民理论具体涉及以下几个方面：

1. 人天生是城邦公民。亚里士多德认为，人在本性上是政治动物的现实表现，就是人天生是城邦公民而必然要过城邦政治生活。真正现实的人即具有政治主体性的"政治人"就是公民。在城邦社会，公民才是"人"，"人"之为人即在于取得公民资格，作为公民来生活，以充分实现人的本质。于是，城邦的产生就是人的潜在政治本性的外显化、现实化的过程，城邦的产生过程也就是人从潜在的"政治动物"成长为现实的"政治主体"即"公民"的过程。

2. 城邦是一个公民共同体。正是由于人天生是城邦公民，所以城邦就是由若干(许多)公民组合而成的，若干公民集合在一个政治团体以内，就成为一个城邦。因此，"城邦的一般含义就是为了要维持自给自足而具有足够人数的一个公民集团"；"城邦不论

① 徐大同认为，亚里士多德"把政治、国家的终极原因归结为人的自然本性，或者说基于自然目的"(见徐大同：《西方政治思想史》，天津人民出版社1985年版，第42页)。因此，有学者也认为亚里士多德在探讨国家起源问题上，以"自然起源论"而自成一说(见张桂林著《西方政治哲学——从古希腊到当代》，中国政法大学出版社1999年版，第28页)。

是哪种类型，它的最高治权一定寄托于‘公民团体’，公民团体实际上就是城邦制度”(P113、P129)。因此，公民就是城邦政治的主体。

3. 公民就是能够参加统治职能的人。不过，现实的人要成为公民，必须同时具备形式要件和实质要件。所谓形式要件就是公民资格，任何人要想成为公民，都必须符合特定城邦关于公民资格的有关规定。其中，有关财富和出身的规定特别重要。最典型的公民必须出身于公民家庭，也就是说，一个自由人的父母都是某一城邦的公民，那么，他就是该城邦中最正宗的公民。所谓实质要件，是指成为公民的人必须享有的政治上的权利自由。根据该实质要件，公民就是“参加司法事务和治权机构的人们”，也就是说，“凡有权参加议事和审判职能的人，我们就可说他是那一城邦的公民”(P111、P113)。总之，公民就是“能够参加统治职能的人”，而城邦中不具备上述要件的社会成员如奴隶、野蛮人、侨民等就不是公民。

4. 好公民应该具备统治者和被统治者的双重品德。在亚里士多德看来，公民在城邦中的政治地位是双重的。首先，公民属于统治者，是城邦的主人，具有政治主体性。公民或者公民整体可以选择并维护适合于自己的政体形式。同时，公民也依赖于城邦的保护。因此，公民既是城邦的统治者又是被统治者。“统治者和被统治者的品德虽属相异，但好公民必须修习这两方面的才识，他应该懂得作为统治者，怎样治理自由的人们，而作为自由人之一又须知道怎样接受他人的统治——这就是一个好公民的品德。”(P124)

5. 公民的性质与状况决定了城邦政体的性质与类型。既然城邦是一个公民共同体，那么，城邦政体的本质也可以从公民的角度得到说明。在亚里士多德看来，不仅公民或者公民整体可以选择并维护适合于自己的政体形式，而且公民的性质与状况决定了城邦政体的性质与类型，公民的优劣决定了城邦的优劣。例如，根据施政的目的(即公民间的利益归属)标准，可以划分出“专制统治”(主奴统治)和“宪政统治”(自由人统治)两个基本不同的统治方式；根据统治者人数(即掌握最高治权的公民的人数)标准，可以将城邦政治治理的方式(即政体)划分为一人之治、少数人之治和多数人之治;根据利益归属和人数相结合的标准,可以将城邦划分出大家所熟知的两类六种政体,即王制政体或君主政体、贵族政体或贤能政体以及共和政体三种正宗政体,僭主政体、寡头政体和平民政体三种变态政体;根据公民的身份地位即财富、门望(出身)和品德才能标准,可以区别出政体的不同状况,等等。

五、最优良的政体能够让人们过上最幸福的生活

亚里士多德认为,“城邦不仅为生活而存在,实在应该为优良的生活而存在;假如它的目的只是为了生活(生存),那么,奴隶也可能组成奴隶的城邦,野兽或者也可以有野兽的城邦,然而在我们现在所知道的世界中,实际上并没有这类城邦”(P137)。既然城邦主要的目的就在于谋取公民的优良生活,那么最优良的政体就是能让人们过上最幸福生活的政治形式。这涉及亚里士多德人本主义的政治价值目的和优良政治形式的思想。

1. 君主政体适合于古代。“适于君主政体的社会应该是那里的民族或种姓自然地有独一无双的英豪,其才德足以当政治领袖而莫可与竞。”于是,“如果一个家族,或竟是单独一人,才德远出于众人之上,这样,以绝对权力付给这个家族,使成王室,或付给单独一人,使他为王,这就是合乎正义的了”。因为整体总是超过部分,这样卓越的人物,他本身恰恰是一个整体,而其他的人们便类似于他的部分。所以,“惟一可行的办法就是大家服从他的统治,不同他人轮番,让他无限制地执掌治权”(P172、P173)。不过,亚里士多德认为王制(君主政体)适合于古代,而在他所处的时代应该是不适宜的了。

2. 贵族政体在理想上是最好的政体。相对于君主政体而言,“适于贵族政体的社会应该是那里自然地既有若干统治才德优异的好人而又乐于以自由人身份受贵族之辈统治的民众”。因此,“倘若若干好人共同组织的政府称为贵族政体,而以一人为治的政府称为君主政体,那么,世间这样多同等贤良的好人可以找到,我们宁可采取贵族政体而不采取君主政体了”(P172、P164)。亚里士多德

提出，严格地说，只有一种政体可称为贵族(最好)政体，参加这种政体的人们不仅是照这些或那些相对的标准看来可算是些“好人”，就是以绝对的标准来衡量，他们也的确具备“最好”的道德品质。这是同时兼顾了财富、才德和平民多数(自由出身)的混合政体，所以，在理想上是最好的政体。

3. 共和政体是最适宜于一般城邦而又易于实行的政体。相对于君主政体和贵族政体来说，“适于城邦宪政(共和制度)的社会应该是那里自然地存在有胜任战争的民众(武士)，那里在小康阶级之间按照各人的价值分配政治职司，他们在这样的制度中既能统治，也能被统治”(P172)。这种共和政体是寡头制(贵族制)和民主制、贫富两种要素相混合的政体。

在一切城邦中，所有公民可以分为三个部分(阶级)，即极富、极贫和两者之间的中产阶级。而“凡能包含较多要素的总是较完善的政体”。从城邦政治的人本价值来看，既然人生所赋有的善德完全应当以“毋过毋不及的”中间境界为最佳，适宜于大多数人的最好的生活方式就应该是行于中庸，行于每个人都能达到的中庸，那么行于中庸的共和政体就必然最能让人们过上幸福的生活。因此，“就一个城邦各种成分的自然配合说，惟有以中产阶级为基础才能组成最好的政体”，“最好的政治团体必须由中产阶级执掌政权”(P206)。于是，亚里士多德提出，对大多数的城邦而言，最好是把政体保持在中间形式。共和政体虽然在理想上不是最好的政体，但在实际上是最适宜于一般城邦而又易于实行的政体。

六、法治政治符合人类本性

古希腊的政治观实际上是法治政治观，这是西方法治政治思想的文化源流。亚里士多德重复了柏拉图关于法的至高权威的概念，他还把统治者称为“法律的护卫者”和它的“仆人”，因此，亚里士多德是古希腊法治政治思想的主要创始人。如上所述，他从“人在本性上是法治政治动物”的人性模式设定，首先引导出了“最优良的政体能够让人们过上最幸福的生活”的人本政治理念。同时，也引导出了“法治政治符合人类本性”的法治政治观念。因此，有学者认为，亚里士多德的政治学和道德哲学有某种统一性——并且二者(这也许可以补充说)都与法学有着统一性；因为国家的伦理规范同法律权利是一样的……政治学是三部曲。它是关于国家的理论；但它也是一种关于道德规范的理论和一种法律理论。① 从这个意义上，亚里士多德提出，政治学既要研究政体也要研究法律，而且，“政治学者也应该懂得并分别最优良的理想法律和适合于每一类政体的法律”(P178)。由此而形成了亚里士多德的法治政治思想。

1. 人是法治政治动物，具有规则理性。如上所述，人类与“最恶劣的动物”的区别在于讲礼法、奉行正义。人的规则理性就是城邦政治生成的人性基础。城邦的政治社会秩序就是以正义为原则，以礼法为标准而形成的。

2. 法治优于一人之治。亚里士多德继承了柏拉图晚年的法治政治思想，但抛弃了柏拉图的“哲学王”一人之治的理想主义，代之以法治和众人之治(民主法制)的政治理想。在研究君主政体时，亚里士多德提出了“由最好的一人或由最好的法律统治哪一方面较为有利”的问题。在强调“众人之治”优于“一人之治”的同时，他又着重分析了“法治”优于“一人之治”，即“民主共和的法治政治”优于“君主专制的权治政治”。(1)在避免感情用事方面，法治优于一人之治。亚里士多德认为统治者的心中是存在着通则的，而且个人的意旨虽说可以有益于城邦，但凡是不凭感情因素治事的统治者总比感情用事的人们较为优良。而法律恰好是全没有感情的。由于“常人既不能完全消除兽欲，虽最好的人们(贤良)也未免有热忱，这就往往在执政的时候引起偏向”。在职位上的政治家的“许多措施就不能免于爱憎，或竟借以挫折他们的敌派而加惠于他们的友好”。而“要使事物合于正义(公平)，须有毫无偏私的权衡；法律恰恰正是这样一个中道的权衡”。而且，“法律恰恰正是免除一切情欲影响的神祇和理智的体现”。因此，“谁说应该由法律遂行其

① [英]巴克著：《希腊政治理论——柏拉图及其前人》，吉林人民出版社2003年版，第8页。

统治，这就有如说，惟独神祇和理智可以行使统治；至于谁说应该让一个个人来统治，这就在政治中混入了兽性的因素”(P169)。(2)在人类智慧发挥方面，法治也优于一人之治。亚里士多德认为，即使在一人为治的城邦中，一切政务还得以整部法律为依归。“即便有时国政仍须依仗某些人的智虑(人治)，这总得限止这些人们只能在应用法律上运用其智虑”，因此，“当大家都具有平等而同样的人格时，要是把全邦的权力寄托于任何一个个人，这总是不合乎正义的”(P168)。从法律本身的性质来看，由于“积习所成的‘不成文法’比‘成文法’实际上还有权威，所涉及的事情也更为重要，由此，对于一人之治可以这样推想，这个人的智虑虽然可能比成文法为周详，却未必比所有不成文法还更广博”(PP169-170)。(3)在法律未周详的情况下，可以采取法治下的“众人之治”和完善法律制度两种方式。首先，亚里士多德认为，法律所未及的问题或法律虽有所涉及而并不周详的问题确实是有的。在这种情况下，既然需要运用理智，那么应该求之于最好的一人抑或求之于全体人民呢？亚里士多德的回答是后者，即在理智的运用上，众人之治(共和政体)优于一人之治(君主政体)。因为根据当时的制度，凡遇到这样的情况，人民就集合于公民大会，行使议事和审断的职能。人民在这里所审议而裁决的事情都是法律所未及或未作详细规定的特殊事例。单独一人就容易因愤懑或其他任何相似的感情而失去平衡，终致损伤了他的判断力；但全体人民总不会同时发怒，同时错断。总之，对于政治治理中人类理智、智慧的发挥，亚里士多德认为，君主政体不如贵族政体，亦不如平民(民主)政体，君主一人之治不如众人之治。亚里士多德进而指出，实行人民的轮番为治实际上就是“主张以法律为治了；建立[轮番]制度就是法律。那么，法治应当优于一人之治”(PP167-168)。众人之治就是法治。其次，如果遇到法律可能规定得并不周详，无法判断的事例时，一是可以让执法者按照法的精神进行裁决，即“法律训练(教导)执法者根据法意解释并应用一切条例，对于法律所没有周详的地方，让他们遵从法律的原来精神，公正地加以处理和裁决”。二是修改完善法律，即“法律也允许人们根据积累的经验，修订或补充现行各种规章，以求日臻美备”(P168)。(4)一人为治的君权统治不符合正义。即使承认君主政体为城邦的最优良政体，其继承王位的子嗣也可能是庸才而有害于邦国。那么，假设存在为政遵循法律、不以私意兴作的君主，又会怎样呢？亚里士多德认为“依法为政的君王”(P167)本身实际上不能算是一种政体，因此，不可能存在。虽然存在作为一种政体的“全权君主”，但人们认为，在平等人民所组成的城邦中，以一人高高凌驾于全邦人民之上是不合乎自然的，也是不相宜的。由此，亚里士多德得出最后的结论，法治优于一人之治，但“法律确实不能完备无遗，不能写定一切细节，这些原可留待人们去审议”。因此，“主张法治的人并不想抹杀人们的智虑，他们就认为这种审议与其寄托一人，毋宁交给众人”(P171)。众人之治优于一人之治。总之，法治与众人之治相结合的共和政体就应该是亚里士多德的理论归属了。

3. 法律应该是促进城邦实现正义和善德的制度。城邦的目的是达善致福，并以正义为原则，“法律的实际意义却应该是促成全邦人民都能进于正义和善的[永久]制度”(P138)。在亚里士多德看来，法律在促进善德和正义实现的人本价值和作用主要有：(1)法律是人类本性实现的重要条件。因为人类由于志趋善良而有所成就，成为最优良的动物，如果不讲礼法、违背正义，他就堕落为最恶劣的动物。(2)法律有助于社会秩序的建立。因为，“法律(和礼俗)就是某种秩序；普遍良好的秩序基于普遍遵守法律(和礼俗)的习惯”(PP353-354)。(3)良法作为实行善政的前提条件，有助于实现善政。即“凡订有良法而有志于实行善政的城邦就得操心全邦人民生活中的一切善德和恶行”(P138)。(4)法律是中道的权衡，能够避免政治治理中的主观好恶。

七、共和宪政优于专制暴政

法治政治的最高表现即宪法政治，法治政治的现实存在即宪政制度。亚里士多德的法治政治思想最终也落脚到城邦的宪政统治。这种“宪政统治”思想主要表现在三个方面：(1)贤明统治与依法之治是两种可以替换的方案的观点是错误的。(2)“宪政统治”术语有三个要素：第一，它是为了公众的利益或者普遍的利益而实行的统治。第二，它是全法律的统治。第三，宪政统治意味着对自愿臣民的统治，以区别于仅仅依靠武力支撑的专制统治。(3)不能把法律看作是一种权宜之计，而应当把法律视作是道德生活和文明生活的一项不可或缺的条件。必须把法律视作是国家的一个不可或缺的组成部分，是构成理想国本身的因素。① 这其中的核心之处，是“宪政统治意味着对自愿臣民的统治，以区别于仅仅依靠武力支撑的专制统治”。由此，法治优于一人之治也在观念上和制度上，升华为宪政区别于暴政，城邦的共和宪政优于专制暴政。

1. 法律从属于宪法，城邦法治适应于城邦宪政。宪法应该是城邦最根本的政治制度，最优良的政体就是宪政。亚里士多德从这个意义上认为，“法律实际上是，也应该是根据政体(宪法)来制订的，当然不能叫政体来适应法律”(P178)。具体而言，相应于城邦宪政的好坏，法律也有好坏，或者是合乎正义或者是不合乎正义。与城邦宪政相适应，法律也有最优良的理想法律和适合于每一类政体的法律。

2. 城邦的宪政统治不同于家庭的主奴强力统治。亚里士多德继承了柏拉图的观点，认为暴力不是政治，而是动物的生存方式，只有基于人的规则理性而生成的城邦政治生活，才是人的生活方式。在他看来，任何主动的暴力无论其目的如何，皆是非善的。事实上，非暴力乃是希腊政治学的主导原则，是政治行为合法化的必要条件，因此，城邦内的公共活动具有排斥暴力的特性，“亚历山大的武功恐怕根本不是‘历史’，这种征服行为与人的‘空间’生活无关，无论如何不能被置于政治学中，或许倒是可以被归入亚氏所感兴趣的生物学”②。

亚里士多德的城邦宪政统治思想，是针对如下两种观点的，即

① [美]萨拜因著：《政治学说史》(上卷)，上海人民出版社 2008 年版，第 133 页。

② 洪涛著：《逻各斯与空间——古代希腊政治哲学研究》，上海人民出版社 1998 年版，第 273 页。

“有些人认为管理奴隶是一门学术，而且家务和政务，以及主人的治理奴隶同政治家和君王的统治人民完全相同……可是另一些人却认为主奴关系违反自然。在他们看来，主人和奴隶生来没有差异，两者的分别是由律令或俗例制定的：主奴关系源于强权；这是不合正义的”(PP10-11)。亚里士多德明确指出，前一种观点的代表柏拉图的“城邦政治家和君王或家长或奴隶主相同”这种说法是错误的，因为主奴关系、家务体系和宪政体系所体现的三种统治类型各有区别，并且主人对奴仆的统治和家务管理，即家长对妻子和儿子以及一般家属的统治，是以统治者利益为中心的“专制统治”(主奴统治)；而城邦宪政统治则是以被统治者利益为基础的“自由人间统治”。在《政治学》中，亚里士多德专门论述了城邦统治与家务管理的联系与区别，认为虽然“城邦始源于家庭”，但城邦又区别于家庭，城邦的“自由人间的统治”异乎于家庭的“主奴关系”和家长统治。家庭统治依靠家长的强力，城邦统治依靠正义的法律。“政治家所治理的人是自由人；主人所管辖的则为奴隶。家务管理由一个君主式的家长掌握，各家家长以君臣形式统率其附从的家属；至于政治家所执掌的则为平等的自由人之间所付托的权威。”(P19)而君王正是家长和村长的发展。希腊古代各城市原来都由君王加以统率，而各野蛮民族至今还保持着王权，其渊源就在这里。如上所述，这种君权统治已经过时，不合于城邦治理。

后一种认为“主奴关系违反自然”、“主奴关系源于强权”而不合正义的看法，是古希腊智者的观点。对此，亚里士多德表达了“维护自然奴役而反对强迫奴役”的观点，以此否定了强权在城邦政治中的合法性和正义性，并认为由不正义战争造成的强迫奴役是不合自然的。在他看来，人类确实原来存在着自然奴隶和自然自由人的区别，前者为奴，后者为主，各随其天赋的本分而成为统治和从属，这就有益而合乎正义。谁要是滥用或误用主人的权威，那就必然损害主奴双方的利益。“在合乎自然的奴隶体系中，两者各尽其自己的职分，这就存在着友爱和共同利益。但凭借权力和法律所造成的强迫奴役，情况恰恰相反(那里将充塞着仇恨和利害的冲突)。”(P19)但是，他又认为对于原来应该附属于他人的卑下部落，倘使竟然不愿附属，人类向它进行战争(掠取自然奴隶的战争)，也应该是合乎自然而正当的(P23)。

实际上，在家庭的强力管理和城邦的宪政治理的论述中，亚里士多德已经从生物界的一般现象，总结出了兽性专制和人性共和(宪政)两种政体的分别，认为灵魂统治身体，身体从属于灵魂(人心)和灵魂的情欲总会受制于理性及其理智部分，这是合乎自然而有益的；“男女间的关系也自然地存在着高低的分别，也就是统治和被统治的关系。这种原则在一切人类之间是普遍存在的。所以，凡自己缺乏理智，仅能感应别人的理智的，就可以成为而且确实成为别人的财产(用品)，这种人就天然是奴隶”(P15)。天然奴隶制是合乎正义的。另外，亚里士多德还分别论述了城邦的权力及权力分配；强力(权力)与法律之间的关系；权力制衡；权力与正义；法律“强权”与“自然”的关系等问题。根据上述分析，可以看到亚里士多德对主人权威与政治家权威、家务管理与城邦治理之间的区别，前者是强权统治，后者是宪政统治。城邦的宪政统治，不能依靠强力，才是合乎正义的。总之，在亚里士多德看来，城邦政治是依据公正规则对自由人的治理，是一种法治政治和宪政统治，而家务管理则是由一个君主式的家长运用强力所进行的管理，两者有着根本的不同。

3. 任何真实的政体必须以法律为基础。在分析城邦政体真假优劣时，亚里士多德还有一个非常重要的视角和标准即“是否守法”，这是学者们一般没有注意到的。在他看来，任何真实的政体必须以通则即法律为基础。“凡不能维持法律威信的城邦都不能说它已经建立了任何政体。法律应在任何方面受到尊重而保持无上的权威，执政人员和公民团体只应在法律(通则)所不及的‘个别’事例上有所抉择，两者都不该侵犯法律。”(PP191-192)以此为标准，亚里士多德在《政治学》中，对各类别的现实政体与法治之间的关系，作了详细的论述。(1)平民政体一般是遵守法律的。“民主法制”一词反映了“当农民和家道小康的人们执掌政权时，他们的政府总是倾向法治的”(P193)。但是，守法的平民政体也可以变为平民专权的制度。如极端的平民政体，即是执掌最高权力的平民甚至可以凌驾于法律之上的政体，其“政事的最后裁断不是决定于法律而是决定于群众，在这种政体中，(依公众决议所宣布的)‘命令’就可以代替‘法律’。”(P190)成为一位集体君主的民众，他们为政不以“法律”为依归，就包含着专制君主的性质，这种平民政体类似于一长制(君主政体)中的僭主政体。(2)守法的寡头政体可以变为寡头专权的制度，不过，趋向相反的演变也同样是可能发生的，而且世袭制的寡头政体的执政者们的权力则更大，个人的意志竟然凌驾于法律之上。寡头政体(少数制)中的这一品种犹如君主政体(一长制)中的僭政，或平民政体(多数制)中最后述及的那一个品种。这样的寡头政体就成了所谓的“全能或全权政治”，与君主政体极为相似，两者都以个人权力为基础；这里不再是法律至上，而是个人(执政)至上了。亚里士多德在这里突出了法治政治与权治政治的区别。(3)僭主政体完全没有法度。当然，有两种僭主政体都保持着法治的精神，其性质类似君主政体，可以混称为君主政体。一是某些野蛮民族(非希腊民族)中所尊崇的具有绝对权力的专制君主，以及二是在古希腊城邦中曾经一度存在的类似君主的所谓民选总裁。这两者可以说是半王半僭，其建制既出于民意，其为政也遵循法治。不过，真正僭政的典型，则正是绝对君主政体(全权君主)的反面形式。“当单独一人统驭着全邦所有与之同等或比他良好的人民，施政专惟私利为尚，对于人民的公益则毫不顾惜，而且也没有任何人或机构可以限制他个人的权力，这就成为第三种僭主政体。这是暴力的统治；所有世间的自由人当然全都不愿忍受这样的制度。”(P203)可见，君主政体变态为僭主政体，即成为专制的统治。在各种政体中，僭主政体完全没有法度，就不像一个政体。(4)贵族政体具有守法精神和崇尚才德两个优点。贵族政体是亚里士多德理想上最好的政体，因为贵族政体是能够实现法治的政体。在他看来，“人们认为政府要是不由最好的公民负责而由较贫穷的阶级作主，那就不会导致法治；相反地，如果既是贤良为政，那就不会乱法。我们应该注意到邦国虽有良法，要是人民不能全都遵循，仍然不能实现法律”。由此，亚里士多德得出了影响至今的经典性的“法治”定义，即“法治应包含两重意义：已成立的法律获得普遍的服从，而大家所服从的法律又应该本身是制订得良好的法律。人民可以服从良法也可以服从恶法。就服从良法而言，还得分别为两类：或乐于服从最好而又可以订立的法律，或宁愿服从绝对良好的法律”(P199)。因此，贵族政体这个名词如果引用到法治的意义上，应该主要是指已经具备较好法律的城邦，而贵族政体具有守法精神和崇尚才德两个优点。由于在贵族政体中既能制订良法人民又能普遍守法，所以，只有在贵族政体中才能实现法治。从这个意义上讲，任何守法的政体都可称作贵族政体。

4. 共和政体就是城邦立宪政体。法治政治的最高表现即宪法政治，法治政治的现实存在即宪政制度。在古希腊，宪政的探讨就是对最佳政体和政治生活方式的寻求。作为西方政治文化的宪法政治思想，所谓宪政，是指以人为本的良宪政治，就是以宪治驾驭权力并以人为本的良善政治生活方式及其制度体系，主要包括人本(人性、人道、人权、自由、民主或公平)、宪治(法治)、驭权(合法性权力)和良善政治(符合道德正义)等四个基本要素。

对于“宪政”概念，亚里士多德似乎在三个意义上使用：一是区别于动物的野蛮生活，人是懂礼法的动物，人类要过法治宪政的城邦公共生活，不同于动物界的弱肉强食的生存方式；二是区别于主奴关系和家庭强力管理，城邦是对自由人的宪政统治；三是宪政意指一种优良的政体，即共和(混合)政体。简单地说，亚里士多德对“城邦的宪政统治”是如此描述的：“当一个城邦依据平等原则，由相同身份的人组成政治体系时，公民(城邦组成分子)们自然认为他们大家应该轮流执掌治理的职司(治理的职司主要是致力于被统治者的利益，所以这些义务应该由大众轮流分担，而统治者作为公民团体中的一员，也附带地获得共同的利益)。”(PP131-132)这种宪政统治是合乎自然、符合正义的制度。宪政统治的选择，就是城邦优良政体的选定。在他看来，共和政体(即波里德亚)即是立宪政体。在正宗政体中，原为多种宪政通称而又用作一种政体的专属名词的所谓“共和政体，”又称为立宪政体，它是寡头制(贵族制)和民主制、贫富两种要素相混合的政体，即混合政体。在这种宪政统治中，宪法具有至上性，而且要求城邦议事、行政和司法三项权力机构间的权力平衡，以及各城邦主体之间的权利均衡，使之符合各邦的宪政原则。

（刘俊祥　武汉大学政治与公共管理学院教授）

道家的政治冲突观念考察

◎尚重生

【摘　要】 如果说儒家追求圣人的道德秩序，法家讲究君王的强势秩序，那么道家建构的是人类最好不为的自然秩序。前两者强调了人为的重要性，后者则表现出对人的悲观和否定，渗透着看破红尘的虚无精神。从老子的道法自然到庄子的顺从自然，无论是“本道”还是“本自然”，道家讲究和追求的都是无为有序、自然有序。老庄对人、对所有人，尤其是对高高在上的所谓圣贤明君、帝王将相怀有深刻的绝望和幻灭之情感，既不相信道德修炼会消解利益冲突，生成道德秩序，从而形成政治秩序和社会秩序，也不相信统治者的法、术、势的强权和阴谋能掩盖冲突从而建构起秩序。道家十分重视“无为之为”、“不争之争”、“自然至上”，不主张“要为”什么，而要求“不为”什么，表面上否定了人的主体性、选择性乃至创造性，事实上，它更加强调了人的行为的有效性。包括老子和庄子在内的所有人，终究还是人，其理论学说的创立和传播本身就是一种非无为而有为的行为。事实上，基于对争权夺利、混乱无序世道的厌恶，在虚无、悲观、绝望的背后，恰恰是对人，特别是对统治者，建构理想秩序的深情期待和不倦的厚望，其关于政治冲突的思想观念，大有看破红尘更爱红尘的意味。

【关键词】 道家　老庄　无为政治　为无为　自然秩序

道家是老子和庄子思想的总称，老子和庄子俗称老庄，是道家的主要代表人物。无论是老子法自然的无为政治思想，还是庄子的自然主义政治思想，都既渗透着极为丰富的解决政治冲突的智慧，又包含着道家对人类统治秩序和社会秩序以及获得理想秩序路径选择的愿景和假设。虽然，对现实政治生活中，人们建构秩序的渴望和努力，道家持绝对怀疑主义以及悲观主义的否定性态度，但是，实际上，在确定的条件下，它并不否认秩序的理想存在以及达到理想秩序的可能性。老子认为“道法自然”，天道运行固有秩序，主张“无为”政治。庄子则反对一切背离自然的人的行为，因为任何有为的企图和行动本身不但会带来人性的异化，而且会导致难以弥合的社会断裂，引发对抗、敌对和冲突，使统治体系从混乱走向瓦解，使整个社会失序乃至毁灭。

一、《老子》：道法自然，无为有序

一般来说，所有政治思想家都有自己想象中的理想国。理想国是理想社会秩序的符号和象征，也是有效地消解各种现实冲突的理想模式。作为理论假设，遥远的理想国是一个永恒的尺度和标杆，它成为政治思想家感知认识现实、评价批判现实、干预改造现实乃至建构自己政治思想体系的重要基石。

小国寡民是《老子》的理想国，也是其理想社会秩序的化身。这个理想国消灭了一切技术和文化，因为一切含有技术的奇巧利器，都是祸患的根源；一切文化都是争权夺利的手段和工具；这个理想国取消了几乎所有的社会关系和人际交往，因为一切社会关系和人际交往都渗透着虚假的仁、义、礼、忠、信，都是对“道”的破坏，都属于神圣名义下的卑鄙行为，乃乱之本根。所以，要“使民有什伯之器而不用。使民重死而不远徙。虽有舟舆，无所乘之。虽有甲兵，无所陈之。使民复结绳而用之。甘其食，美其服。安其居，乐其俗。邻国相望，鸡犬之声相闻，民至老死不相往来”①。只有这样，才能有“道”、合“道”和遵“道”。

“道”是《老子》政治冲突观念和政治秩序观念的思想核心，具

① 《老子》第八十章。

有本体论意义上的重要性。老子认为"道"是一个自然的、独立的、不可名状的存在，是天地之母，万物之根。"道之为物，惟恍惟惚"①、"道可道，非常道"。② 老子指出，"夫物芸芸，各复归其根。归根曰静。静曰复命。复命曰常"。③ 可见，"道"不仅是混沌模糊、鸿蒙未辟、无像无物、无生无有、寂兮寥兮的宇宙本质，而且是天地间万事万物封闭循环、周行而不殆、最理想、最完善的运动形式和存在模式，一切"不道"、或"违道"之事物，就是违反了自然之道，背离了归根归无至静达命到常的"道"之逻辑。"道"的有、无、生、死、根、静、命、常，是"道"固有的自我化解矛盾冲突的天然秩序，这样的秩序乃天道使然。

然而，人道总是与天道相违背的。人的欲求、进取、有为，实际上破坏了天道，制造了麻烦、冲突和祸乱，导致了"多藏"而"厚亡"的悲剧，毁损了天然秩序，"天之道损有余而补不足，人之道则不然，损不足以奉有余。孰能有余以奉天下？唯有道者"。④ "大道甚夷而民好径。"⑤"明道若昧，进道若退。"⑥"大道废，有仁义。智慧出，有大伪。六亲不和，有孝慈。国家混乱，有忠臣。"⑦"天下多忌讳而民弥贫。民多利器，国家滋昏。人多伎巧，奇物滋起。法令滋章，盗贼多有。"⑧只有顺天道，才能有真正的秩序，因为"天之道不争而善胜，不言而善应，不招而自来，单然而善谋。"⑨"天道无亲，常与善人。"⑩

人怎样才能做到顺从天道呢？在老子看来，只有无知无欲、守

① 《老子》第二十一章。

② 《老子》第一章。

③ 《老子》第十六章。

④ 《老子》第七十七章。

⑤ 《老子》第五十三章。

⑥ 《老子》第四十一章。

⑦ 《老子》第十八章。

⑧ 《老子》第五十七章。

⑨ 《老子》第七十三章。

⑩ 《老子》第七十九章。

住自然本性、保持淳朴，归根至静，才可能走向天道，接近天道。但是，不幸的是，人类社会每一次所谓的进步发展，都是人们贪婪、有为、争斗的结果和证明，都出现了王朝颠覆、天下大乱的结局。“故失道而后德。失德而后仁。失仁而后义。失义而后礼。失礼者，忠信之薄，而乱之首。”因此，要“王法地，地法天，天法道，道法自然”①，大力倡导无为政治。

无为政治是减少政治冲突、建构政治秩序实现理想国的根本之策。作为老子政治思想的核心，无为政治在《老子》一书中被多次提到和一再强调，“爱民治国，能无为乎。”②“圣人处无为之事，行不言之教”③。“无为无不为。”④“无”是《老子》思想的重要哲学范畴，“无”是宇宙万事万物的始基、本性和本原。因为“有”生于“无”；“有”是暂时的相对的，“无”是永恒的绝对的；“有”表现“无”归于“无”。对于人来讲，天地尚不能长久，区区人事就不用说了。“为者败之，执者失之”⑤，所有的人都曾欢喜陶醉于“有”，但最终都是两手空空如也。所以，在人事上，要恪守“无”的法则而反对“有”，讲究“无为”。

人类社会显然是被“有”、“有为”的行为和“有为”的人害惨了。社会生活中存在的大量伪善、丑恶、歪斜现象从哪里来的呢？除了人们的聪明、才智、欲望等“有为”行为以外，没有别的出处。“智慧出，有大伪。”⑥人与人之间贪婪的攫取鲸吞、盗贼的掠抢豪夺、社会秩序的失序紊乱从哪里来的呢？是人们追“巧”求“利”的“有为”活动，使社会中产生了许多勾人心魄、人人都志在必得的所谓“难得之货”。“五色令人目盲，五音令人耳聋，无味令人口

① 《老子》第二十五章。

② 《老子》第十章。

③ 《老子》第二章。

④ 《老子》第三十七、第三十八、第四十八章。

⑤ 《老子》第二十九章。

⑥ 《老子》第十八章。

爽。”①因此，“绝巧弃利，盗贼无有”。②

那么，怎样才能“去利”呢？“争必尤”，“不争，故无尤”。③“咎莫大于欲得。”④在老子看来，人的欲望和所求是一切灾难、混乱产生的根源，因此，要“无为”就要“去利”；要“去利”就要“不争”；要“不争”就要“无欲”。可见，“无为”实际上是要“无欲”，“无欲”才能法自然，才能减少甚至取消冲突和麻烦从而达到自然的秩序。

然而，具有社会属性的人果真能做到“无欲”、“无为”吗？显然不能。实际上，老子也不是要人们纯因自然或者消极的冷眼观望，他要实现和达到的是“为无为”。也就是说，“无为”是需要“有为”的，“无为”本身就是一种“为”，没有“为无为”，就没有“无为”。老子认为，一般来说，在现实生活的领域，人们往往是沿着“有为”的道路前行和开展活动的，现实的人都是“有争”、“有欲”、“有知”、有“身”、“熙熙”、“昭昭”、“察察”的，而这些恰好是产生社会祸乱的根源。因此，“为无为”就是去铲除这一切，把人们往“无为”的道路上拉。

具体来讲，对于统治者，老子认为要尽可能地缩减政治活动，要“去甚，去奢，去泰”⑤即薄税负、轻刑罚、慎用兵、尚节俭；要“治大国若烹小鲜”⑥；要不贵难得之货；要不尚贤；要使民“不可争”；对于老百姓，老子主张要使其丧失“有为”的条件和可能性，使其争不了，没法争，只有“无为”以顺从自然。因为“民之饥，以其上食税之多，是以饥”。⑦“朝甚除，田甚芜，仓甚虚，服文采，带利剑，厌饮食，财货有余，是为盗竽。”⑧“法令滋章，盗贼多

---

① 《老子》第十二章。
② 《老子》第十九章。
③ 《老子》第八章。
④ 《老子》第四十六章。
⑤ 《老子》第四十六章。
⑥ 《老子》第六十章。
⑦ 《老子》第七十五章。
⑧ 《老子》第五十三章。

有”，“民不畏死，奈何以死惧之”。① 也就是说，一个秩序井然的社会，除了统治者自身要清静无为，千万不要乱挑乱动，拨弄是非，使民众鸡飞狗跳之外，还要想方设法，动用一切政治手段，铲除引起“有为”的一切社会条件，把民众深陷“无为”之地，使之虽想“有为”但不能为或不敢为。与此同时，要彻底使百姓“无欲”、“无智”，没有对物质和精神生活的追求，从此不再争财夺利，不再争风斗智，捞取官爵，而是视黄金如粪土；从此惧怕刑罚，不敢上蹿下跳、为欲求利。用老子的话讲，就是“圣人之治，虚其心，实其腹，弱其智，强其骨，常使民无知无欲，使夫智者不敢为也，为无为，则无不治”。②“见素抱朴，少私寡欲，绝学无忧。”③“百姓皆注其耳目，圣人皆孩之。”④由此可见，老子无为政治的秩序观念，主要是以整肃老百姓，使其无私无欲变成君主绝对的服从者，并辅之以统治者尽可能少作为的理性自律为主要内容的。

为了“为无为”以免祸乱从而达到天下大治的统治秩序，基于“反者道之动，弱者道之用”⑤“物极必反”，矛盾双方总是向着对立面的方向转化的政治哲学，老子指出，要学会和善于利用一系列的“反术”，又叫“柔术”、以柔克刚术或者“弱用之术”。其主要有：

静观——事物虽然是运动变化的，但“静”是事物的本态、固态，动变则是事物的变态、非常态，事物最终都要复归与本，返回到无。不要被事物的运动变化所迷惑，要坚持静观待变的原则。此之谓“致虚极，守静笃。万物并作，吾以观其复。夫物芸芸，各复归其根。归根曰静。静曰复命。复命曰常。知常曰明，不知常，妄作。凶。知常容，容乃公，公乃王，王乃天，天乃道，道乃久，没身不殆”。⑥ 老子认为，动乃躁，躁必出乱子即动乱。

守弱用柔——弱、柔和刚强相比较，前者实际上更有生命力，

---

① 《老子》第七十四章。

② 《老子》第三章。

③ 《老子》第九章。

④ 《老子》第四十九章。

⑤ 《老子》第四十章。

⑥ 《老子》第十六章。

而后者恰恰是迅速走向死亡的代名词。弱胜强，柔克刚是事物的至理。“人之生也柔弱，其死也坚强。万物草木之生也柔脆，其死也枯槁。故坚强者死之途，柔弱者生之途。是以兵强则灭，木强则折。强大处下，柔弱处下。”①“物壮则老。是谓不道，不退早已。”②“强梁者不得其死。”③“天下之至柔，驰骋天下之至坚。”④“天下莫柔弱于水，而攻坚者莫之能胜。”⑤老子教人弱柔处下，不要锋芒毕露，旨在避免摩擦和冲突。

知盈处虚——老子惧怕事物的量变引起的质变，认为质变会引起平衡状态的丧失，导致稳定和安全的破坏，因而控制事物质的量的限度，非常重要。在盈、虚和损、补之间，老子认为“揣而锐之，不可常保。金玉满堂，莫之能守。富贵而骄，自遗其咎”。⑥“多藏必厚亡。”⑦“持而盈之，不如其已。”⑧很显然，老子主张“不盈”和“去余”。

居上谦下——老子对上下、贵贱等矛盾关系极为敏感，统治者究竟是居上谦下，还是居上而不顾下，直接决定着对立面的调和与斗争的状况。老子认为儒家主张居上示尊，维护上的神圣性是不明智和危险的。只有居上谦下，才能以下安上、相安无事、秩序井然。“江海所以能为百谷王者，以善下之，故能为百谷王。是以欲上民必以言下之，欲先民必以身后之。是以圣人处上而民不重，处前而民不害。”⑨“善用人者为下。”⑩“贵以贱为本，高以下为基，是

---

① 《老子》第七十六章。
② 《老子》第三十章。
③ 《老子》第四十二章。
④ 《老子》第四十二章。
⑤ 《老子》第七十八章。
⑥ 《老子》第九章。
⑦ 《老子》第四十四章。
⑧ 《老子》第九章。
⑨ 《老子》第六十六章。
⑩ 《老子》第六十八章。

以侯王自谓‘孤’、‘寡’、‘不谷’。此非以贱为本耶？非乎？”①这就是说，迂回的“谦下”，并不是真正的“下”，而是“上”的一种表现方式。

不争之争——“以其不争，故天下莫能与之争。”②即以不争为争，实际上，争众人之不争，既是不争的一种表现，也是争的表现方式之一。“处众人之所恶，故几于道。居善地，心善渊，与善仁，言善信，正善治，事善能，动善时。夫唯不争，故无尤。”③也就是说，无论是统治者，还是老百姓，只有不争，才能无灾无难，无祸无乱。与此同时，还要达到不争的最高境界，这就是想方设法使自己的对立面也不争。老子说，“善者吾善之，不善者吾亦善之，德善。信者吾信之，不信者吾亦信之，德信”。④ 在这里，对竞争的对手和冲突的敌人，老子有迁就宽容之意，无疑有正确的一面。但是，如使对方不争，是为了自己更大更好更强地争斗，这也是很阴险的，它潜藏着更大的社会混乱。

知微、治于未乱——主张见微知著，要把可能引起社会冲突混乱的事物扼杀在萌芽之中，不要等动乱的因素蔓延开来。一旦乱因滋长，将来总有一天会没法收拾局面。“其安易持；其未兆易谋；其脆易判；其微易散。为之于为有，治之于未乱。”⑤可见，老子认为，任何乱局都有起始，在起始阶段就要防患于未然。

创造条件使对方失败——老子坚信，物极必反。只要所需的条件具备，事物就会朝着自己的反方向发展，关键是要给事物创造足够的转化条件。“将欲歙之，必固张之。将欲弱之，必固强之。将欲废之，必固兴之。将欲夺之，必固与之。是谓微明。”⑥

以曲求全、深藏不露——老子说，“曲则全，枉则直；洼则

---

①《老子》第三十九章。

②《老子》第六十六章。

③《老子》第八章。

④《老子》第四十九章。

⑤《老子》第六十四章。

⑥《老子》第三十六章。

盈，敝则新；少则得，多则惑”。① 他认为，应该把自己的锋芒藏起来，不要让别人知道自己的实力和底细，以防不测和被动。

总之，《老子》为了治理乱世，避免、消解、控制政治冲突或者社会冲突，提出了包括“无为之为”、“不争之争”在内的很多有价值的概念和判断，以“反术”为核心的辩证思维的独到和精妙，给人们提供了方法论层面的丰富的想象力和思想路径；它浑然天成、自成一体的理论逻辑，提升了人们观察问题、描述问题以及解决问题的视域和境界。然而，老子虽然思想深刻、观念素朴、智慧深邃，但也太过迂回曲折、费尽心机。这种教人诈术，用尽权谋、锲而不舍的谋略以及谋略方式，并没有也不可能把人们引向解决政治冲突的正确轨道，它只能使人们在社会生活过程中，更加注意权术和计谋的作用发挥；更加相信丛林法则的极端重要性；更加深信成王败寇的强盗逻辑；更加理性地不择手段以达到自己的目的；它只能使统治者在政治活动中，弱化人性向善的因素，而把人性邪恶、诡异的一面更快更多地释放和扩大。

二、《庄子》：顺从自然，天下太平

从表面上看，不仅与儒家、法家的思想家们不同，而且与老子也不一样，庄子基本不谈所谓治理国、平定天下的谋划和方略。在“齐万物”哲学的统摄下，庄子消解主客物我、宇宙生死、社会利害等根本关系，只讲回归自然，养身长生的美学哲学。然而，事实上，在它的一套批判现实主义美学思想的架构下，深藏着庄子包括政治冲突观在内的个性独特的自然主义政治思想，这些思想主要集中在《庄子》一书的内篇、外篇和杂篇中。

不谈政治本身就是谈政治的一种形式，批判现实、消解矛盾和冲突，是为了建构更为理想的现实秩序。与许多思想家一样，庄子对实现理想世界的渴望非常强烈！无论是“至德之世”、“建德之国”，还是“至治治世”、“无何有之乡”，庄子都肯定了“人完全回到自然”这样一种理想社会秩序的存在。“民愚而朴，少私而寡

① 《老子》第二十二章。

欲”、“知作而不知藏，与而不求其报”、“不知义之所适，不知礼之所将”、“其生可乐，其死可葬”。①“万物群生，连属其乡”、“山无蹊隧，泽无舟梁”、“其行填填，其视颠颠”。②“民如叶鹿”、“行而无迹，事而无传”、“端正而不知以为义，相爱而不知以为仁，实而不知以为忠，当而不知以为信，蠢动而相使，不以为赐”。③ 可见，庄子并不认为，社会分工、劳动工具的发明创造所导致的生产力的发展、科学技术的进步，给人类社会带来了秩序和幸福，而是制造了冲突和灾难。社会是一个大粪坑，文明是祸患的渊源，什么君子小人、“尚贤”、“使能”、阶级国家，等等，都是人性的异化，人类自然生活的桎梏。一切痛苦的麻烦和悲剧的冲突都是从此而来。只有返璞归真的原始自然生活，才是真正的生活；只有回到自然、遵从自然的秩序，才是远离冲突和纷扰的真正的秩序。

庄子是把理想社会秩序的假设，建立在其“人性本自然”的理论基础上的。他认为“夫大块载我以形，劳我以生，佚我以老，息我以死”④，“人之生，气之聚也。聚则为生，散则为死”⑤，显然，人是自然的一部分，人的一切都是自然赋予的，人性也是自然生就的，就像自然生就了鸭子腿短、仙鹤脖长、牛马悠然漫步在原野一样。所以，“性者，生之质也。性之动，谓之为；为之伪，谓之失”。⑥“有人，天也；有天，亦天也。人之不能天，性也。”⑦因此，一切主观选择和主观能动的行为，都属于“为之伪”，是对人的自然本性的毁坏，应该“化性而起伪”。

庄子认为，首先，人心与人性是对立的。心有心计，乃破坏性之源，冲突之端。“唐虞以下，兴治化之流，浇淳散朴，人心动

① 《庄子·山木》。
② 《庄子·马蹄》。
③ 《庄子·天地》。
④ 《庄子·大宗师》。
⑤ 《庄子·知北游》。
⑥ 《庄子·庚桑楚》。
⑦ 《庄子·山木》。

摇，结果离道行险，去性而从于心。”①人发明的绳、墨、规、矩等工具，事实上都起到了“削其性”、“侵其德”、“毁其常然”的作用。其次，情欲与人性是对立的。“且夫失性有五：一曰五色乱目，使目不明；二曰五声乱耳，使耳不聪；三曰五臭熏鼻，困惾中颡；四曰无味浊口，使口厉爽；五曰趣舍滑心，使性飞扬。此五者，皆生之害也。”②再次，政治、经济、文化、道德与人性也是对立的。它们都是人的非自然状态，使人远离自然，因而一开始就是桎梏人的、异化人的、非人的。当然，它们也破坏了人类本来就有的自然秩序，使天下深陷在无休无止的冲突之中。

因此，为了获得理想的社会秩序，必须对圣贤、权力、心计、知识、名利、忠孝仁义进行彻底的清理和批判，还人性以自然，或返自然之人性。

庄子认为，人世间根本就没有所谓的治世、治人，甚至不存在治不治的问题。人们总想治乱，殊不知自然秩序本来就有，自然秩序已然是人类最高最好的秩序了，治乱的想法和行为恰好就是一切冲突和祸乱的根源，传说中能治理好天下的圣人黄帝、尧、舜、禹、汤、王季、文王、武王、周公，实际上是历史过程混乱的开始，他们好像救了一世，但却祸患万世。所以，“治，乱之率也，北面之祸也，南面之贼也”。③“人类的自然性与统治者的关系，如同陶土与陶冶者、树木与工匠、马与伯乐的关系一样，都是后者对前者的破坏。这种破坏表现在两个方面：一是‘乱世之性’④，引起性情‘烂漫’使人类自身每况愈下，不可收拾；二是‘治人’也破坏了自然界的和谐，‘乱天之经，逆物之情，玄天弗成；解兽之群，而鸟皆夜鸣；灾及草木，祸及止虫’。”⑤也就是说，所谓的治世实际上是乱世；所谓的圣贤明君事实上是毁灭秩序、制造混乱的

---

① 《庄子·缮性》。

② 《庄子·天地》。

③ 《庄子·天地》。

④ 《庄子·天道》。

⑤ 刘泽华、葛荃：《中国古代政治思想史》(修订本)，南开大学出版社2001年版，第126页。

贼人。

没有哪个时代权力是不被膜拜的。人们之所以不顾一切地追逐权力，是因为权力能够带来掌权者所想要的几乎所有的东西。然而，庄子却蔑视权力，“庄子钓于濮水，楚王使大夫二人往先焉，曰‘愿以境内累矣。’庄子执竿不顾，曰‘吾闻楚有神龟，死已三千岁矣，王巾笥而藏之庙堂之上。此龟者，宁其死为留骨而贵乎？宁其生而曳尾于涂中乎？’二大夫曰：‘宁生而曳尾于涂中。’庄子曰：‘往矣，吾将曳尾于涂中’”。庄子把权力视为极为卑鄙肮脏的东西，掌权者都是自私自利的伪诈欺盗之人。君主是真正的大盗大贼，是冲突和杀戮的挑起者和制造者，是人类自然秩序的最大颠覆者和毁灭者。所以，既不要相信也不要歌颂帝王君主，他们强民所难，“重为任而罚不胜，远其涂而诛不至。民知力竭尽，则以伪继之，日出多伪，士民安取不伪！夫力不足则伪，知不足则欺，财不足则盗。盗窃之行，于谁责而可乎？”①这些掌握最高权力的人，应该为整个社会的祸患灾难、无序混乱担当责任，老百姓是无辜的受害者。应该说，庄子看到了权力的强腐蚀性，指出了发生在官民之间政治冲突的必然性，从而也揭示了一切社会冲突和政治冲突的根源。

庄子认为，在原始社会，人类原本绝圣弃知，无心计、无知识，过着无忧无虑的有序生活。自从有了黄帝、尧、舜这样的圣人，人争名争利的心计和情欲的魔鬼就被释放了出来，且一发不可收拾。人的心计、知识和智慧的活跃与发展，破坏了人的自然本性，从而成为社会祸乱的又一根源。社会的混乱是由于人们心思先乱了，人们追逐聪明，施计斗巧，可谓煞费苦心！到头来却造成了“亡国、戮民不已”的局面。如果铲除心计、知识和智慧，就可以返回自然的朴素秩序。

庄子视名利如粪土，对名利欲望大加鞭挞。因为不仅名利欲与人的自然本性是对立的，而且追逐名利必然惹是生非、招来无穷祸患以及丧失人格尊严。庄子认为，人的名利欲有四个方面共计二十

---

① 《庄子·则阳》。

四种表现(又称“四六”)。即:“贵、富、显、严、名、利,六者勃志也;容、动、色、理、气、意,六者谬心也;恶、欲、喜、怒、哀、乐,六者累德也;去、就、取、与、知、能,六者赛道也。”①“此四六者,不荡胸中则正,正则静,静则明,明则虚,虚则无为而无不为也。”②与此同时,逐名贪利乃见物忘本之举,不但破坏自然形成的“天属”关系,而且遭人嫉妒,惹人觊觎,肯定倒霉。“荣辱立,然后睹所病;货财聚,然后睹所争。今立人之所病,聚人之所争,穷困人之身使无休时,欲无至此,得乎!”③更为严重的是,名利乃身外之物,为物所奴役,也会丧失人格尊严。

忠孝仁义,是儒家所倡导和坚持的道德准则。在庄子看来,正如老子所言,大道废而后有仁义,忠孝仁义礼乐这些东西,既伪善虚假又残酷邪恶,人世间根本就不存在所谓的忠孝仁义之事,应该把仁义、人伦这一类的关系,从社会生活中彻底摒除。因为“道”和“德”本属于人的自然本性,而忠孝仁义乃居心叵测的意志行为。“道不可致,德不可至。仁可为也,义可亏也,礼相伪也。”④“合则离,成则毁,廉则挫,尊则议,有为则亏,贤则谋,不肖则欺。”⑤除此之外,讲仁义就要重“分”,从而导致尊卑贵贱,人为制造人与人之间身份上的歧视和不平等;讲仁义就会动摇天下人心,使人起“疑”。而猜忌和钩心斗角,必然导致内耗不断,天下大乱;讲仁义就会重名利,而名利的欲念和追求,实在是罪孽深重,乃万恶之源。

就本自然、重自然、顺自然的理论倾向而言,可以把庄子视为自然主义秩序论者,自然有秩序,自然本秩序,自然就是秩序。从根本上讲,社会生活中的人为欲念和行为,都会引起或挑起冲突,从而是反自然秩序的。在庄子的秩序境界里,人的生与死也是极为

---

① 《庄子·庚桑楚》。

② 《庄子·德充符》。

③ 《庄子·则阳》。

④ 《庄子·知北游》。

⑤ 《庄子·山木》。

重要的自然秩序的一部分。“死生，命也，其有夜旦之常，天也。人有所不得与，皆物之情也。”①“圣人之生也天行，其死也物化。”②因此，庄子坚决反对甚至蔑视好生恶死、厚生厚葬，认为它给社会带来了许多麻烦和灾难。

对于政治思想家来说，任何理想秩序的建构都不可能没有达到这一秩序道路的设计，庄子也不例外。他认为要天下太平，就必须顺从自然。而顺从自然，就是要处理好天人关系，要处理好天人关系，首先要把天和人区分开来，懂得那些属于“天为”，那些属于“人为”。“知天之所为，知人之所为者，至矣。”“知天之所为者，天而生也；知人之所为者，以其知之所知以养其知之所不知。终其天年而不中道夭者，是知之盛也。”③其次要懂得人定胜天是不可能的。“天而不人”④，“物不胜天久矣”。⑤ 再次要知道顺天的重要性。“天在内，人在外”，“天人之行本乎天”⑥，“工乎天而拙乎人”⑦，“天然之性，韫之内心；人事所顺，涉乎外迹；皆非为也。任之自然”。“恒以自然为本。”⑧“天有六极五常，帝王顺之则治，逆之则凶。”⑨总之，人要顺从自然，属于天为的，千万不要去人为，即使人为，也要顺从自然而为。只有这样做，才能从根本上祛除一切冲突的根源，从而奠定秩序的牢固基础。

庄子认为，就君民关系而言，要建构理想的政治秩序，统治者一定要顺乎民情，切不可冒天下之大不韪。因为治民之要在于顺形率情，任其自然。“形莫若缘，情莫若率。缘则不离，率则不

---

① 《庄子·大宗师》。
② 《庄子·刻意》。
③ 《庄子·大宗师》。
④ 《庄子·列御寇》。
⑤ 《庄子·大宗师》。
⑥ 《庄子·秋水》。
⑦ 《庄子·庚桑楚》。
⑧ 《庄子·疏》。
⑨ 《庄子·天运》。

牢。"①"君为政焉勿卤莽，治民焉勿灭裂。昔予为禾，耕而卤莽之，则其实亦卤莽而报予；芸而灭裂之，其实亦灭裂而报予。予来年变齐，深其耕而熟耰之，其禾繁以滋，予终年厌飧。""今人之治其形，理其心，多有似封人之所谓，遁其天离其性，灭其情，亡其神，以众为。"②更为关键的是，一定要防止民心动荡，不惊动民心，使其归静。因为民心动荡是一切变乱的根源。为此，还是要使民绝圣弃知，安性命之情。"掊击圣人，纵舍盗贼，而天下始治矣。""圣人已死，则大盗不起，天下平而无故矣。"③

在庄子看来，通达理想秩序的道路还有"平"和"均"。一个社会贵贱差等、贫富悬殊，肯定会有人报仇，动乱不已。人世间的一切不平等现象，都是由人的情欲造成的。所以要根除人的情欲，天下均平。"复仇者不折莫干，虽有忮心者不愿飘瓦，是以天下平均。"④与此同时，人不能超出平均，富裕有余。它会招来嫉妒，给自己带来灾害甚至身家性命不保，给社会带来无穷的麻烦和灾难。"平为福，有余为害者，物莫不然，而财其甚者也。"⑤很显然，庄子认为，统治者的特权、贪婪和富贵，不但没有顺其自然，而且会导致动乱和冲突，后患无穷。社会财富的平均，人们情欲的消解和祛除，是达到秩序的必由之路。

与老子一样，庄子坚持君主顺天而无为、帝王有势而不骄、统治者无欲而天下足的政治理念和政治智慧。他认为君主还是应该存在的，不过君位的获得方式，直接关系到公私较量、争斗情形和乾坤秩序。君位的正确获得方式应该凭其道德修养，而不是斗争谋略或盗窃技术。应该对那些权力欲望强烈的人保持足够的怀疑和警惕，因为这些人是准备把天下变成囊中私物的人。"君原于德而成于天"⑥，只有"无天怨，无人非，无物累，无鬼责"之人，才能

① 《庄子·山木》。
② 《庄子·则阳》。
③ 《庄子·祛箧》。
④ 《庄子·达生》。
⑤ 《庄子·盗跖》。
⑥ 《庄子·天地》。

“一心定而王天下”，“万物服”。①“唯无以天下为者，可以托天下也”。② 庄子以为，“明王之治，功盖天下而似不自己，化贷万物而民弗不恃”③，“古之畜天下者，无欲而天下足，无为而万物化，渊静而百姓定”。④

总而言之，庄子认为天地有大美而不言，宇宙万事万物本来固有的自然秩序毋庸置疑，而人类自以为能够有所作为的行为，恰恰是值得怀疑的，所谓圣贤明君的权力和情欲非常需要给予足够的警惕和防范。他们往往是政治冲突和社会冲突的制造者，自然秩序的颠覆者和毁灭者。只有顺从自然，天下才能走向太平。

三、道家政治冲突观念的特点及其评价

从老子的道法自然到庄子的顺从自然，无论是“本道”还是“本自然”，道家讲究和追求的都是无为有序、自然有序。老庄对人、对所有人，尤其是对高高在上的所谓圣贤明君、帝王将相怀有深刻的绝望和幻灭之情感，既不相信道德修炼会消解利益冲突，生成道德秩序、从而形成政治秩序和社会秩序，也不相信统治者的法、术、势的强权和阴谋能掩盖冲突从而建构起秩序。道家十分重视“无为之为”、“不争之争”、“自然至上”，不主张“要为”什么，而要求“不为”什么，表面上否定了人的主体性、选择性乃至创造性，事实上，它更加强调人的行为的有效性。关于冲突的处理以及秩序的假设具有迂回曲折性，老子的“反术”、庄子彻底的自然主义都在用深奥的哲学命题给我们阐释人为秩序的边界和限度，从而规整人的行为，把冲突和麻烦消灭在萌芽之中。道家假设了天之道、自然之道的存在，认为人不参与、不作为的一种固有秩序早就生成了，人要做的就是认识和体悟，再就是尊重和遵循。若祛除规律的

① 《庄子·天道》。
② 《庄子·让王》。
③ 《庄子·应帝王》。
④ 《庄子·天地》。

必然性，这种假设具有神秘玄虚性。因为没有办法逻辑论证和经验证明，一个没有人为痕迹的世界秩序究竟是怎样的。更为关键的是，作为自然界长期进化的产物，无论是个体的人还是社会的人，怎么能够建立人不介入的所谓自然秩序呢？人之为人，并非草木，就在于人有意识、有思想、有智慧、有创造，道家教导人为无为，争不争，显然具有不可操作性。除此之外，道家的秩序境界高远，谋略深邃，在政治生活中，君主帝王若吸取其统治智慧，就会更加阴柔险恶，引发更深层次的君臣对抗和君民冲突。

如果说儒家追求圣人的道德秩序、法家讲究君王的强势秩序，那么道家建构的是人类最好不为的自然秩序。前两者强调了人为的重要性，后者则表现出对人的悲观和否定，渗透着看破红尘的虚无精神，然而，包括老子和庄子在内的所有人，终究还是人，其理论学说的创立和传播本身就是一种非无为而有为的行为。事实上，基于对争权夺利、混乱无序世道的厌恶，在虚无、悲观、绝望的背后，恰恰是对人，特别是对统治者，建构理想秩序的深情期待和不倦的厚望，其关于政治冲突的思想观念，大有看破红尘更爱红尘的意味。

以上我们考察了传统中国主要思想流派的政治冲突观念，在总体上，不难看出，奠定了我国传统政治文化主要基调和基本精神气质的儒家、法家和道家学派，对平定乱局、消解矛盾、制止政治冲突、确立核心冲突观念、建构基础价值取向和根本社会秩序，贡献了不朽的思想理念和政治智慧。的确，道德修炼能够决定人的思想境界和精神面貌，治国安邦必须发挥使用法、术、势的艺术技巧和重要作用，包括自然秩序在内的客观规律也应该得到尊重乃至敬畏。然而，传统中国主要思想流派，虽然都有着对于理想政治秩序和社会秩序的强烈渴望和无限憧憬，却都不愿意看到甚至惧怕各种政治冲突和社会冲突的存在；不愿意正视人性的固有弱点以及由此带来的各种冲突和麻烦；更不可能承认政治冲突是政治发展的动力之一；当然也不可能看到把冲突规范化、制度化的可能性和重要性。因此，防止冲突、控制冲突、打击冲突势力、剿灭冲突主体的努力和企图，在我国历史上随处可见。事实上，由于传统中国政治冲突观念极为深厚的历史积淀，在历史上已经形成了较为稳定甚至固化了的解决政治冲突的观念系统、思维模式和行为模式。

（尚重生　武汉大学政治与公共管理学院副教授）

宪政民主研究

加强与完善中国立法听证制度探析

◎徐　琳

【摘　要】 立法听证制度起源于西方，是代议制的重要补充。中国立法听证制度除了促进立法民主、立法科学外，还有着超越立法层面本身的价值，对于中国的民主政治建设有着独特的推动作用，是中国政治体制改革的重要制度创新尝试。不过，任何外来移植制度，都不是仅仅完成移植就万事大吉了，要想在移植地扎根、开花、结果，真正发挥其功能，还需要制度移植者悉心的呵护、加强、培育和完善，才能使之成长。立法听证制度在中国的发展也不会例外。立法听证制度要想真正地在中国成功运行并且真正发挥其功能和价值，关键因素之一就是中国立法机关的学习能力和制度建设能力。目前中国立法听证制度还是相当粗糙的，需要立法机关在学习西方经验的基础上，结合中国国情，合理界定立法听证在中国立法体制框架内的地位；加强和完善对立法听证的制度规则；科学设计立法听证程序等，使它成为植根于中国土壤的民主制度。并且，立法机关还需要努力学习有关立法听证的知识和技能，能娴熟地运用立法听证这一立法程序机制。做到了这一点，立法听证在中国的实践就有了成功的基础。

【关键词】 立法听证　制度建设　中国政治

一、合理界定立法听证在中国立法体制框架内的地位

尽管2000年通过的《立法法》对立法听证制度有若干规定，但其法律依据比较模糊，法律定位不够准确，而且缺乏可操作性。立法听证制度实现的是一种立法程序民主和公正，它为公众在强大的国家权力面前提供了一种参与立法和参与政治的机会，是一种自卫权利。但按照目前中国《立法法》对立法听证的规定，公民的这种自卫权利是没有保障的，实际上《立法法》将立法机关和公民置于不对等的位置。首先，《立法法》没有规定立法听证制度在何种情况下使用。就是说，什么样的法律必须经过听证、什么样的法律不必经过听证，《立法法》未作规定。这样，在实际执行过程中，随意性就会比较大，其结果就是不利于立法听证制度的实施。其次，《立法法》也未规定座谈会、论证会、听证会等形式之间的区别。座谈会、论证会与听证会是有很大区别的，在三者之中，立法听证会才是普通公民参与立法的制度性渠道，因此，明确界定立法听证会的法律地位十分重要。再次，《立法法》没有明确规定举行听证会的效力，使得立法听证的意义模糊不清。最后，《立法法》也未规定座谈会、论证会、听证会的程序规则。只有使这些立法机关听取意见的方式和程序得到明确规范并具有可操作性，才能使它们真正得以实施。由于立法听证的法律依据尚欠完备，各地立法听证规则都比较粗糙，定位比较模糊，因此，全国性的立法听证会迄今为止只开过一次，各地方人大举行的立法听证会次数也不多，立法听证活动开展的程度主要取决于人大常委会领导人对它的注意度，一旦注意力转移，立法听证活动就沉寂下来。这样，立法听证的实际价值很难体现，甚至可能成为立法公开性的点缀品而已。因此，要真正发挥立法听证制度在实现中国立法科学化、民主化中的作用，首先就必须对立法听证制度进行合理的定位。

关于立法听证制度在中国整个立法体制中的具体地位，应该界定为：立法听证制度是一项重要的立法程序性制度，它解决的是程序民主和程序正义的问题，并以此促进立法的实质民主和正义，从而对立法决策的民主化、科学化有着重要作用，但立法听证制度并

不能直接决定立法决策的结果，立法决策最终是由立法机关做出的。同时，对立法听证制度在中国立法体制中的地位要法定化，即明确写进《立法法》中，而不能像现在这样仅仅依靠听证组织机关和立法决策者的民主法制来维持立法听证制度开展的积极性，因此，有必要对《立法法》的有关规定进行修改和完善。鉴于这部法律颁布实施的时间并不长，马上另起炉灶不太合适，可以采取制定《立法法》实施细则的方法，将立法听证制度的地位、立法听证程序、立法听证结果的效力予以明确规定。

二、加强和完善立法听证的制度规则

在立法制度体系框架内对立法听证制度进行合理定位之后，应该加强完善立法听证的制度规则。现行中国还没有全国性的立法听证规则，各地制定的听证规则也都比较粗糙，很多问题没有细致的规定，操作起来容易受人为因素影响。因此，加强和完善立法听证的制度规则十分必要，这是真正实现立法听证制度的内在价值追求——立法科学化、民主化的关键。

(一)选择适当的立法听证方式

立法听证方式是指一个国家采取何种形式、途径或方法来进行立法听证活动。立法听证作为一个国家立法程序中的具体环节，它的具体方式理应根据本国的国情而定，才能取得好的效果。中国作为一个超大规模的发展中国家，又处于社会转型期，社会结构和利益关系复杂，立法听证方式显然不能完全照搬西方国家的做法，在立法听证制度处于探索和初步发展阶段，研究和探索适合中国国情的立法听证方式是十分必要的。

在西方国家，立法听证的具体方式是有所不同的，具体可分为：正式听证、非正式听证和混合听证。

正式听证方式在操作上类似于司法审判，其显著特点是“准司法化”，证据听证是核心。正式听证具有程序繁琐而严格，过于程式化，缺乏必要的灵活性等特点，听证采取听证会的方式进行，听证参加人通过口头表达意见，即在正式的立法听证会上，对法案持不同意见的听证陈述人当庭表达自己的意见，面对面地辩论与交锋，并接受听证人的询问，提供相关证据，使听证机关得以充分地了解各方意见。正式立法听证的优点是显而易见的；听取意见全面，意见间的交流充分，容易达成利益协调和妥协，便于法案今后的实施。但其缺点也是明显的：听证时间往往较长，影响立法效率；经济成本高昂，立法机关负担重。此外，正式听证要求立法机关以听证记录作为制定法规的依据，从而妨碍了立法机关在立法时的自由裁量权。正如伯纳德·施瓦茨先生所指出的："它使立法程序禁锢于正式的拘束衣之内。"①因此美国行政法学家戴维斯教授指出，法官、立法者和行政官员都同意这样的看法：正式听证程序对于制定普遍适用的规章并不适宜，由于这种原因，使用正式听证程序的情形少之又少，可能几乎没有，在将来可能会没有。② 所以，除非个别案例，现在世界各国采取正式立法听证方式的都比较少了。

而非正式听证是指法案的所有利害关系人都可以用自己认为恰当的方式如口头、书面、电子邮件等方式对法案评头论足、发表意见；听证机关的自主性也比较大，自由度比较高，不需要很严格的听证程序。非正式听证方式有利于减少人、财、物的消耗，降低立法听证的成本，是一种比较经济灵活的听证方式。但是，非正式听证也可能给立法机关制定法规增加难度，因为它有可能使得提出的意见比较分散，意见不像在听证会上可以被听证主持人有效控制，从而让立法机关在整理不同意见时有点无所适从，增加立法的难度。

到20世纪80年代，美国出现了混合立法听证方式，这种立法听证方式是指听证机关采用通信、公开发表评论文章、听证会等多种方法听取公众的意见。混合听证方式既能在一定程度上避免正式听证方式过于正式化和繁琐的弊端，又克服了非正式方式过于简

---

① [美]伯纳德·施瓦茨著，徐炳译：《行政法》，群众出版社1986年版，第151页。

② 罗豪才、应松年：《行政程序法研究》，中国政法大学出版社1992年版，第119页。

单、听取意见不集中的缺点，因此很快为各国广泛采用。混合听证方式在具体操作上既可以由立法机关主动召集，也可以由当事人申请开始。在听证过程中，听证陈述人可以书面形式提出意见，也可以口头形式表达意见，听证人可以向听证陈述人提出问题，听证陈述人也可以向听证人了解有关情况。目前，混合听证方式是各国普遍采用的听证方式。

西方国家的听证方式给中国的立法听证提供了丰富的经验，但吸收别国制度建设的有益成果，并不意味着简单照搬。“任何一个国家的政治制度，在该国是有效的好的政治制度，照搬到另一个国家未必会成为有效的好的政治制度，有时可能还会适得其反。因为一个有效的制度安排需要其他相关制度安排的支持。简单照搬别国的政治制度不可能成为适合本国国情的制度，也不可能获得政治发展的成功，只有结合本国情况进行创造性转换的制度，才是最好的制度。”①中国具体的立法听证方式也需要依据中国的国家性质和具体国情，再适当借鉴外国经验而定。这其中，中国人民代表大会的制度设计和运行机制、中国社会的规模、国民的政治心理等都应该是设计立法听证方式时要重点考虑的因素。

首先，对中国而言，由于现代民主法制建设才刚刚起步，法律体系还不完备，加上随着社会的转型和发展，社会现象和社会关系越来越复杂，大量社会急需的高质量法律还没有制定出来，立法机关的任务异常繁重，立法效率的要求比较高。显然，耗时巨长且难以容纳较多人参与的正式立法听证方式是不适合中国国情的。非正式听证方式以形式多样、参与人员范围广，参与成本低的优点会吸引较多民众积极参与。但由于中国公民社会发育不成熟，社会群体尤其是弱势群体的组织化程度差，会使得完全的非正式立法听证方式收集的意见既分散，又不系统，让立法机关难以判断和取舍，同样影响立法效率，因此，完全的非正式立法听证方式在中国也不可取。所以，根据我国实际情况，笔者认为，中国立法听证方式应该是：以听证会为主，其他（如信函、电话、电子邮件等）为辅的混

---

① 曹沛霖：《制度纵横谈》，人民出版社 2005 年版，第 5～6 页。

合听证方式，而听证会也不能过于程式化，不能采取类似司法的繁琐的程序，只需必要的程序以保持有序、突出抗辩特色即可。

其次，中国有关现行法律对于立法听证的规定也显示以立法听证会为主、其他非正式听证方式为辅的混合听证方式是受到提倡的立法听证方式。中国《立法法》第 34 条第 1 款规定："列入常委会会议议程的法律案，法律委员会、有关的专门委员会和常务委员会工作机构应当听取各方面的意见。听取意见的方式可以采取座谈会、论证会、听证会等多种方式。"混合听证方式一方面可以克服正式听证方式的缺点：程序相对简化，时间一般限制在半天至一天，对一项法案的听证次数原则上限于两次以内，便于控制成本；听证报告是立法机关制定法律时的重要参考意见，但立法机关立法仍然保有自由裁量权。另一方面，混合听证方式以听证会为主，便于集中意见，使意见在会上充分交锋和辩论，使意见容易统一；听证主持人可以控制听证会的进程，防止议题偏离听证的主题，提高效率。听证会本身的不足之处又可由适当的非正式听证的方式（如允许提交各种书面意见）来加以弥补。

最后，以立法听证会为主、其他非正式听证方式为辅的混合听证方式也与中国人民代表大会的制度设计和运作机制相符合。中国人民代表大会制度的制度设计和运作机制强调坚持党的领导，坚持一切权力属于人民，坚持民主集中制原则，混合听证方式与之是相符合的。由于非正式立法听证方式比较简单，下面关于立法听证主体、立法听证程序等问题的讨论仅仅针对立法听证会而言。

（二）规范立法听证主体

立法听证主体是使立法听证得以举行以及听证会举行过程中所有参与听证活动的组织和个人。简单地说，立法听证主体包括听证组织机关和所有的听证参加人。

第一，立法听证的组织机关应逐步专门化。

立法听证的组织机关主要负责立法听证的组织工作，包括指定立法听证主持人、听证人和书记员，提供立法听证的场所和设备，建立立法听证的具体操作规程等。

在西方国家，立法听证的组织机关一般是议会的各种委员会。

如美国，联邦立法中的立法听证组织一般包括：议会常设委员会（国会的基本工作单位）及其下设的小组委员会、协商委员会（由参众两院议员为解决对法案的争议而组成的临时性组织）、专门委员会（为完成专门任务而设立）、联合委员会（根据法律和两院联合决议设立，由参议员和众议员参加的常设机构）。这其中，担任听证组织机关工作最常见的是常设委员会下设的小组委员会。德国、加拿大等国的立法听证的组织机关主要是专门委员会及其下设的小组委员会。法案提交联邦议会完成大会一读后，交付相关的专门委员会，由其承担法案审议的大部分工作，并负责举行立法听证。负责法案审议的专门委员会如设有小组委员会，法案审议工作将主要由相应的小组委员会来进行，并负责举行立法听证。

中国《立法法》第 34 条第 1 款规定："列入常委会会议议程的法律案，法律委员会、有关的专门委员会和常务委员会工作机构应当听取各方面的意见。听取意见的方式可以采取座谈会、论证会、听证会等多种方式。"迄今为止，中国全国性的立法听证会仅举行过一次，即 2005 年 9 月 27 日由全国人大法律委员会、财经委员会、人大常委会法工委就个税工薪所得减除费用标准联合举行的立法听证会。由《立法法》和全国人大立法听证会的实践可知：中国全国人大在审议法律案时，立法听证机关是全国人大法律委员会、有关的专门委员会和人大常务委员会工作机构。在各地立法听证实践中，各地出台的立法听证规则对听证机构都作了相应的规定。根据中国现行的立法实际，笔者认为，中国目前举行立法听证会宜于在法案的审议阶段进行。因此，立法听证会的组织机关应该与审议该法案的机关一致，也就是说，立法听证会的组织机关主要应该是各级人大的有关专门委员会和常委会工作机构。此外，人大法律委员会在统一审议法案时，也可以根据《立法法》和其他法律规定组织立法听证会。各级人大常委会主任会议若认为有必要，也可以指定某个专门委员会或者工作机构举行立法听证会。如果某一法规案涉及若干个专门委员会或者常委会工作机构，听证会也可由这些委员会和机构联合组织。这样，就可以避免实践中可能出现的各专门委员会职责交叉、工作重复的现象，规避矛盾，降低立法听证的成本，提高听证效率。

但应该指出的是：从长远来看，为完善立法听证制度，中国应该考虑建立专门的听证组织，即在各级人大设立立法听证小组委员会作为专门的立法听证机关。提出这样的建议是基于以下考虑：第一，随着中国民主法制建设的进程加快，立法工作会越来越繁重，上述现行的立法听证机关都承担着繁重的立法和其他工作，若再加上组织立法听证的任务，必然不堪重负，特别是采取非正式立法听证方式时，必须有专门的班子来收集、整理关于法案的意见。第二，立法听证的组织工作需要比较高的专业知识和操作技巧，成立专门的听证组织有利于提高立法听证组织工作的效率。第三，所谓专门的听证组织机关并不一定要增加人大的人员编制，只是把立法机关有关部门中的部分人员分离出来成立专门的听证组织机关，专门从事立法听证组织工作即可。因此，立法听证机关的专门化有利于取得工作经验，提高听证质量，使听证程序规范化，从而有利于立法的科学化、民主化。

第二，立法听证参加人应规范化。

对立法听证参加人的界定，各地在实践中有所不同，有的地方规定听证参加人包括听证人、听证主持人、听证陈述人；也有的地方对听证参加人的界定仅仅是指听证陈述人。笔者认为，听证参加人应该包括听证人、听证主持人、书记员、听证陈述人及其代理人、听证旁听人以及有关鉴定人和翻译人员。规范立法听证参加人应遵循公平、公开、公正的基本原则。具体而言：

首先，保证立法听证陈述人的广泛性。亚里士多德早就指出："凡是属于最多数人的公共事务常常是最少受人照顾的事务，人们关怀着自己的所有，而忽视公共的事务；对于公共的一切，他至多只留心到其中对他个人多少有些相关的事务。"①因此，应保证立法听证陈述人广泛的来源，以便保证立法听证获取的信息和意见的广泛性。立法听证陈述人是指应立法听证组织机关邀请，代表组织或

① ［古希腊］亚里士多德著，吴寿彭译：《政治学》，商务印书馆1965年版，第48页。

者以个人身份出席听证会，并在听证会上提供与听证事项有关的信息、发表意见的人。现行各地的立法听证规则对于立法听证陈述人的规定比较零散、也不全面，听证陈述人一般可以规定为：与立法听证事项有利害关系的公民、法人和其他组织的代表、与立法草案内容有关的政府部门及有关机构的代表、有关方面的专家学者等。其中，普通民众代表和专家学者代表的比例应该适当。专家学者的意见往往比较系统而集中，比较理性而中立，他们在听证会上的发言也比较容易为公众所接受。所以，应该重视邀请专家学者参与听证会。但是，尊重普通民众的代表也同样重要。立法听证是动员吸收公民个人参与立法活动的一种程序，根据需要邀请一部分专家和社会机构参与是必要的，但是应注意其和一般公众的比例适当，防止专家比例过大不利于普通民众发表意见的倾向，以避免偏离立法听证的民主宗旨。在确定普通民众代表时，应遵照一定的法定原则和程序，照顾各方利益的代表（不同群体、不同意见的代表）。听证陈述人的确定原则、程序和结果应该向社会予以公开。此外，还应允许一定数量的旁听人。允许旁听是立法听证公开性原则的重要体现，应该明确规定：除非涉及个人隐私、商业机密和国家机密，立法听证会都允许旁听。当然，顾及立法听证会会场有限，若报名旁听者人数过多，立法听证组织机关可从报名者中遴选部分旁听人。

其次，立法听证人应合理化。立法听证人是指出席立法听证会并听取意见的立法听证机关的人员，听证人并不是行政职务，它只是一种一次性的称谓，只是在出席听证会期间才有效。根据中国目前的立法实际，由审议法规草案的主体担任听证人是比较合适的，听证人的具体人数应视实际情况而定，没有必要将立法听证机关甚至人大常委会的所有成员都列为听证人。

再次，立法听证主持人应资格化。立法听证主持人是指在立法听证会的各个环节负责调节和控制，使听证会按法定程序顺利进行的人员。由于中国立法听证活动开展的时间还不长，现行的法律、法规对立法听证主持人的资格条件没有相关规定。但在实行立法听证制度比较成熟的国家，多规定立法听证主持人必须具备一定的资格。如美国法律规定：行政立法的听证主持人应当是行政机关的长官，或者是委员会的成员，或者是由文官事务委员会任命的听证审查官。① 在中国，随着立法听证实践的深入开展和不断完善，也应该在各地立法听证规则中对立法听证主持人的资格条件作相关规定。立法听证主持人的资格条件可考虑以下几个方面：良好的品德、公正公平的大众形象；较渊博的学识和丰富的业务经验；掌控全局的能力等。当前，根据实际情况，立法听证主持人一般以听证机关主要负责人担任为宜。即人大各专门委员会举行立法听证会时，由委员会主任委员或者其委托的副主任委员担任立法听证支持人；人大常委会工作机构举行的立法听证会，则由人大常委会工作机构的主要负责人担任立法听证主持人。联合举行的立法听证会，也由各机构协商确定主持人或者由人大常委会负责人担任听证主持人。此外，考虑到主持人应具备的综合能力，也可由在听证人之间相互推荐主持人。

最后，应明确立法听证参加人的权利与义务。为了保证立法听证活动能取得良好的效果，立法听证规则还应该明确规定立法听证参加人的权利和义务，这方面我们目前基本上还是空白，需要迅速弥补。1. 立法听证主持人的权利义务大致应包括：保障持不同意见的听证陈述人都有平等的表达机会；控制会议节奏，防止会议偏离主题而影响效率；决定是否应对有关证据重新鉴定，是否中止、终结或延期听证；负责立法听证的善后工作。2. 立法听证陈述人的权利义务可以包括以下几个方面：权利方面：了解相关法律法规基本内容及其制定依据的权利；在法定时间内得到立法听证通知（包括听证的时间、地点、方式和听证事项等）的权利；在听证会上陈述意见、辩论、向听证人和有关调查人员提问并要求回答的权利；对听证笔录进行审查后签字盖章的权利；查阅、审核、获得立法听证报告，必要时要求听证组织机关对自己的意见是否采纳给予答复的权利等。此外，听证会参加人中若有外籍人士和少数民族人士，立法听证组织机关还应指定或聘请有关翻译，以保障所有听证

① 汪全胜：《立法听证研究》，北京大学出版社 2003 年版，第 91 页。

参加人的权利。义务方面：按时出席听证会的义务，无故缺席应视为放弃，无故延迟应受到批评；遵守听证纪律的义务；保守从听证会上获得的有关他人个人隐私、商业机密及国家机密的义务等。3.听证旁听人的权利义务有：遵守听证会纪律的义务，也有经听证主持人允许后发言或者向会议提交书面意见的权利。

在目前中国各地的立法听证规则中，都没有关于立法听证陈述人的代理人的规定，这是一大缺陷。在今后的立法听证制度建设中，应该增加听证陈述人代理人的相关条文。听证陈述人的代理人是指经听证陈述人授权而代表听证陈述人在听证会上发表意见、提问并进行辩论的人。设置听证陈述人的代理人是很有必要的，原因有二：其一，若听证陈述人年龄太小或临时因紧急情况无法到会发言时，代理人代理其行使立法听证的权利义务是必要的；其二，有些听证陈述人限于自己的知识水平和语言表达能力，愿意请一位比自己更有水平的人代理自己表达意见，行使相关权利义务，是合情合理的。这一点，在中国的弱势人群中显得尤为重要。目前中国社会的社会结构和利益分化明显，强势群体在社会事务中的话语权明显大于弱势群体，立法听证就是为立法民主化提供了一个社会各阶层交流和博弈的平台，设置听证代理人正可以为弱势人群提供某些帮助，使得利益的交流和博弈在均衡的状态下进行，从而使立法听证起到促进立法民主化、科学化的作用。

（三）合理界定立法听证范围

立法听证范围是指立法听证的适用范围，即哪些法案或一个法案中的哪些部分应该进行听证。前文已经提到过，立法听证一方面有利于提高立法质量，保障人民群众的民主参与权利，保证立法的公正与公平；另一方面，立法听证也会耗费相当的人力、物力，增加立法机关的立法成本，在一定程度上影响立法效率。尤其是正式立法听证会，耗费的成本更高。所以，我们不仅应该在立法听证方式的选择上要考虑国情和本地的立法实际，而且在立法听证范围上也同样要有所选择。从中国的立法实际出发，既不可能也不必要对每项立法都进行听证。即使在西方发达国家，也并不是每项立法都进行听证。如美国，立法听证范围主要涉及三个方面：一是公法领域的环境保护、城市管理、交通安全、青少年犯罪等法案；二是私法领域的产品责任、知识产权、劳动关系、消费者权益保护等法案；三是随着科学技术的发展，近年来关于电子商务、克隆人等问题的法案。

杨惠基在其主编的《听证程序理论与实务》一书中谈到中国确定行政听证范围的三条原则：借鉴国际经验与体现中国特色；注重公正与保证效率；立足当前与兼顾长远。笔者认为，这三条原则同样也适用于确立中国立法听证的范围。目前中国各地人大颁布的立法听证规则对立法听证的范围都有规定，各有侧重，但都不够全面。而作为立法听证法律依据的《立法法》，对于立法听证范围则没有刚性规定，这显然是不足的，难以指导具体的立法听证实践。因此综合起来看，笔者认为应该在《立法法》中明确规定立法听证的范围包括以下几个方面：1. 涉及全国或地方经济、社会发展的重大问题的；2. 涉及社会普遍关注的热点、难点问题的；3. 涉及对相关公民、法人、其他组织的权益或者公共利益有较大影响的；4. 涉及不同利益群体之间有利益冲突的；5. 常委会、专门委员会和工作委员会组成人员之间出现较大意见分歧的；6. 需要广泛听取意见、收集信息的；7. 其他需要举行听证会的。需要指出的是，这里列举的范围主要是指以立法听证会形式进行听证的范围，若采取非正式听证形式，则不应拘泥于此范围。还有就是：随着社会的发展，立法听证会的范围应该越来越大，次数也应该越来越多。

三、科学设计立法听证程序

中国目前立法听证会的程序大致有：立法听证准备阶段、立法听证举行阶段和立法听证善后阶段。从大的程序上看这样是基本合适的，但每个大的阶段中的若干具体环节还有一些不够完善之处。下面笔者试图就立法听证程序的完善提出一些构想。

（一）立法听证会准备阶段

立法听证准备阶段主要应当解决如下事项：立法听证的动议和决定；拟定立法听证的工作方案；发布立法听证公告。

1. 立法听证会的动议和决定

从目前各地立法听证规则和立法听证实践来看，立法听证动议多是根据《立法法》，强调由各级人大法律委员会、专门委员会及人大常委会工作机构提起，但也有地方规定立法听证可由政府部门、司法机构、公民、法人提起。笔者认为，鉴于中国人大的制度设计和运行机制、政府掌握大部分法案提案权、国民的政治心理和对立法听证制度比较陌生的现状，立法听证在比较长的时间内将是自上而下的召集方式等特点，中国立法听证动议应规定为：人大法律委员会、专门委员会、人大常委会工作机构、起草法案的政府部门、人大常委会组成人员10人以上联名有权提起立法听证动议。当然，将来随着中国人大制度的改革和完善，国民政治心理的成熟，也可规定公民、法人及其他社会组织有权提起立法听证动议。

至于立法听证的决定权，由人大法律委员会、专门委员会或人大常委会工作机构提出的立法听证动议，是否召开立法听证会可由这些机构根据需要自行决定，若是这些机构联合举行听证会的，则由这些机构协商决定；由起草法案的政府部门、人大常委会组成人员10人以上联名提出的立法听证动议，是否召开立法听证会则应该由人大常委会主任会议决定。

2. 立法听证会公告

目前各地立法听证规则和实践都有关于立法听证公告的规定，规定基本上是合适的。为体现立法听证的公开原则，公开举行的立法听证必须公告。

公告内容应当包括：听证会召开的时间、地点、目的；听证人的有关情况；听证陈述人和旁听人员的人数及报名条件、报名办法等。公告还应该介绍与听证事项相关的背景资料并指明该法规草案在何处查询。总之，公告包含的信息应当足以使公众判断立法听证事项是否会对其产生影响。

公告发布的方式在很大程度上会影响公众对立法听证消息的知晓程度和兴趣，因此，公告应当保证公众尤其是听证事项可能涉及的利害关系人，能够方便、及时地获知召开听证会的信息。公告可以通过全国或者本地区读者或者听众最广泛的综合性报纸、电台、电视台以及全国人大或地方人大互联网网站予以发布。若立法听证事项涉及特定专业，还可以在相关专业的报纸、杂志或者网站上发布公告。目前的立法听证实践比较忽略在特定专业的媒体上发布公告，这点应该予以弥补。

公告的期限以听证会举行前 15 天为宜，太短不足以让尽可能多的公众知晓听证信息和判断是否参与，太长则会增加听证成本，影响立法效率，也会造成记忆疲劳反而让公众失去参与兴趣。

3. 拟定立法听证会工作方案

拟定立法听证会工作方案通常包括：确定听证会的时间地点、确定听证会的范围、确定立法听证会参加人、送达听证会通知。其中前两项工作需要在发布听证公告之前完成，后两项工作则在听证报名结束后进行。

关于立法听证范围前文已经论述过，不再赘述。需要指出的是：听证会的时间、地点和听证范围均应由决定举行听证会的机构来定夺，其具体内容一经公告非特殊原因不应变动。

前文已论述过立法听证会参加人包括听证主持人、听证人、书记员、听证陈述人、旁听人、其他人员等。在这里，听证主持人、听证人的人选可由听证组织机关在组织内具备一定资格和条件的人员中确定；书记员人选则既可以是听证组织机关内部人员，也可以外聘。选择立法听证陈述人是听证准备中最重要的事项之一，也是体现立法听证公开、公平、公正原则的关键程序。报名参加听证会的公民和组织在报名时一般应当表达对听证事项的基本观点和理由。当听证陈述人的报名人数不足听证会公告所列人数时，听证机构仍然认为可以举行听证会的，所有符合报名条件的报名人均应当列为听证陈述人。当听证陈述人的报名人数超过听证会公告规定人数时，听证机关应根据公正、合理、平等的原则进行遴选。具体做法可以是：第一，代表各种不同意见的陈述人的人数大体相当，以保证不同意见在听证会上有平等的发表机会。第二，对意见相同或相近的报名者，可附加考虑报名顺序、年龄、性别、职业等因素的均衡分布；意见相同或相近的报名者也可以自行协商公推代表参加听证会；组织代表和个人代表人数应相当。第三，在公正、公平原则的基础上，侧重选择与立法听证事项有密切利益关系的公民和组织代表。第四，除自愿报名者外，还应该选择一定数量的专家学者、相关政府部门的代表作为听证陈述人。第五，对没有被邀请为听证陈述人的报名者，在条件允许的情况下应都列为旁听人。听证陈述人的人数应有一定限制，以10人至30人为宜，人数太少不足以了解情况，人数太多难以保证意见的收集和听证会上有充裕的时间辩论、交流，起不到好的听证效果。最后，听证陈述人名单确定后，应当以发布听证公告的渠道和方式予以公布，以体现听证会的公开原则，也便于没有机会参会者将意见带到听证会。

听证通知是指立法听证组织机构在举行听证会之前的合理时间内将有关听证会的信息书面告知听证陈述人的程序。听证通知是立法听证机构的一项重要义务，接受通知则是听证陈述人的一项重要权利。在立法听证规则中应该明确规定听证通知的时间、内容和送达方式。听证通知的时间应规定为听证会前7天为宜，以便听证陈述人合理安排自己的时间，及时赴会。听证通知应载明听证会的基本信息，包括听证的目的、听证事项、时间、地点等。另外，很重要的一点是：随听证通知一起应附上听证法案的草案副本，以便听证陈述人做好陈述准备。听证通知的送达方式以信函专递方式为宜，不宜采取电子邮件方式，信函应盖有立法听证机构的公章，因为它同时也是参加听证会的凭证。在听证通知送出后，还应以某种方式如电话、邮件等加以确认，以防疏漏。

(二)立法听证会举行阶段

立法听证会举行阶段是整个立法听证程序的中心环节。目前各地立法听证规则对于听证会举行阶段的程序都作了比较具体的规定，综合起来应该包括下列步骤：

1. 会议正式开始前由工作人员核对与会者的身份。这一步骤目前没有规定，应该予以规定，因为这一步骤能最后确认实际参会人员，保证听证会顺利进行。

2. 听证主持人宣读听证会纪律或者注意事项，宣布听证事项，介绍听证主持人、听证人、陈述人。

3. 法案起草机关的人员就听证问题作出必要说明。

4. 听证陈述人发言，这一环节是整个听证会的关键。各种发言应在听证主持人主持下有序地进行，各种不同意见应当有平等的发言机会。每个陈述人发言的时间应当限定在5分钟至10分钟，以保证每个陈述人都有发言的机会，但当对同一问题持赞成意见和持反对意见的人数明显不均衡时，主持人应当适当延长少数派发言的时间。旁听人一般不能在听证会上发言，但可以提交书面意见。

5. 听证陈述人在主持人主持下进行辩论和质询。主持人应保证辩论和质询不偏离听证主题或纠缠细节，适当时候可以宣布停止辩论和质询，在时间允许的情况下，主持人应允许多次发言，以便意见的充分表达。

6. 听证人可以向陈述人提问。询问和回答的顺序由主持人视具体情况决定。

7. 书记员应当对听证会进行全程记录。听证会结束时，听证记录应当交陈述人核对，陈述人认为有遗漏或差错的，有权要求补正。听证记录由主持人、记录人、陈述人共同签名。

此外，公开举行的听证会应该允许新闻媒体参与和报道，但对新闻媒体的报道应有一定的监管机制，以免不实报道误导受众。

（三）立法听证善后阶段

这一阶段的工作主要有两项：制作立法听证报告、运用立法听证报告。

立法听证报告是立法听证会的重要成果，应该是对立法听证会上各方意见的详细、真实、客观的反映。听证报告应该由听证主持人负责制作或组织听证机构其他成员共同制作。目前各地立法听证规则都规定听证会后要制作听证报告，但对听证报告内容的规定略有不同。综合起来笔者认为，听证报告应当包括以下内容：听证会的时间、地点和听证会公告的发布方式和途径；听证事项；听证参加人的构成情况；听证陈述人提出的主要事实、观点、意见及依据；听证人的分析处理意见和建议；听证主持人签名及日期；其他有关情况。

关于立法听证报告的运用，《立法法》没有规定，各地立法听证规则却都作了原则性规定，一般都是将听证报告作为立法部门立法时的依据或重要参考，并向有关方面公开。笔者认为，立法听证会是立法机关立法时听取社会各方意见的方式之一，立法听证报告同听证笔录一样，应该成为立法机关立法时的重要参考。但立法权是由立法机关行使的，对听证报告提出的意见和建议是否采纳应由立法机关自行决定。具体地说，对听证报告的意见和建议的处理，可以分为两种情况：一是由立法机关将听证意见吸收到立法草案中去；二是对没有采纳的听证意见，则由法案审议部门在立法草案修改或审议结果的报告中做出专门说明。此外，立法听证报告除了要向人大常委会等有关部门公开外，也应该向社会公开，以便公众了解立法听证的结果。

结　语

著名国情专家胡鞍钢等人曾撰文指出："国家制度现代化是一个过程，即在充分学习吸收和借鉴人类现代化国家经验与知识的情况下，根据中国国情进行的制度创新、制度建设、制度实施的长期历史过程。"①作为外来移植制度，立法听证在中国能否成功地运行并发挥应有的功能和价值，关键因素之一是中国立法机关的学习能力和制度建设能力。这种能力是指：不能仅仅简单地照搬照抄西方的制度，而是要根据中国国情，将借鉴来的制度本土化，变成宜于中国人接受的东西。目前中国立法听证制度还是相当粗糙的，需要立法机关在学习西方经验的基础上，结合中国国情，加强对立法听证制度自身的建设，使它成为植根于中国土壤的民主制度。并且，立法机关还需要努力学习有关立法听证的知识和技能，能娴熟地运用立法听证这一立法程序机制。做到了这一点，立法听证在中国的实践就有了成功的基础。立法听证制度就不会再仅仅只是《立法法》中的规定的一项立法机关"可选择"的机制，有着浓重的"学界热情呼吁、立法机关瞻前顾后、民众消极旁观"的尴尬色彩，它会真正成为立法机关乐于运用、民众乐于参与的立法程序性制度，以

① 胡鞍钢、王绍光、周建明主编：《第二次转型：国家制度建设》，清华大学出版社 2003 年版，"前言"第 5 页。

程序正义的方式实现立法的实质正义，进而促进中国民主政治建设的发展。

（徐琳　武汉大学政治与公共管理学院副教授）

香港宪制转型视野下的行政主导体制

◎张　敏

【摘　要】 精英对宪制架构的认同是民主化转型的可靠保障。在未达成宪制共识的情况之下，贸然推行民主化进程，只会进一步拉大精英之间的鸿沟，进而引发宪制转型的困境。笔者试图将香港的行政主导体制纳入到精英共识和民主化二分的框架之中来思考，在考察“行政主导体制”困境的历史与制度逻辑的基础之上，认为当前香港政治的主要问题是由精英对宪制架构的共识问题引发的，而在这种情况之下，试图推行“管治者联盟”的方案又是极其困难的。最后，从西方“司法宪政主义”的基本思路，指出目前调控手段的思维误区，不妨通过强化司法主权，运用法治化调解的手段超越“行政主导体制”，强化精英认同。

【关键词】 精英共识　民主化　行政主导体制　司法主权　一国两制

一、问题提出

关于港英时期的香港政治体制，金耀基先生称为“行政吸纳政治”，其中“行政”是指政府管理体制，“政治”就是大众（尤其是精英）的民主参与。强世功先生认为这种理论模式忽略了“谁”来通过“行政吸纳政治”这一主语，而“谁”则关涉主权问题，强先生运用韦伯的支配性权力和参与性权力的二分法为香港政治回归的主权逻辑进行了出色的论证。① 然而，主权问题的恢复并非代表金先生“行政吸纳政治”的理论失败，我们恰恰看到，国家在香港回归之后仍然试图运用“行政吸纳政治”来对香港进行管治，只不过换成“行政主导体制”这样一种说法。从这个意义上来讲，“行政吸纳政治”的问题依然存在。然而，为何“一国两制”之下的“行政主导体制”无法像港英时期那样施行呢？其中到底面临什么样的困境？

学术界对“行政主导体制”的问题及其应对之策进行了广泛而深入的探讨。可能正如陈弘毅先生所言，由《中华人民共和国香港特别行政区基本法》（以下简称《基本法》）设计的“行政主导体制”在实践中既可成为一个强势的政府，也可以成为一个弱势的政府。② 那么，为何目前香港行政主导体制会逐渐弱化呢？行政主导体制逐渐弱化的原因，目前的探讨主要从香港政制发展的角度着眼，认为立法权以及司法权的扩展对行政主导体制是一种致命的打击。③ 无可否认，这种从香港政制发展现状出发的理性分析非常重要，然而由于行政主导体制面临立法院、司法机关、政党政治以及大众参与等多方面的复杂问题，迄今还没有一种清晰化的分析框架指出香港宪制问题的症结，并提出可操作化的方案。基于此，笔者试图将香港的行政主导体制拉入到精英共识和民主化二分的框架之中来思考，在考察这种行政主导体制困境的历史与制度逻辑的基础之上，试图运用此框架分判出香港政治问题的症结之所在。最后从西方“司法宪政主义”的基本思路，提出统治权与司法权的二分法，指出目前之所以产生这种精英共识困境的思维误区，并进而从司法主权的角度，思考通过法治化调解的手段解决中央和香港问题的方案。

二、历史与制度：香港“行政主导体制”的逻辑

香港的宪制架构，既反映了中国与英国主权的较量，也是香港

① 参见强世功：《中国香港》，香港牛津大学出版社 2008 年版。
② 陈弘毅：《行政主导概念的由来》，《明报》2004 年 4 月 23 日。
③ 程洁：《香港宪制发展与行政主导体制》，《法学》2009 年第 1 期。

历史发展的结果。从这个意义上讲，行政主导体制的产生一方面涉及港英时期的治理历史，同时也反映中英两国不同的治理理念。而两种文明的治理理念和香港自身的历史在中国的"主权决断"过程中集中体现在《中英联合声明》和《基本法》的文本之中。因而，《中英联合声明》和《基本法》成为奠定香港行政主导体制的制度基础，笔者试图在本部分中梳理这两个具有明显宪制性意义的文本对于香港"行政主导体制"的基本定位。

"行政主导体制"的关键在于行政长官的领导权威的无可替代性，这无疑是港英时期的政治经验。在港英时期，港督是英帝国女王在香港地区的代表，同时通过港督担任行政局和立法局主席等制度方式凌驾于立法局和行政局之上，形成了所谓行政主导的总督集权体制。这种制度的形成实际上是英国治理殖民地的经验所致，在强世功先生看来，英国的传统是以乡绅为主导的商业化思维逻辑，这种商业化思维在治理殖民地的时候也采取商业化的手段，即"大英帝国则如同血吸虫一样通过商业的管道吸取大陆的资源，但不需要承担任何政治或道义责任"。① 因而，港英政府在起初也并未考虑治理香港，而是将其视为"借来的地点、借来的时间"，作为"捞钱"的堡垒。但是，在第二次世界大战后的去殖民化浪潮之下，港英政府鉴于世界其他地方的大规模民族独立诉求，不得不开始思考如何治理香港的问题。在此背景之下，逐渐开放立法局和行政局，吸纳社会精英进入到决策机构之中去，起到精英整合和打造政府权威合法性的效果。正如第十四任总督卢押所言：

> 这种制度的基本特征就在于本地首领要成为完整行政机器的一部分。不是英国人和本地人作为两批统治者相互独立地或相互合作地发挥作用，而是由一个统一的政府来发挥作用，其中本地首领的职责被明确地加以规定，而且要承认他们与英国官员具有平等的身份。英国人与本地人的职责决不应冲突，也尽可能不要重叠。他们之间应当相互补充，而且首领们本人必

---

① 强世功：《中国香港》，香港牛津大学出版社 2008 年版，第 66～67 页。

须理解，除非他能恰当地服务于这个国家，否则他没有权利拥有这个职位和权力。①

实际上，我们在当初“一国两制”的制度构想中也力图复制这种“行政主导”的优势。从1984年签署、1985年正式生效的《中英联合声明》的逻辑来看，中英之间争论的焦点在于主权问题，此为涉及香港“行政主导”体制存续的关键。如果按照一般的回归的角度来思考，香港的回归不仅仅涉及主权的恢复，而且在政治、社会、经济各个方面都需要与祖国大陆的体制接轨，实现现代国家建设中的权力的无缝隙渗透原则。然而，对主权的理解，特别是“主权权利”和“主权行使”的划分，并以此为基础的“一国两制”方针实际上决定了维持香港现有政治秩序的基本格局。因为在国际法学家邵天任看来，“香港的主权一直在中国，英国人从来没有拥有香港主权，所以不存在‘主权回归’问题，而应该是‘恢复行使主权’”。② 这一原则载入《中英联合声明》第一条之中，“中华人民共和国政府声明：收回香港地区(包括香港岛、九龙和‘新界’，以下称香港)是全中国人民的共同愿望，中华人民共和国政府决定于一九九七年七月一日对香港恢复行使主权”。然而，恢复“主权行使”并不代表大陆模式的直接介入，而是通过“一国两制”的方式，以《基本法》的“小宪法”来运行“主权权利”。因而，笔者认为《中英联合声明》已然为港英时期的“行政主导”模式遗留了巨大的制度空间。那么，《基本法》的“行政主导体制”设计与港英时期的体制之间有什么样的相同之处呢?

从《基本法》的逻辑来看，香港宪制架构是以“立法和行政分开、相互制约，行政主导”为原则的。然而，既然存在相互制约的关系，则与港英时期的体制有所不同。“行政主导”的可能与否直接依靠行政长官的权威和能力，因而考察行政长官在《基本法》中

① Lord Lugard, The Dual Mandate in British Tropical Africa. Frank Cass & Co. Ltd., London, 1965, 204.

② 强世功:《中国香港》，香港牛津大学出版社2008年版，第107页。

的位置是至关重要的。行政长官具有如同港督一样的双重地位，即“香港特别行政区行政长官是香港特别行政区的首长，代表香港特别行政区”。同时，“香港特别行政区政府的首长是香港特别行政区行政长官，领导香港特别行政区政府”。因而，从这种制度设计而言，行政长官的双重地位并不亚于港督在香港的地位。然而，能否将这种行政长官的权威转化为香港管治的权威，这就涉及“行政主导”的具体权力安排。

从基本的制度设计来看行政、立法、司法的关系，行政无疑处于主导型的地位。在行政与立法方面，《基本法》第 49 条规定：“香港特别行政区行政长官如认为立法会通过的法案不符合香港特别行政区的整体利益，可在三个月内将法案发回立法会重议，立法会如以不少于全体议员三分之二多数再次通过原案，行政长官必须在一个月内签署公布或按本法第五十条的规定处理。”第 50 条规定：“香港特别行政区行政长官如拒绝签署立法会再次通过的法案或立法会拒绝通过政府提出的财政预算案或其他重要法案，经协商仍不能取得一致意见，行政长官可解散立法会。行政长官在解散立法会前，须征询行政会议的意见。行政长官在其一任任期内只能解散立法会一次。”第 51 条规定：“香港特别行政区立法会如拒绝批准政府提出的财政预算案，行政长官可向立法会申请临时拨款。如果由于立法会已被解散而不能批准拨款，行政长官可在选出新的立法会前的一段时期内，按上一财政年度的开支标准，批准临时短期拨款。”在行政与司法方面，行政权力同样居于主导地位。第 88 条规定：“香港特别行政区法院的法官，根据当地法官和法律界及其他方面知名人士组成的独立委员会推荐，由行政长官任命。”第 89 条规定：“香港特别行政区法院的法官只有在无力履行职责或行为不检的情况下，行政长官才可根据终审法院首席法官任命的不少于三名当地法官组成的审议庭的建议，予以免职。香港特别行政区终审法院的首席法官只有在无力履行职责或行为不检的情况下，行政长官才可任命不少于五名当地法官组成的审议庭进行审议，并可根据其建议，依照本法规定的程序，予以免职。香港特别行政区终审法院的法官和高等法院首席法官的任命或免职，还须由行政长官征得立法会同意，并报全国人民代表大会常务委员会备案。”

三、精英共识与民主化：“行政主导体制”困境的分判方式

在一个转型和过渡的时代，行政主导体制的问题是错综复杂的，如何从这种复杂的问题网络中分判出香港行政主导体制的核心困境是处理“一国两制”必须面临的课题。从英美宪政转型的经验来看，精英对宪制架构的认同是民主化转型与巩固的前提。而拉丁美洲和撒哈拉以南非洲的教训也显示，在精英对宪制架构尚未达成认同的情况下，贸然推行民主化制度进程，是一种“反向的民主化”。① 这种“反向的民主化”模式只会进一步拉大精英之间的鸿沟，使得民主成为精英之间斗争的工具，从而造成宪制转型的困境。我们不妨将香港行政主导体制纳入到精英共识与民主化的二分方式中来考察其存在的问题，分判出运行行政主导体制所必要的制度支撑。

香港是一个“低度整合的社会”，刘兆佳先生在分析香港的政治与社会时，指出“香港社会结构的三个主要特征是：有一个自主的官僚政府，有一个原子式(组织松散)的华人社会，并且这两者之间的联系较弱。因此，香港的特点表现为一个低度整合的社会政治体系”。② 整个社会呈现为离散的、原子化的状态是这种“低度整合的社会”的显著特征，特别是精英群体之间存在着本土意识与国家意识、亲中与亲英美、左与右、保皇与民主等思想差异。这种碎片化的精英群体，也在无形中为港英体制的行政主导提供了社会基础。而这种港英体制的模式依靠的是港督无上的制度权威，将社会精英吸纳到现有的体制中，形成一种所谓的“咨询式体制”。一旦

---

① Richard Rose 和 Doh Chull Shin 运用国家制度建设与自由选举的二分法对第三波民主化国家的问题进行了集中探讨。认为先进行国家制度建设是拓展自由选举的前提，此为“正向的民主化”，反之，则为“反向的民主化”。参见 Richard Rose、Doh Chull Shin：《反向的民主化：第三波民主的问题》，《开放时代》2007年第3期。

② 刘兆佳：《低度整合的香港官僚政府与华人社会》，张静主编：《国家与社会》，浙江人民出版社1998年版，第42页。

"自主性的官僚体系"发生裂缝，则精英之间的冲突就会迅速展现，这也就是目前香港所面临的问题。后港英时代的精英整合问题面临着双重的困难：其一，《基本法》的制度漏洞为精英之间的角力提供了制度平台；其二，20 世纪 80 年代以来的民主化运用进一步扩大了精英之间的鸿沟。总体而言，这两种原因使得精英的宪制共识这一民主化的前提条件出现问题，因而我们可以看到，香港的宪制架构陷入了一种多元化的困境之中，行政、立法、司法、大众、大陆、英国等多股力量混杂在一起，无法形成一个主导型的力量来整合精英群体，并最终形成宪制的共识。这些现状均与上面提到的两个问题有很大的关联。

需要区分两个概念，即"权威"与"权力"的区别。Hannah Arendt 也对这一组概念进行过辨别，在笔者看来，Hannah Arendt 受海德格尔的影响太深，过于审美化。因此笔者对两者的界定并不采取这种方式，而认为权威更多的倾向于威望。权力则涉及权威的行使即如何落实的制度问题。毋庸置疑，香港行政长官拥有与港督同等程度上的权威，然而两者的权力则不同。这种权力的不同恰好反映在基本的权力关系分配上面。① 从逻辑上来讲，行政主导体制需要行政长官强大的权威作为支撑，这是港英时期的经验总结，所有体制内的精英群体必须在港督的领导之下。从《基本法》的设计来看，正如笔者在上文中也论述到的，行政权也在很多方面维持了对立法权和司法权的主导地位。然而，《基本法》中的制度漏洞并没有为行政长官的权威形成一个比较好的制度平台，其权威没有坚实的制度作为落实的渠道，反而为反宪制架构的精英群体提供了一个博弈的平台，进而造成了碎片化的制度体制和精英体系。换句话说，现有的制度本身就无法支撑"行政主导体制"的运行，所谓"立法和行政分开、相互制约，行政主导"是极其困难的。

---

① 阿伦特认为权力是多样化的人群基于平等的原则而展开的公共活动。权威则要求不需要任何强制和说服，对方对其毫无异议的认同。参见 Hannah Arendt, Crises of the Republic, San Diego, New York, London: Harcourt Brace Jovanovich, Publishers, 1972, pp. 143-145。

至关重要的是，立法会在《基本法》的宪制安排中已经成为一个相对独立于行政长官的权力实体。在港英时期，港督之下立法局和行政局也有权力划分，但是港督却通过兼任两个机构的主席超然于其上，可以看成是一元化权力下的多元制度设计。然而在《基本法》的设计中，行政长官反而向立法会负责，第 64 条规定："香港特别行政区政府必须遵守法律，对香港特别行政区立法会负责：执行立法会通过并已生效的法律；定期向立法会作施政报告；答复立法会议员的质询；征税和公共开支须经立法会批准。"第 52 条规定："因两次拒绝签署立法会通过的法案而解散立法会，重选的立法会仍以全体议员三分之二多数通过所争议的原案，而行政长官仍拒绝签署；因立法会拒绝通过财政预算案或其他重要法案而解散立法会，重选的立法会继续拒绝通过所争议的原案。"同样，司法机关在港英时代的终审权在英国，香港并不拥有终审权，终审权属于英国枢密院，这样，香港地区的宪制冲突可以通过司法机关解决。而后港英时代，司法机关保留了终审权，从而往往与行政机关相互冲突。这些都是现实的制度漏洞。然而，如果精英群体之间具有很强的共识的话，这种行政主导体制也仍然可以良性运作，这也是目前学术界主张加强"管治者联盟"的方式来解决问题的原因。主张"管治者联盟"的学者认为"要使行政主导体制成为事实，行政长官和他所领导的特区政府必须同时具备宪制以外的政治权力与威望"。①试图在现有的制度安排之外寻求多元化的精英共识，何其难也！

如果《基本法》的制度漏洞被碎片化的精英群体利用，则香港的行政主导体制会面临巨大的挑战，这也就是当前的问题。回顾英国撤退香港的历史，也是不断通过民主化的方式激活香港精英群体分裂的历史。正如强世功所言："从 1979 年麦理浩访华开启中英香港谈判直到 1997 年香港回归这近 20 年时间里，大英帝国一直在推

---

① 刘兆佳：《行政主导的政治体制——设想与现实》，载《关于"一国两制"和香港问题的理论文集》（"一国两制"系列资料第四辑），中央人民政府驻香港特别行政区联络办公室。

动香港独立或完全自治的民主化进程。这是大英帝国惯常的撤退战略。"①因而，香港民主化的进程从开始即变为一种英国的工具，从撒切尔夫人为中英谈判设定的目标规划中可以看到："……我们建议谈判如果没有进展，便应在香港发展民主架构，我们的目标是在短时间内让香港独立或自治，仿如我们以前在新加坡的做法。这将包括在香港建立有更多华人参与的政府和管治架构，令华人越来越多地为自己做主，英国人则逐渐退居二线。"在民主化的进程中，社会精英群体迅速分化为"民主回归派"与"民主拒共派"。而彭定康的加速民主化策略更加剧了这种精英之间的分裂。1997 年香港回归正是在这种没有精英共识的前提之下进行的，精英对于《基本法》的态度也不一致。而这种态度的不一致，又进一步通过《基本法》的制度漏洞多次上升为香港的宪制危机。所以，我们可以看到回归后的香港出现的行政和立法、司法之间的冲突很快上升为香港宪制的正当性问题。

四、统治权与司法权：以司法主权超越"行政主导体制"

《基本法》的制度漏洞是两种体制的冲突：一种是英国模式，即议会主导；一种是美国模式，三权制衡。然而，当两种模式合二为一呈现为"香港问题"时候，对于宪制转型是极其危害的。目前关于香港"行政主导体制"的探讨均未超越"政治—行政"的二分法。然而，为什么我们必须执著于依靠"行政主导体制"来解决问题呢？笔者认为如果没有超越这种二分的逻辑，香港的宪制危机是无法解决的。无疑，强世功先生运用韦伯的支配性权力和参与性权力的二分法为香港政治回归的主权逻辑进行了出色的论证。然而，强先生对现代主权的理解是有误的，对现代国家而言，主权是二元分裂的，即分裂为国家主权和个体主权，一方面是国家主权可以通过强制性的立法、行政等方式实现权力的渗透；另一方面，也需要为个体主权提供司法权这样一条自下而上的诉求轨道。强先生仅仅关注

① 强世功：《政治发展之谜（上）——香江边上的思考之十一》，《读书》2008 年第 10 期。

了主权的一个维度，即“谁”拥有国家主权，而忽略了“个体主权”的维度。况且学术界基于对立法权、行政权和司法权的三分法的不满意，已经提出统治权与司法权的二分方式，认为在现代社会中，立法权与行政权越来越具有同构性，两者界限模糊，是一种积极的权力，基于意志的决断；而司法权则是一种被动的权力，基于理性的判断。因而司法权成为制衡统治权的比较好的方式。① 在“一国两制”的实践中，中央在处理香港问题时，往往注重行政和立法的政治化的调控模式，而忽略司法的调控模式，放弃司法主权的作用，可能是失策的。

《基本法》第 2 条规定：“全国人民代表大会授权香港特别行政区依照本法的规定实行高度自治，享有行政管理权、立法权、独立的司法权和终审权。”其中，在行政权方面，怎样使得“爱国爱港者”成为特区主要官员是“一国两制”面临的重要问题。然而，香港民主化的进一步扩展极有可能选出与中央意志不相同的人选。如果从美国联邦体制的角度来看，这种问题也是容易解决的，即联邦政府可以没有对州政府的人员任命权，州政府人员通过地方的民主化来选举长官，但是，必须保持联邦政府的司法主权，如若联邦政府与州政府出现争论，则可以通过司法手段来解决。中央政府在处理与香港地区的关系时，牢牢抓住实质性的任命权，试图通过政治性的协商方式来应对香港民主化的冲击，是非常困难的。其次，在关于立法权方面，《基本法》第 17 条规定：“香港特别行政区享有立法权。香港特别行政区的立法机关制定的法律须报全国人民代表大会常务委员会备案。备案不影响该法律的生效。全国人民代表大会常务委员会在征询其所属的香港特别行政区基本法委员会后，如认为香港特别行政区立法机关制定的任何法律不符合本法关于中央管理的事务及中央和香港特别行政区的关系的条款，可将有关法律发回，但不做修改。经全国人民代表大会常务委员会发回的法律立即

① 参见秋风：《立宪的技艺》，北京大学出版社 2005 年版；刘海波：《政体初论》，北京大学出版社 2005 年版；王怡：《宪政主义：观念与制度的转捩》，山东大学出版社 2006 年版。

失效。该法律的失效，除香港特别行政区的法律另有规定外，无溯及力。”由于试图通过立法权来调控，香港回归之后的数次“宪法危机”，均是通过全国人大常委会的释法来解决的。然而，香港各界也有人不断认为全国人大释法不具有正当性，因为香港继承了英国的普通法系传统，而在普通法的逻辑中，法院如果不提请人大释法，则人大不具有释法的主动性。实际上，这种人大经常释法的现象也是中央放弃司法主权的结果，在没有司法主权调解的背景之下，人大常委会解释《基本法》的权力必须存在，否则香港的基本宪制架构是无法运转的。

在笔者看来，行政权和立法权都是一种基于意志的决断行为，因而难免发生冲突。在国家宪制秩序转型的时期，这种决断行为非常重要，能够快速地完成国家基本制度的建设，然而，对于“日常政治”而言，司法权力的作用则极为重要。这一点，我们从英美宪政的历程可以明显地看出，在从“非常政治”走向“日常政治”的过程中，司法权的崛起是一个常见的现象。在美国立国时期的宪法中，并没有为司法权提供明确的制度空间，整个国家的运作基本上仍然依靠立法权和行政权。然而，联邦与州之间的关系作为美国立国时期的关键问题，为司法权的运用提供了机遇。最高法院通过一次次的个案积累了自身作为宪法精神维护者的权威资源，最终在马歇尔时期获得实质性的地位。① 司法权并非一种进攻性的积极权力，而是一种消极的对宪法精神的保守性权力。对于当今的西方制度文明，任何政治变化若无损于宪法的精神，则基本上无碍于西方宪政。目前，中央在处理香港问题上，基本上还是采取“非常政治”的手段，即注重立法和行政，而忽视司法主权。当然，这种注重立法和行政的调节方式，具有深刻的中国传统政治模式。司法权力在中国政治的场景中向来都是居于次要地位的，没有自身独立的逻辑，中央和地方之间的关系往往采取协商政治的方式。所谓“郡县”和“封建”之争，即是中国政治调节模式的一种体现，依靠这种

① 参见任东来等：《美国的宪政历程：影响美国的25个司法大案》，中国法制出版社2004年版。

模式往往陷入“治乱循环”之中，譬如“一放就乱，一乱就统，一统就死，一死就放”就是仅仅依靠行政和立法模式调节的结果。因而，中央与香港关系，从长期来看，政治调节是不大有效的。依靠司法的调节手段则可以比较好地化解行政主导体制所面临的问题，在处理中央与香港地区的关系问题上，中央应该通过司法调解的手段，强化司法主权，进而真正体现“一国两制”这样一种中国古典政治与西方现代政治的完美结合。

（张敏　北京大学政府管理学院硕士研究生）

重塑、重振抑或颠覆？

——网络民主的价值诉求及定位*

◎郭小安

【摘　要】 网络民主是媒介与民主关系的新形式，它具有极强的包容性，既可以削弱代议民主的某些功能，又在某些方面改善了代议民主，网络民主和代议民主之间不是相互取代的关系，而是可以相互补充相互融合。目前网络民主掀起的民主改革浪潮与其说是对代议民主的否定，不如说是对代议民主的修正，与其说是颠覆代议民主，不如说是追求民主平衡的努力，

【关键词】 网络民主　价值诉求　合理定位

民主是一个古老的话题，有关民主的争论贯穿着人类政治文明史。自文艺复兴以来，民主几乎被推上了神坛，获得了强势的话语地位。然而，如何实现民主，以及实现何种民主却一直是困扰人类的“永恒”话题。从技术与民主的关系来看，民主是一项系统工程，它既有体制层面的推进，也有技术和行动层面的增量发展。如果迫于“屋子太小”使得代议民主成为工业化时代“完善政府的理想类型”①的话，那么，到了信息化时代，随着互联网的扩张和普及，代议民主还是不是“最理想的政府形式”越来越受到质疑，由此引

* 本文系湖北省教育厅人文一般项目“网络时代舆论领袖的作用及管理”的阶段性研究成果。

① ［美］J. S. 密尔：《代议制政府》，商务印书馆1982年版，第54页。

发的有关网络民主与代议民主之争也不绝于耳。人们迫切需要回答：网络民主是在何种背景下兴起？它的兴起将对代议民主产生何种影响？如何对网络民主做一确切定位？本文将以媒介与民主的关系为视角，对网络民主的兴起做一简单梳理，从应然和实然层面对网络民主的价值诉求做一对比研究，尝试从网络民主的理想和现实反差中寻找网络民主的确切定位。

一、网络民主的兴起背景

网络民主是由互联网技术衍生出来的新现象。总的说来，有多种因素合力促发了网络民主的兴起。

(一)代议民主面临诸多困境

在信息技术的背景下，代议民主越来越遭到更多批判和质疑，人们甚至把它称为“虚假的民主”、“稀薄的民主”、“断点的民主”、“没有公民参与的民主”等。

1. 计算和统计选票的民主

从规范和操作的层面来看，代议民主越来越局限于投票和计算选票的事业。如精英民主理论家熊彼特一语道破：“在现实政治生活中，除了历史上极少数存在的几例直接民主外，‘人民实际上从未统治过，但他们总能被定义弄得像在进行统治’。”①“民主政治只能是人民有机会接收或拒绝将要来统治他们的人的机会。”②在熊彼特笔下，民主成了“某些人通过竞取人民的选票而得到作出决定的权力”。③ 另一位精英民主理论的代表达尔发展了熊彼特的理论，他从利益集团的视角出发，认为在现代民主社会，人们都生活在不同的利益集团中，民主不过是各种利益集团之间讨价还价妥协的产物，民主“不是一个许多人在特定政策上联合起来向政府庄严进军

① ［美］熊彼特著，吴良健译：《资本主义、社会主义与民主》，商务印书馆1999年版，第386页。

② ［美］熊彼特著，吴良健译：《资本主义、社会主义与民主》，商务印书馆1999年版，第415页。

③ ［美］熊彼特著，吴良健译：《资本主义、社会主义与民主》，商务印书馆1999年版，第337页。

的过程，而是一个相对来说较小的集团之间的稳步的妥协过程”①，达尔称这种民主政体为多头政体或多元民主，他所揭示的是：现代民主过程仍然避免不了少数人统治的宿命，只不过变成了多重少数人统治而已。换言之，现代民主并非人民直接“管理”和“统治”，而是一种保证由比较符合社会大多数成员意愿的“精英”人物（政治领袖）来有效地管理社会事务的方式。根据这种观念，民主与专制的区别并不在于“多数统治”还是“少数统治”，而在于“少数”是否通过选举竞争产生并受到多数的制约；人民的作用也并不在于亲自去管理社会事务，做出政治决定，而在于通过投票等多种政治参与的方式来影响政策制定者或政治统治者。这样，民主政治往往被沦为选举和投票的事业，而选举也成为衡量是否民主的标志。

2. 底线防范式的民主

既然代议民主主要局限于选择领导者，而公民真实的参与需求却受到限制和漠视，民主越来越像精英们狂欢和做秀的舞台。“自第二次世界大战以后，主流的方法几乎完全根据选举来界定民主，民主被看作构建权威并使其负责的一种手段”②；“选举竞争实际上构成国际社会判断一个政体是否民主政体的实际准绳，成为当今世界的主流民主标准”。③ 正因为此，有学者直接把代议民主称为底线民主，意思就是代议民主不求能满足人们的参与愿望，只求能防止政治权力的滥用，是一种浅层次的民主。随着科学技术的不断进步，激发了人们对民主的不满。

3.“没有公民参与的民主”，“弱势民主”

代议民主还有一个让人诟病的弊病是参与不足，强调更多的参与是当前民主改革的主流。如参与式民主代表佩特曼认为，真正的民主应当是所有公民的直接的、充分参与公共事务的决策的民主，

① ［美］罗伯特·达尔著，顾昕译：《民主理论的前言》，三联书店，商务印书馆 1999 年版，第 86 页。

② ［美］塞缪尔·亨廷顿著，刘军宁译：《第三波——二十世纪末的民主化浪潮》，上海三联书店 1998 年版，序言第 5 页。

③ ［美］卡罗尔·佩特曼著，陈尧译：《参与和民主理论》，上海世纪出版集团 2006 年版，序言第 3 页。

从政策议程的设定到政策的执行，都应该有公民的参与。只有在大众普遍参与的氛围中，才有可能实践民主所欲实现的基本价值如负责、个体的自由发展、人类平等。政治参与能够促进人类的发展，提高人们的政治效能感，减少人们对于权力中心的疏离感，培养对公共问题的关注，有利于形成一种积极的、富有知识的并能对政府事务具有敏锐兴趣的公民，从而有助于一个参与性社会的形成。一个民主政体如果存在的话，就必须相应地存在一个参与性社会，即社会中所有领域的组织体系通过参与过程得到民主化和社会化的一个社会。① 进而佩特曼主张用参与式民主来改进代议民主，提出了政治之外的更广泛民主，如社会民主、工业民主等，她指出："全国层次上的代议民主的存在不是民主的充分条件，因为要实现所有人的最大程度的参与，民主的社会化或社会训练必须是在其他领域进行。"②美国学者巴伯在《强势民主》一书中直接把代议称为"弱势民主"，他认为，作为改革方案的"强势民主，"以扩大人民对政治的直接参与为核心，以"社群"、"共识"等为特征，将市场社会中的个人重新连接在一起，将培养公民性格作为最终目的，从而真正落实了民主精神。显然，巴伯的强势民主主张更多的公民参与、更多的相互信任和合作，旨在弥补自由主义民主的一些弊端。

4."断点的民主"，"虚假的民主"

代议民主还有一个常让人诟病的缺陷是它的非延续性和虚假性，因为从经验和操作的层面来看，代议民主越来越局限于公民每隔几年对统治者的选择上，而对公民日常的参与越来越漠视，从而难以满足公众追求更多的政治参与和更深层次的民主的诉求，导致了政府与人民相脱离，"主权在民"的形式化和空壳化等，被称为"断点的民主"和"虚假的民主"。正像卢梭所批评的那样："英国人民自以为他们是自由的，他们大错特错了。他们只有在选举国会议员的期间，才是自由的；议员一旦选出之后，他们就是奴隶，他们

① Carole Pateman, Partici pation and Democratic Theory, p. 43.

② [美]卡罗尔·佩特曼著，陈尧译：《参与和民主理论》，上海世纪出版集团2006年版，第39页。

就等于零了。①"马克思认为代议民主不过是"让人民每隔几年行使一次，来选举议会制下的阶级统治的工具"。托夫勒在《第三次浪潮》中甚至认为："代议制的民主政治，实际上是对工业技术不平等的确认，是挂羊头卖狗肉的冒牌货。"因此，他认为："要进行一场持久的斗争，来彻底整顿甚至砸碎美国的国会……英国的上院和下院、法国的众议会、联邦德国的议会、日本的国会……而代之以普遍参与制民主。"②可见，"断点式民主"只能带来间断的公民意愿偏好的短时聚合，却难以把公民的参与常规化，它既无法为公民提供充足的时间或足够的信息，也无法提供更多的机会和场所，以进行更多的表达和参与从而达到协商和共识，最终只能是虚假的民主。

(二)大众媒介与民主的关系有异化危险

大众媒介是宪政民主的一个重要基石，是维护民主政治不可或缺的有机部分。但同时，大众媒介在市场化商业化的逻辑下，其民主功能越来越受到公众质疑，在西方民主国家表现得更加明显。尤其在商业化市场化逻辑作用下，导致了大众媒介正朝碎片化、戏剧化、庸俗化、形式化方向发展，沦为"企业盈利压力、政治谎言和公众低级趣味共同作用下的难以理解混乱的产物"，③ 被形象地称为"独打保龄球④"："没有公民的民主⑤"，"富媒体、穷民主"。⑥

1. 从独立、中立性到市场的附庸和傀儡

独立性和中立性被认为是大众媒介能否保持客观和公正的关键

---

① [法]卢梭：《社会契约论》，商务印书馆 2003 年版，第 120 ~ 121 页。

② [加]马歇尔·麦克卢汉著，何道宽译：《理解媒介：论人的延伸》，商务印书馆 2006 年版，第 45 页。

③ [美]W. 兰斯·班尼特著，杨晓红译：《新闻政治的幻想》，当代中国出版社 2005 年版，第 12 页。

④ [美]罗伯特·D. 帕特南：《独自打保龄球：美国下降的社会资本》，载李惠斌等：《社会资本与社会发展》，社会科学文献出版社 2001 年版，第 171 页。

⑤ Robert Entman Democracy Without Citizens: The Media and Decay of American Polotics, NewYork: Oxford University press, 1989.

⑥ [美]罗伯特·W. 麦克切斯尼著，谢岳译：《富媒体，穷民主——不确定时代的传播政治》，新华出版社 2004 年版。

因素，市场化被认为是保持大众媒介独立的良方。但是，在自由竞争的市场法则驱动下，大众媒介逐步由多元化格局走向了并购、重组、垄断，最终形成了寡头化垄断的局面，造成的结果是：大众媒介成了市场和寡头集团的傀儡，成了几个寡头集团分权逐利的工具，其客观性和独立性也越来越受到质疑。传播学大师阿尔休特也指出："新闻媒介好比吹笛手，而给笛子定调子的人是那些付钱给吹笛手的人。及时付钱的主子身份不清，情况也是如此。"①可以看出，媒体的私有化非但没有带来媒体自由竞争的好处，还在很大程度上危及了民主本身，只不过，大众传媒在脱离了政府的管制后，变成了市场和寡头集团的傀儡，传媒市场成了几个寡头集团分权逐利的工具。结果是，新闻媒介看起来确实独立自主，看起来确实在向权势们挑战——俨然成为政府第四大部门。然而，只要进一步深入调查，显然就会看到它只是那些拿它追逐利益者手中庞大的武器而已。正因为此，美国传播学者麦克切斯尼把大众媒介过度市场化带来的后果形象称为"富媒体，穷民主"②；加拿大学者罗伯特·哈克特教授在《维系民主？西方政治与新闻客观性》一书中批评了加拿大乃至整个北美地区虚伪的代议民主和市场自由主义，并认为自由市场的原则破坏了新闻的客观性和真实性，大众媒介本身也是追逐利益的组织，丧失了独立性和公共性，对民主政治的衰落负有不可推卸的责任。种种迹象表明，大众媒介在市场化逻辑作用下已经偏离了正常轨道，与民主目标背道而驰，造成了不良的政治后果。

2. 从公共批判到"娱乐之死"

监督和批判被认为是大众媒介发挥民主功能的一个重要方面，然而，在西方国家一个普遍趋势是：大众媒介正在由公共批判性走向娱乐性，美国学者博兹曼把这一现象比喻为"娱乐至死"。③ 大众

---

① ［美］J. 阿尔休特：《权力的媒介》，华夏出版社 1989 年版，第 285 页。

② ［美］罗伯特·W. 麦克切斯尼，谢岳译：《富媒体，穷民主——不确定时代的传播政治》，新华出版社 2004 年版。

③ ［美］尼尔·博兹曼著，章艳译：《娱乐至死》，广西师范大学出版社 2004 年版。

媒介娱乐化的一个突出表现就是硬性新闻①减少而软性新闻的增多，正如班尼特所指出的那样，新闻消费者的点差和观众收视率的数据证实了严肃的、有关政治和国际问题的硬新闻不太受欢迎。实际上，最受欢迎的新闻题材是那些在生活方式和消费领域对他们有影响的话题，例如犯罪、名人、明星绯闻、健康以及娱乐。在新闻兴趣方面的调查中，政治新闻和国际新闻得票率最低(除了突发性的国际危机，如“9·11”那样的恐怖袭击事件)。如果我们看看不同年龄段的结果，这种倾向就更为明显。例如在50岁以上的年龄组中，对于政治新闻和国际新闻感兴趣的人最多，大约超过20%，但在18岁到29岁的年龄组中，这一比例只有10%。与之相比，所有的年龄组对于犯罪新闻的兴趣都达到40%。② 大众媒介娱乐化的另一个表现就是：大众媒介提供的信息开始由公正和客观性走向戏剧化、娱乐化和夸张化。在娱乐化使命的驱使下，媒介提供的内容不再是信息，而是一幕幕戏剧。为了谋求“好看”的效果，媒介不惜将任何严肃的新闻弱化、娱乐化。由于着力于煽情和刺激，信息就不再是信息，而是加工粉饰过的“虚拟影像”。③ 这样，选择新闻的标准完全是情绪战胜了理想，新闻政治里面充斥着低俗、戏剧、离奇、夸张的片段，而新闻的公正性和批判性正在丧失。

3. 从新闻自由到滥用自由

大众媒介在现代政治体系中的地位和作用是伴随着西方资产阶级革命和资本主义制度的建立而确定下来的，它本身作为西方宪政民主的一部分，既在反对封建专制的革命中起到了积极的推进作

① 硬性新闻和软性新闻的概念是班尼特提出的，他认为硬新闻是指一个社会人应该了解的内容，包括许多政府行为、竞选代表的立场，影响我们的国际形势发展、可能改变我们生活的政策、新出现的社会问题、环境问题、历史问题等。与此相对应，软新闻是指那些诉诸情感、短暂的新闻。其主旨就是抓住观众的注意力。详情请参见：班尼特：《新闻政治的幻象》，当代中国出版社2005年版，第15页。

② See to Pew Research Center Survers www. people-press. ore. agerept. htm, p. 10.

③ 范小青：《现代传播“观赏视界”批判》，《新闻界》2005年第3期。

用，又在资本主义制度确立下来后，成为巩固和维护资本主义制度的重要工具。约翰·弥尔顿在其论著《论出版自由》中首先提出言论自由的主张，认为言论自由是“一切伟大智慧的乳母”。① 托马斯·杰斐逊认为：“一个共和政府必须尊重人民的言论自由，并且从法律上加以保障人民只有通过言论自由才能监督政府。”②可以说，新闻自由是政治民主的逻辑起点，是宪政民主制度的有机部分。但不幸的是，大众媒介在新闻自由的幌子下，在很少受到约束的情况下，开始走向异化，从享有自由到滥用自由，这种行为越来越遭到民众的质疑和不满。“目前，大众媒介在西方民主政治体系中获得了格外的保护权。特别是喜怒爱憎信口开河的权力？”③但是，“从某种意义上来讲，媒介新闻自由滥用已经使新闻自由变成一种侵害别人自由的新闻自由”。④ 可见，大众媒介由一个约束监督政府权力的机构演变成了独立的特权机构，“谁来监督和控制媒体”已经成了摆在人们面前的难题。

总之，西方的媒体政治看似民主，其实是破坏了民主。正如美国学者乔姆斯基所说：西方政党政治从本质上看，不是政党的逻辑，也不是媒体的逻辑，而是资本的逻辑。这一逻辑发展的必然结果便是：大众媒介从一种民主的力量逐步成为一种反民主的力量，成为一种新的控制和奴役力量。因此，重塑公共领域，唤醒公民的政治参与意识，用公民主权代替消费主权，用民主逻辑取代市场逻辑成了西方媒介与民主关系变革的当务之急。

（三）网络与民主的高度契合

互联网作为一种全新的技术媒介，它重塑了媒介与民主的关系，拓展了民主的内涵，更重要的是，它作为一种交互性、便捷性、隐蔽性、离散性的工具，天然与人们对深度民主的追求不谋而

---

① ［美］约翰·弥尔顿：《论出版自由》，商务印书馆1958年版，第20页。

② 刘祚昌：《略论托马斯·杰斐逊的民主思想》，《历史研究》1980年第4期。

③ 李献源：《传媒控制下的美国》，《天涯》2000年第1期。

④ 杨惠琪：《新闻伦理与知的权利的拉锯战——从犯罪新闻谈起》，http：//home. kimo. com. tw/

合，网络与民主的亲缘关系主要体现在以下几个主要变化上：

1. 互动结构的改变——交互性和自主性

在网络空间，某件事件一经发起，借助于网络的快捷性、交互性特点，往往能够起到“一石激起千层浪”的效果，并在短短的时间内激发网民的参与热情，聚集相当规模的网络民意，最终呈现“星火燎原”之势。互联网除了加强即时互动外，也增加了我们选择信息的权力，信息在网络时代变得越来越个性化和多样化，用户可以使用代理软件来定制信息服务，制造我的日报、我的新闻，还可以利用博客、日志等抒发自己的情感和见解，从而建立起个性化的适合自己的信息环境。如美国有限电视网 CNN 与网络巨头 Oracle 公司早在 1997 年就合作推出了网上新闻定制服务，用户可以选择自己感兴趣的新闻，也可以过滤掉自己不喜欢的新闻，“我的日报”正在逐渐变成现实，这种变化，用尼葛洛庞帝的话讲是：推送(pulsing)比特的过程变为允许大家拉出(pulling)想要的过程①，这一字之差反映的内容确是天壤之别。“过去是让你知道什么，你就知道什么，现在是你想知道什么，你就能知道什么。”②

2. 控制结构的改变——隐蔽性和离散性

网络自建设之初，出于保护隐私的目的，就没有设定有效身份鉴别的功能，所以，一组代码、一个角色符号就成为一个网民身份的标志，其结果是网络具有造蔽的功能，能够把网民身份随意进行修饰涂抹，使网民完全可以掩盖其自身的真实身份、性格、年龄、职业乃至在社会中所扮演的角色。正如莱恩格尔德(Howard Rheingold)所说：“人们在网络社区中可以像在现实生活中一样行事，并可以摆脱身体的束缚。虽然你无法去吻别人，他人亦无法揍你的鼻子，但很多事情仍可以发生。”③网络的隐蔽性特点使得网民

① [美]尼葛洛庞帝：《数字化生存》，海南出版社 1997 年版，第 103 页。

② 叶琼丰：《时空隧道——网络时代话传播》，复旦大学出版社 2001 年版，第 29 页。

③ Howard Rheingold, The Virtual Community: Finding Connection in a Computerized World, Secker & Warburg, 1994, p. 5.

能够以“隐形人”的身份在网上参与政治活动，大大减少了现实中政治参与的不安全感，也使得传统的政治控制变得困难重重。比尔·盖茨说过：“最有效控制网络信息的自由流通的办法是给每台电脑派一个警察站在旁边监视。”事实上，由于网络的本质，要想控制它也许是不可能的，如果试图做这样的尝试，只会导致失败。

3. 参与结构的改变——平等性和非中介性

网络时代的参与结构得到了根本性改变，其参与的主要特性表现为平等性和非中介性。在网络时代，人们只要在家中点一下鼠标，就能马上对各种公共事务进行投票，参与讨论，发表见解，使公众和政府实现了没有中间环节的直接平等沟通。此外，网络还具有离散的、无中心的结构模式和运作特征，基本消除了身份歧视，实现了地位平等。在网络上，无论人们在现实社会中的身份、地位、贫富如何，只要达到法律允许的条件具有一定的物质条件能够上网即可。在网络中，不论平民还是国家元首、穷人还是富人，都可以发表自己的见解，参与讨论，对政府的政策品头论足。“在这里，舆论一律被打破，为网民提供了广泛的舆情表达空间，网民可以自己做主设置议题，网民之间能够抛弃身份背景，实现比较平等自由的对话。”①因此，通过网络，公民能够接触到各种替代的信息来源，这些来源既不受政府控制，也不受任何一个团体、任何一种观点的支配，这就为民主的信息获得提供了可靠的技术保障。

总之，正因网络具备这些传统媒介不具备的优势，所以一经诞生，就给民主带来了无限的活力。“因特网像一张‘不放过任何东西’的庞大的蛛网，它所具有的对信息的搜集、存储、传递和处理能力，对打破政治生活领域内的信息垄断和由此衍生的集权控制，潜在地具有颠覆作用；它扩大了公众的知情权和选择权，天然地符合民主精神。”②

---

① 刘毅：《网络与情研究》，天津人民出版社2007年版，第156页。

② 李永刚：《互联网与民主的前景》，《江海学刊》1999年4期。

二、网络民主的价值诉求

网络民主一经产生，它与代议民主的争议顿时成为时下一个热点话题。在有关网络民主的争论中，有的从价值层面入手，有的立足于现实，有的是对网络民主怀有一种乌托邦式的乐观遐思，有的则是基于网络民主功效的一种理性考量。

(一)重振代议民主

如上所述，代议民主在民主的深度和广度方面的缺陷，使其被称为"虚假的民主"、"稀薄的民主"、"断点的民主"、"没有公民参与的民主"等。随着互联网技术的扩散，人们期望能通过技术的改善来弥补代议民主的缺陷，从而达到重振民主的目的。因为民主的发展需要许多的支撑条件，除了需要具备制度、人员、环境的条件之外，技术也是重要的因素。"网络的出现使得人们有条件对民主提出更深层次的要求，在高级技术社会中展开政治生活。"①网络民主就是人们对于深度民主的呼唤和追求的共同的表达形式。美国学者巴伯认为网络民主将会引发民主的复兴，带来一种强调更多直接参与的"强势民主"，"强势民主的支持者以及建立强大公民社会的拥护者们会发现 ICT 技术将是他们最杰出的盟友"②；布兰茨则认为资讯技术的发展能够改善目前的代议民主制度，增加民主参与的深度。在政策的制度过程中，透过民意的参与表达可以改善决策的过程与品质，是公民自我的公共责任感增强的过程；③ 而哈根甚至把网络民主给民主带来的变化和美国自由的历史联系起来，他认为网络技术将带来一场革命，"在电子民主拥护者看来，托马斯·杰斐逊想象中的那种无所不包的万能媒介出现了，知情公民的理想

---

① 袁峰：《现代传播技术与深度民主的发展》，《社会科学》2004 年第 11 期。

② Benjamin R. Barber, Three Secnarios for the Future of Technology and Strong Democracy, Political Science Quarterly, Vol. 113(4), 2001, 573-575.

③ Cachy Brant, Cyberdemocracy: Technology, Cities and Civic Network, Londer: Routledge, 2001, pp. 152-156.

将要实现"。① 总之，网络民主可以解决诸多技术困境，被认为是西方民主政治摆脱现实困境，重新走向辉煌的良方。

（二）重塑代议民主

除了被认为是重振民主的曙光外，网络民主还被相当一部人认为它将会塑造一种新的民主形式。因为网络民主具有极强的包容性和互补性，它既可以加强代议民主的部分功能，如网络选举、政党上网及议员与网民互动等，又会削弱代议民主的部分功能，如电子公投、电子乡镇议会及公民利用网络技术直接干预公共决策等。比如，美国的21世纪城镇会议"AMERICANSPEAKS"就是基于网络技术下的新型民主形式，它既改造了传统的代议民主，又融合了直接民主的某些要素。按照"AMERICANSPEAKS"定义，21世纪城镇会议室指运用电子投票、网络计算机、大型电视投影仪、电话科技等，让1000人以上的公民通过小组协商，面对面谈话进行公共决策的一种民主模式。② 这1000人既可以是利害关系人，又可以是各方选择出来的代表，它成功地通过现代通信手段将公民、官员以及利害关系人有机结合在一起，被认为是改变传统民主模式参与狭小，代表缺失等新尝试，并成功地做到"让民主大起来"。③ 比如在"9·11"事件后，无论是政治家还是普通公民都对世贸大厦重建赋予了太多期待，而"AMERICANSPEAKS"应"重建曼哈顿下城市民联盟"邀请，在2002年2月7日，有超过600名来自不同领域的代表，包括政府官员、议员、死难者家属、企业界代表、社区领袖等，参加了21世纪城镇会议。2002年7月20日，4600名代表聚集纽约贾维兹会议中心，会议现场设有六面大的电视墙，以及无线传输数据网络，代表们可以随时参与表决，整个过程有协商有争

---

① Martin Hagen, Digital Democracy and Political System, In Kenneth L. Hacker and Jan Van Dijk. Eds, Digital Democracy—Issue of Theory and Pratice, 2000, p. 54.

② N. Parasie, Democracy at the touch of a keypad. National Journal, Vol. 11, 2003.

③ Carolyn J. Lukensmeyer, Taking Democracy to Scale: Creating a Town Hall Meetting for the Twenty-one First Century, National Civic Review, Vol. 91(4), 2002, p. 356.

辩，并成功地获得共识。因此，未来的民主形式既不是单纯的代议民主，也不是单纯的直接民主，而将会是两者之间新的结合。如美国未来学家托夫勒称为“半直接民主”，奈斯比特称为“共同参与民主制”；“共同参与民主制的指导原则是：凡生活中受到某项决策影响的人，就应该参与决策的制定过程”；① 而克劳宁认为纯粹的直接民主和间接民主都不可取，理想的模式是二者的有机结合，“今天美国选民喜欢和尊重代议民主的价值，但也渴望在立法中更多地听到他们自己的声音。他们明白代议民主和直接民主的缺陷，但是权衡之后，他们宁愿将两者混合起来。他们期望一种可感知的和充分的民主”。② 总之，网络民主可以综合直接民主和间接民主的优点，重新塑造一种新型的更高级的民主。

（三）颠覆代议民主

除了振兴民主和重塑民主外，还有一种比较极端甚至接近乌托邦式的看法，即认为网络技术将会是间接民主的天敌，代议民主将成为“明日黄花”，取而代之是一种立足于互联网技术的参与民主或者直接民主形式。美国传播学者马歇尔·麦克卢汉预言：“随着信息运动的增加，政治变化的趋向是逐渐偏离选民代表政治，走向全民立即卷入中央决策行为的政治。”③日本未来学家增田米二认为在现代资讯社会下，政治体制将会从议会民主转变为参与式民主，亦即无论是中央政府还是地方政府，所有的决策制定应该通过全民参与的机制完成，而人民无法全体参与决策在技术上面临的难题，已经由 ICT 通信科技的发展而得到解决，透过电脑网际网络，公民会拥有不止一次的参与机会。④ 未来学家奈斯比特早在 20 多年前

① ［美］约翰·奈斯比特著，梅艳译：《大趋势——改变我们生活的十个新方向》，中国社会科学出版社 1984 年版，第 161 页。

② Thomas E. Cronin, Direct Democracy, The Politics of Initiative, Referendum, and Recall, Harvard University Press, 1989. p. 2.

③ ［美］阿尔文·托夫勒著，朱志焱等译：《第三次浪潮》，新华出版社 1996 年版，第 110 页。

④ ［日］增田米二著，游婉娟译：《资讯地球村》，台北天下出版社 1994 年版，第 122 页。

就提到，随着信息化时代的来临，未来的民主形式一个重要的变化就是强调公民更多的参与和更直接的参与，“当前，我们在政治上正处于一个从代议制到共同参与民主制的大规模转变过程中，在代议民主制下，我们不是直接就某个问题投票，而是选举某人为我们投票”。①“但是，随后发生了通讯革命，同时有了教育有素的选民。目前，由于在瞬息间即可共享信息，代表们所知道的事情我们也都知道，在时间上也不比他们晚。事实上，代议制度的历史作用已经完成了，我们直觉地意识到它已经过时了。”②奈斯比特对于信息革命带来的影响的论断虽然带有过于乐观的色彩，但是，他在那个时代却敏锐地感觉到了信息技术对于传统民主带来的颠覆，也预见了一种新的民主形式——参与式民主的诞生。

总之，网络激发了人们极大的想象，这种想象又同人们对现实民主制度的种种不满结合起来，形成一股强大的力量，对传统的民主理论发出了挑战。但是，民主的实现是一个全方位的系统工程，绝不单单是技术所能单独解决的，技术只能为直接民主的实现提供实现的某种可能性，但能否真正实现还需要多种因素的共同作用，我们需要对网络民主进行一个合理定位。

三、网络民主的合理定位

网络民主的出现确实给代议民主带来了诸多挑战，但是，从目前网络民主实际发挥的功能来看，还找不到足够的证据能够证明代议民主已经寿终正寝，将会被更高级的民主形式所取代。恰恰相反，网络民主具有极强的包容性，它既可以削弱代议民主的某些功能，又在某些方面改善了代议民主，它们之间的关系可谓是错综复杂。任何简单而省力的论证方式，将会妨碍我们对网络民主的理解。

---

① ［美］约翰·奈斯比特著，梅艳译：《大趋势——改变我们生活的十个新方向》，中国社会科学出版社1984年版，第162页。

② ［美］约翰·奈斯比特著，梅艳译：《大趋势——改变我们生活的十个新方向》，中国社会科学出版社1984年版，第162页。

（一）网络民主是追求民主平衡的努力，而不是简单地取代和颠覆

网络民主强调更多的参与和更直接的参与，主张更多的直接民主的成分，但不等于直接民主。网络民主与代议民主不是非此即彼的关系，而是相互作用，互为补充。一方面，网络民主需要以代议民主的其他制度安排为基础，单靠网络民主无法支撑起一个合理的民主治理架构；另一方面，网络民主通过更直接和平等的政治参与，能够推动民主制的其他制度趋向健全、成熟。可见，网络民主是代议民主的补充和完善，而非取代和颠覆，理解了这一点，我们就可以将网络民主安放在一个合适的“位置”。当前，网络民主可谓是“来势凶猛”，它激发了人们的民主热情，引发了人们对于民主的再思考，其中一个很普遍的看法就是：网络民主的出现意味着代议民主已经过时，人们追求已久的直接民主将在网络时代得到实现。但是，从目前网络民主实际发挥的功能来看，还找不到任何的证据能够证明代议民主已经寿终正寝，直接民主即将到来。恰恰相反，网络民主具有极强的包容性，它可以和任何民主形式嫁接，它既可以加强代议民主的一些元素，如选举中的网络电子投票、网络政治广告、网络政治辩论，以及议员与选民之间的网络政治交流等，“议会电子民主”就是代议民主和网络民主有机融合的形象证明；但另一方面，网络也在很多方面削弱了代议民主的功能，如网络时代更多的电子表决，电子投票，更多的直接参与等。所以，在西方国家，网络技术既催生出了带有浓厚的直接民主色彩的哥伦比亚电子议政厅，也发明了闻名遐迩的典型的议会电子民主形式——苏格兰议会电子请愿系统，它们都是网络民主与现实民主作用和融合的结果。可见，网络民主与代议民主之间并非相互替代的关系，而是相互补充、相互融合的关系。当代议民主发展过度，直接民主发展不足时，网络民主会起到平衡矫正的功能。当前西方民主政治的现状呈现出代议民主发展过度，直接民主发展不足的不均衡状态。网络民主只是在西方民主政治中增添了许多直接民主的元素，但这并不意味着网络民主只能和直接民主“联姻”，更不意味着网络民主就等同于直接民主，恰恰相反，目前网络民主在西方民主中更多地扮演民主的平衡器的作用，它是“追求民主平衡”的努力。

(二)网络民主是媒介与民主关系的新形式，而不是独立的民主形态

网络民主不是独立的民主形态，而是媒介与民主关系的一种新的作用形式。在西方民主政治中，网络民主作为媒介与民主关系新的作用形式，是由传统媒介民主形式如广播民主、电视民主等一步步蜕变而成的，是对传统媒介民主形式的修正和完善。美国未来学家托夫勒形象地把传统代议民主、大众媒介和工业化生产等概括为第二次浪潮，并认为第二次浪潮的共同特征是：标准化、专业化、同步化、集中化、好大狂、集权化，这六个相互联系的原则，组成了工业化文明的法则，统筹安排了千百万人的行动，影响着分类生活的各个方面①，而“大众传播界同时也在散播标准化的形象。因此，千万人看相同的广告，相同的消息，相同的小说，少数民族的语言遭到中央政府的压制，与大规模交通的影响结合起来，导致了地方和地区性的方言与土话接近消亡，甚至全部消失……全国各地外表看来大致相同，到处都是同样的加油站、广告牌和房屋。标准化的原则贯穿于日常生活的各个方面”。② 可见，以电视为代表的传统媒介与代议民主具有共同的运行逻辑，具有高度的契合性，这也推动了媒介与民主的关系从“分裂状态”走向“融合状态”，也直接催生了“电视民主”、“广播民主”等媒介民主形态的出现。总的来说，“电视民主”等媒介民主形式的出现，恰恰说明了在现代社会中，以电视为主的大众媒介具有越来越大的政治影响力，也表明了大众媒介从原来的政治的工具逐渐变成了影响和塑造政治的支配性力量。这种媒介影响甚至支配政治的状况其实是代议民主的现状与媒介的逻辑共同作用的结果。有学者把这种状况称为“政治媒介化”，也有人形象地把政治媒体化下的政治形象称为：从选举政治到媒介政治；从代议民主到电视民主或者显像管民主等。

---

① ［美］阿尔温·托夫勒著，朱志淼等译：《第三次浪潮》，三联书店 1983 年版，第 7 页。

② ［美］阿尔温·托夫勒著，朱志淼等译：《第三次浪潮》，三联书店 1983 年版，第 7 页。

与西方相比，网络民主在中国的意涵呈现较大的差异。它在中国可以说是“横空出世”，并未经过传统媒介民主(如电视民主等)的发酵。在中国，以电视为主的传统媒介更多的是作为“党的喉舌”身份而出现的，它们往往被视为政治权力的延伸，功能主要体现为政治宣传和政治动员等，单独影响政治的能量尚显不足，更不用说决定民主进程了，所以，“电视民主”在中国没有发挥政治影响的空间，甚至没有存在的土壤，明白了这一点，就不难理解为什么在中国，不管是理论界还是现实生活中，对“电视民主”的研究基本处于空白地带，甚至“电视民主”这个词在中国找不到出处。① 但是，尽管没有传统媒介民主作“铺垫”，但是网络民主却让人们第一次感受到了媒介的政治影响力，甚至可以说，网络民主具有极高的“集成性”，它在中国兼有广播民主、电视民主和电子民主的共同特质，也聚集了人们对媒介民主的所有期待。

(三)网络民主在不同政治生态下表现形式和作用机制不同

网络民主在不同的政治生态下，其功能存在较大的差异。美国AFA协会在所撰写的《网络民主：2001年全球范围内的考察》一书中，把网络民主的功能概括为：电子政务、电子投票和电子选举、网络政策参与、网络议程设置等。② 美国学者拉维在《网络民主——网络的权利》一文中把网络民主的功能概况为：网络投票、网络选举、网络政治广告以及网络政治参与等。③ 可见，在西方发达国家，网络民主更强调其辅助性治理手段的功能，网络给选举和投票等提供了诸多便利，减少了成本，扩大了政治效能。其作用形式如电子选举、电子投票以及电子参政议政等。如选举中的网络宣

---

① 如笔者查询了相关的资料，不管是学术文章检索，如中国期刊数据库等，还是百度、谷歌等比较大的搜索引擎，目前还没有有关电视民主的专题论著，甚至连电视民主的提法都非常少见，与此相反，“网络民主”却成为了网络空间和理论间关注的热点，有关网络民主的学术文章和报道比比皆是。

② Alternative Futures Associations, Cyber Democracy 2001: A Global Scan, 2001, pp. 1-7, www. altfures. com.

③ Naavi,《Cyber Democracy—It's the Right of Netizen》, www. naavi. org/cyber_democracy/index. htm.

传，政治广告、网络募集选举资金和志愿者以及公民在行政、立法、司法过程中与政治家的互动等；网络的隐蔽性和虚拟性等技术特点在西方不是那么受人瞩目，它们因对现实民主产生诸多负面影响往往被人诟病。而在中国，网络民主给政治生活带来最大的变化正是由于隐蔽性和离散性，它重新激活了民主的活力，改变了传统的政治格局和政治运行方式。中国的政治现状决定了网络民主发挥的作用范围还相当有限。如果把网络民主分为两个维度——核心层面和外围层面的话，那么中国网络民主更多体现在外围层面，如有限的电子政务的分享，官方与网民不定期的协商互动，以及不定期的收集民意等，网民在网络空间获得了一定的知情权、表达权和监督权等；可以说，网络民主在中国与其说提供了新的民主方式，重塑了民主，不如说是激活了民主元素；与其说提供了新的参与方式，不如说重新释放受到压抑的参与热情。它只是把一些本应该属于民主的元素还原，把某些现实的政治束缚解开。

基于以上分析，我们可以把网络民主定义为“所谓网络民主，是政治主体借助网络技术，以网络空间为载体，培育、强化和完善民主的过程。它涵盖了三个层面：一是现有民主的信息化，即利用网络信息技术巩固和加强民主，如电子选举、电子投票等；二是对现有民主的重塑和拓展，如加强了直接民主，重塑传统的代议民主形式；三是引发了新的民主形式，如网络公共空间的协商对话、电子议政厅，电子广场、在线民主等”①。

总之，网络技术在多大程度上能改善现今的政治局面，并没有轻松乐观的答案。网络只是嵌入在现行体制内的技术工具，并不必然带来民主参与和政治进步，也不会自动改善现行政治的困境。网络民主的功效需要和现实各种因素共同作用，要有现实的政治参与制度衔接。正如比尔·盖茨所言：“民主制要成功，需要全体公众一种乌托邦的远见，一条想走更美好社会的道路的愿

---

① 郭小安：《网络民主的概念界定及辨析》，《天津行政学院学报》2009年第3期。

望，一种超越狭隘的宗派私利的远见。”①网络民主要想成功，同样需要如此！

（郭小安　华中科技大学马克思主义学院讲师）

① ［美］比尔·盖茨著，辜正坤译：《未来之路》，北京大学出版社 1996 年版，第 124 页。

政治过程研究

试论改革时期中央与地方关系中政策共识的形成模式

◎杨红伟

【摘　要】 政策共识是中央与地方关系中的一个重要问题。重大政策的出台，通常都要经过议程确立、策略互动、妥协折中、政策达成这一政策共识形成过程。在这一过程中，地方不但是中央政策的执行者，同时也是政策制定的参与者，政策共识的客观存在使地方分享了中央的政策制定权力。

【关键词】 中央　地方　政策共识

在中央与地方关系的研究中，早期的文献认为中央与地方分别扮演着决策者和执行者的角色，地方只是中央的代理人，其存在的目的就是为了执行中央的政策。而新近的大量文献则强调中央与地方的利益差异以及地方对中央政策的变通，进而将中央与地方的关系展现为一种博弈模式。尤其，由于大部分此类文献将研究对象集中于财政领域，更是将中央与地方关系简化为一种围绕各自利益所进行的零和博弈。①

因而，在既有文献中，地方有时作为顺从者的形象出现，有时又以政策阻滞者或机会主义者的形象出现。不过，尽管观点各异甚

① 杨红伟：《超越“零和博弈”：央地财政关系研究的范式转换》，《晋阳学刊》2007 年第 4 期。

或矛盾，其出发点则是相通的：都是将中央集权制作为理解中央与地方二者关系的基础，同时将二者的关系简化为决策与执行的关系。在这种认识模式中，中央与地方关系中所呈现出的任何状态，如合作与冲突、监督与变通、压制与博弈等，要么是对中央集权制这一先验模式的符合，要么是对这一模式的偏离。

本文试图在既有文献的基础上，从一个新的视角，即政策共识的视角来理解中央与地方的关系。中央与地方关系中重大政策的出台，通常都要经过政策议程的提出、策略互动、妥协折中及共识形成这一过程。本文在对这一过程进行理论分析的基础上，指出地方不但是中央政策的执行者，同时也是政策制定的参与者。政策共识的客观性及其必要性，使地方分享了中央的政策制定权力。

本文拟从三个方面展开论述。第一部分说明政策共识问题在中央与地方关系中的客观性及重要性。第二部分运用理性选择的方法，将中央与地方的互动关系进行类型学分析，提出一个用以解释中央与地方政策共识达成过程的分析性概念。第三部分则是一个说明性案例，通过对分税制决策过程的详细考察，说明中央与地方如何围绕政策方案展开策略互动，如何经过妥协折中而实现政策共识，从而加强对第二部分所提出的分析性概念的直观认识。

一、政策共识：中央与地方关系中的一个重要问题

“共识”是现代政策科学的一个核心问题。共识通常有两个方面的含义，其一是作为决策过程的结果，指决策所涉及的不同主体对于决策所形成的一致意见；其二是将共识视为一个过程，强调某一政策在制定、执行过程中涉及诸多不同利益主体时，这些主体经过围绕各自利益的策略互动，最终获得妥协性一致意见的过程。① 在政策创制过程中，共识机制非常重要，因为政策的合法性是第一位的，政策必须得到其所拟规范的角色的同意。一个没有经过共识机制而产生的政策，由于合法性的缺失，会带来机会主义、蓄意违

① Livia Markoczy. Consensus formation during strategic change [J]. Strategic Management Journal, 2001, 22: 1013-1031.

约及重复博弈问题，最终不但不会带来收益，反而会造成更高的交易成本。①

如前所述，在中央与地方关系的研究中，由于受到中央集权制分析模式的影响，政策共识问题并没有受到研究者的充分关注。虽然研究者指出地方在许多政策议题中存在着大量与中央讨价还价的现象，但通常又指出这是委托—代理结构中的非制度化因素所导致的，并不将其视为一种常态的政策共识达成过程。

改革之后的中央与地方关系中，地方获得了大量的经济与管理权力，但在政治上，央地关系仍然保留了中央集权的特征。而中央实现政治集权的方式，则主要通过对地方干部的人事控制。然而，中央能够以干部任免权力来推行其所偏好的决策，并不意味着中央与地方之间就是简单的政策制定者与执行者的关系，或者是控制与服从关系。中央在制定决策的时候，必须考虑能够就政策达成共识的程度，以及达成政策共识的机制选择。这主要基于以下两个方面的原因：

首先，改革之后地方力量的兴起所形成的多元力量格局，已经改变了中央与地方关系的运作模式。中央与地方已不是一种单纯的命令与服从关系，而是一种基于理性选择的互动关系。在这种关系模式中，已不是简单体现为“中央制定政策、地方执行”，而是充满了谈判、交易与讨价还价。地方政府已经由单纯的中央政策的接受和执行者，转化为具有实际的相对独立性的行为主体，中央的许多不利于地方利益的政策得不到有力贯彻，上有政策，下有对策，甚至受到公开的抗拒。地方政府为了保护和扩展本地方的利益，在越来越多的政策领域与中央讨价还价。在公共政策制定和执行中，互动的、相互调整的合作模式逐渐取代单向的、中央命令型决策模式。种种情况表明，央地间已经演变为一种基于利益的互动关系，在这种互动关系中，中央与地方都从自身的利益出发来选择自己的行为模式。

① 参见迪克西特：《经济政策的制定：交易成本政治学的视角》，中国人民大学出版社2003年版。

其次，中央的目标导向与激励机制使得中央与地方之间存在着相互依赖性。① 一方面，改革时期的中央政府以发展经济为导向，中央必须依赖地方政府，才能实现其经济发展的目标，只有激发地方的积极性，才能实现经济发展；而地方在政治上也依赖中央，尤其是地方领导人，必须得到中央的认可，才能保证其政治上的职业前途；同时，地方要加快发展速度，在区域经济发展竞争中获得先机，也必须依赖中央在政策上的倾斜，包括财政转移支付、经济发展自主权限等。因此，综合这两个方面，双向依赖的存在，使中央与地方关系中产生了一种相互依赖的结构。

任何权力的运用，都不可能是单纯的基于强力的压制，还要使强力所指的对象，具备服从的内在动机。换而言之，权力拥有者必须通过一定的合法性转换机制，才能持续而有效地运用其权力。中央在中央集权制框架内的权力优势，只有内化为地方自愿的服从，才能更好地实现其目标。因此，“仅仅依赖中央的政治控制来解释省领导的行为是软弱无力的。理由之一是如此形态的中央权威太过赤裸裸，只有少用才能有效”；地方干部个人之所以采取某种态度或行为模式，是因为他们“接受这种态度和行为背后的根本价值观”。② 然而，这种认同或价值观的获得，显然不能依靠简单的命令服从模式，而是要存在一个中央与地方达成政策共识的机制与过程。

二、主导性协商：央地间政策共识的一个分析框架

我们可以从理性选择及制度主义的视角，对中央与地方的政策共识过程进行一个类型学的分析。理性选择强调结构中的角色为了自身利益的最大化而采取某种策略，从而引起角色彼此间的策略互动关系。无论是角色的行动策略模式或是制度的演进与选择方式，都是不同角色之间长期互动的结果。因而，以理性选择的视角，政

① 林尚立：《国内政府间关系》，浙江人民出版社1998年版，第351页。

② 李芝兰：《超越顺从分析：重新理解中央与省的关系》，见Joseph Cheng：《中国评论》1998年，香港中文大学出版社1998年版，第157～186页。

策或制度生成的过程就取决于角色的特定互动方式。

以理性选择的视角来理解央地关系中的政策创制，含有三个基本的先在假定：第一，中央与地方都是具有自身利益的角色；第二，中央与地方都是理性的，它们都能够依据自身的利益，确定自己的行动策略；第三，中央与地方所采取的行动策略，取决于环境的限制以及它们对对方的行为的预期。

(一)地方对中央政策的可能回应

作为理性角色，地方对中央政策的应对策略，自然不可能是盲目的，对于中央的任何一项政策或指令，地方政府都会从自身利益的角度，为这一政策或指令贴上"有利"或"不利"的标签。再根据有利或不利的分类及其程度，做出自己的行动选择。由于地方利益具有多重层面，包括领导干部的利益、政府集体的利益、地方社会的利益，因而地方政府对中央政策的最终应对策略，就可视为地方政府在对这几层利益进行综合计算之后而做出的行动选择。

每一地方政府都存在自身不同的利益，因而对于同一中央政策或指令，会表现出不同的应对方式。从理论上讲，这些应对方式可能有以下几种(见表1)：

表1　**地方对中央决策的可能回应**

利益评估	策　略　选　择
有利	拥护、支持，并协同中央向反对者施加压力。
极不利	强烈反对，并试图联合所有可能处于不利地位的地方，协同反对。
轻度不利	观望、协同反对。由于存在更急切的反对者，因而出于搭便车的心理，并不会产生太激烈的反应，但会协同那些反对者做出异议表达。
无利害	随大流、无明显反应。

(二)中央的应对策略

对于中央而言，地方的拥护及支持都是它所乐见的现象，在这种情况下，中央不需要进一步采取行动，其政策便可以得到执行。

然而，对于观望者、协同反对者或强烈的反对者，中央则可能会视反对压力的大小而采取不同的策略选择。比如，如果反对的力量过于强大，则中央会考虑压力太大，进行政策创制的成本太高，因而会主动放弃原定方案；或者，如果中央认为通过一定的手段能将反对意见加以排解，而且并不需要太高的成本，则中央可能会采取谈判、协商、劝说、讨价还价等方式，坚持推行它所希望的政策或制度。中央的这些回应方式包括以下几种(见表2)：

表2　**中央对地方应对策略的反回应**

可能的应对方式	策　略　分　析
不作为	政策符合地方利益，不需任何作为，政策即可得到推行。
主动放弃	(1)考虑到地方压力太大而使政策或制度推行没有可能；(2)中央决策层的意见不统一，反对意见与地方反对者结成呼应关系；(3)经过妥协能够得以推行，但中央让步太大，以至于得利太小。
命令、惩罚	以中央所居的威权地位，强行推行政策或制度，对于抵制者，一律予以严厉惩罚。
主导性协商	中央以其威权地位，不动摇政策或制度推行之决心，但承认地方的某些利益或权力，通过特定协商机制，做出适当让步，以换取地方的支持。

(三)政策推行的可能结果

在政策推行的过程中，中央或地方依据对自身可能的利益得失的评估，并结合自身所拥有的权力资源，选择不同的应对方式。中央与地方的这些应对方式的组合，形成了各种不同的政策创制模式：

(1)压力—失败型：A. 由于拟推行之政策与地方的利益严重违背，则地方反对的压力太大，从而使政策推行没有可能；B. 中央决策层的意见不统一，反对意见与地方反对者结成呼应关系；

C. 经过妥协能够得以推行，但中央让步太大，以至于得利太小，从而主动放弃。威权失效引起的政策创制失败的情况，不但使本次政策的推行无果而终，它还会成为以后的政策推行的不良榜样，从而增加以后政策创制的阻力。

（2）冲突—压制式：由于拟推行之政策与地方利益相差太大，以致地方的激烈反对，中央以所居的威权地位，强行推行政策，对于抵制者，一律予以严厉惩罚。这种模式的结果，虽然使政策得以强制性推行，但由于政策并非基于"同意"的基础上，势必引起地方的变通性反应，出现"上有政策、下有对策"的现象，最终会抬高政策推行的成本，或者引起政策的失效。

（3）一致同意式：中央拟推行的政策对中央与地方的利益都有所增进，地方对这种增进也有确实的认识，因而，地方无任何反对意见，并在事实上忠实遵行中央的推行之政策。这是一种成本最低的政策生成模式，如1980年"放权让利"政策及"分灶吃饭"体制的推行，就类似于这样一种情况。

（4）主导—协商式：在大部分情况下，新政策的引入都会带来利益或权利的重新分配，必然会使一部分地方的利益受到损失，因而不可避免会遇到一些反对。此时，中央凭其威权地位，坚持推行政策，但通过一定的协商调整机制，修改政策规则的一些内容，满足地方的某些利益要求，从而换取地方的支持，减小政策推行的阻力；同时，中央应以其威权地位，对地方过高的要求进行遏制，避免政策的推行出现负收益的情况，从而使中央和地方都从新政策的推行中各有收益。

前两种模式显然是失败的政策创制过程，后两种则是成功的创制过程。由于政策创制或变革都往往要引起不同主体利益关系的巨大变动，不同角色都要面对一定的利益得失。因此，那种中央与地方、地方与地方之间利益完全重合的情形非常少见，真正的"一致同意"型政策创制模式是可遇而不可求的。在现实中，最常见的政策推行模式主要有威权失效式、冲突压制式及主导协商式三种模式。而主导协商型政策生成就成为最可取的一种模式。

理论上可行的政策共识只能通过妥协折中的方式来达成，这种共识模式，强调某一政策在制定、执行过程中涉及诸多不同利益主体时，只有这些主体经过围绕各自利益的策略互动，才能最终获得妥协性一致意见。当然，具体到中央与地方关系中，二者又并非完全对等的策略互动主体，中央所拥有的权力资源显然比地方优越得多，因而，二者之间的策略互动过程，往往是在中央的主导下进行的。这种在中央主导下，通过妥协折中、策略互动而达成共识的模式又可称为“主导—协商”共识模式。在这一模式中，中央与地方都从中获得了自己的利益，同时，由于政策共识的达成是基于双方妥协折中的结果，因而增加了政策的合法性，为政策的有效运行奠定了基础。

三、解释性案例：分税制决策中的共识机制分析

上文指出了中央与地方之间政策制定过程中具有两个特征：(1)政策制定过程中存在着政策共识的形成机制，共识机制的存在使地方客观地分享了中央的政策制定权力；(2)这个共识机制是在中央主导下的一个协商过程。我们可以通过考察分税制决策的形成过程来加深对这一共识机制的认识。

早在1986年，中央就曾经提出过分税制改革的方案，但由于地方及部门的反对声音过大，最终放弃了这一方案，而是延续了传统的包干制。1993年夏，中央决策层决定要推行分税制。分税制的实质，是对地方与中央、地方与地方之间利益格局的一次大调整，因而，分税制改革经历了非常曲折的过程。在以前的包干制下，部分省份长期享受特别权利，分税制要求全国税制统一，突然终止许多地区的种种特权，自然会引起一些地方的激烈反对。而且，在包干制下，地方已经成为一个利益主体，地方领导为本地利益而向中央讨价还价已经成为一种固定的行为模式。因此，分税制政策共识的达成是在一个充满了讨价还价的环境中进行的，分税制就是央地策略互动的产物。

(一)政策议程的确立

在政策创制过程中，不同利益主体的意见分歧是阻碍政策创制成功的重要因素之一，因而共识的达成过程主要体现为不同利益主

体(集团)之间的沟通和协商。在中央与地方关系中，重大决策制定所遵循的原则，是党与国家的民主集中制原则，也就是在提出决策之前，先由各方广泛讨论，然后再由中央定夺。

央地之间存在一些惯例性的意见交流机制。例如：每年春季的人大会议会集中讨论一年的政府工作计划；通常在夏天会召开一些全国性的财政、税收、金融问题研讨会，主要是政府研究机构中的专家发表意见；每年底还会召开较重要的全国财政经济工作会议，通过这几个渠道，央地之间可以就一些重大决策进行磋商。

分税制很早就已经在上述这些会议上被讨论过，早在1990年，中央曾提出以分税制代替包干制，但在当年秋季的中央工作会议上，由于省长、市长们反对这个意见，令这个计划搁置起来。① 在1991年3月的人代会上，包干制的存废问题又成为一个争论的焦点，财政部长称财政“困难的程度前所未有”，一些省份的代表称，包干制是一个“厚地方而薄中央”的政策，因此提议以“分税”代替“包干”，但是另外一些人则坚决反对。②

1992年中，理论界突然形成了讨论分税制的潮流。紧接着，国务院决定开始在9个省市进行分税制试验。③ 同年10月的十四大报告中指出：“逐步实行利税分流和分税制。”④然而，无论是理论界还是地方，对是否应当推行分税制仍然在争论，对于中央是否真的决定要全面推广分税制也没有确信。因为不久前邓小平刚刚发表了南方讲话，要求地方“能发展就不要阻挡，有条件的地方要尽

① 凌志军评价说：“在共产党执政的几十年间，由于地方力量而将中央的计划搁置起来，这可能是第一次。”凌志军：《沉浮：中国改革备忘录》，东方出版中心1998年版，第122页。

② 凌志军：《沉浮：中国改革备忘录》，东方出版中心1998年版，第122页。

③ 天津市、辽宁省(不包含单列市)、沈阳市、大连市、浙江省(不包含单列市)、武汉市、青岛市、重庆市、新疆维吾尔自治区等9个地区。

④ 1992年党的十四大报告，江泽民：《加快改革开放和现代化建设步伐，夺取有中国特色社会主义事业的更大胜利》。

可能搞快点”。① 这很容易被理解为继续扩大地方自主权，提高地方积极性。在这种情况下，许多会议上，各方仍然在大力宣传包干制的优越性。如1992年7月召开的一个经济改革会议上，与会者赞扬包干制，认为包干制是激励地方与企业积极性的最有效途径，而且将包干制与邓小平的理论联系起来。换言之，取消包干制就是偏离邓小平理论。② 稍后的《经济日报》上也有人认为包干制是克服条块矛盾的最有效的办法。③ 一直到1993年5月，在一次经济会议上，许多人仍然确信包干制优越于分税制，政府的重要官员还就包干制的优点做了一个主题发言，《人民日报》还对此进行了专门报道。④

经过长达一年的讨论，中央于1993年初下定决心推行分税制。1993年3月，国家计委与财政部在预算报告中指出，要重建财政体制。⑤ 在7月召开的国务院总办公会议上，已初步确定了要在1994年年初推行分税制。此前，国家税务总局已在6月份组建了一个财政体制重建小组，制定了详细的改革计划，并于8月底向国务院、政治局常委会作了汇报。⑥ 至此，分税制改革计划已基本确定下来。

由于考虑到地方可能反对，中央将分税制定性为一项渐进改革。其原则是“既有收入分配格局不变，关键是先把制度建起来”。具体到方案上，表现在以下几点：(1)中央只从增值税的增量中留一些，数量有限；(2)向地方承诺，这次分税制改革，中央不卸包袱，不向地方转嫁负担；(3)在原体制分配格局不影响新体制规范

---

① 《邓小平文选》(第3卷)，人民出版社1993年版，第375页。

② 《坚持完善包干制研讨会召开》，《光明日报》1992年8月2日。

③ 戴晶：《条块经济纠纷何时了结》，《经济日报》1992年9月2日。

④ 吕东：《进一步探索，进一步完善经营承包责任制》，《人民日报》1993年5月21日。

⑤ 刘仲黎：《中国财政发展问题研究》，中国财政经济出版社1999年版，第274页。

⑥ 刘仲黎：《中国财政发展问题研究》，中国财政经济出版社1999年版，第263、281页。

化的前提下，尽可能照顾地方利益。然而，分税制毕竟是为了提高中央收入、取消地方特殊利益的一次制度变革，尽管中央事先已定下了渐进改革的调子，仍然无法避免地方的激烈反对。

（二）理性选择：各地方对分税制方案的反应

在分税制的具体内容确定之前，各地已经从各种渠道了解到其大致轮廓，并依据新的规则来计算本地可能的获益或损失。分税制后，依中央的目标，其收入要占全国总收入的70%以上，且增收潜力大的流转税的大部分划为中央收入和共享收入，地方上缴中央财政将比1993年大大增加。而留给地方的是那些收入不稳、税源分散、增收较难的收益税、农业税等小税种，因而地方的可能财力将明显减少。此外，新的分税制方案将使地方失去支持经济发展的税收优惠政策，地方政府靠非法减免手段“藏富于地方”的做法将受到遏制，因而很可能会出现地方财政危机。有些地方将分税制理解为中央与地方的“争利”，是“强化中央的调控权，支开企业的自主权，弱化地方的干预权”，更有人称“分税制”是“劫富济贫”、“抽地方的筋”。①

1. 沿海省份的态度

广东省在整个20世纪80年代，是中国经济增长最快的地区，但它的税收上缴只有上海的十分之一左右，因而广东作为既得利益省份，反对分税制的呼声也最强烈。就在分税制方案刚刚出来不久，广东省委就上书中央，称如果中央要推行分税制，应当允许广东单独保留包干制。② 同时，从广东的行政主管部门到理论界，也都发出对分税制表示异议的声音。如广东省一位领导建议中央：“维持1992年7月14日国务院总理办公会议确定的政策，在2000年前继续对广东实行财政包干体制。”在“八五，期间包干基数和递

---

① 《分税制对地方财政的影响》，《经贸时报》1994年4月1日。

② 赵忆宇：《分税制决策背景回放》，《瞭望新闻周刊》2003年9月15日。

增比例不变"①；广东的政府研究部门推出了专门的文集，肯定广东现行大包干体制的方式，间接反对分税制。② 地方政府主办的财政学会会长则旗帜鲜明地反对分税制，认为这是走回高度集中的旧体制的老路，财政包干体制才是属于"中央适度集中、地方适度分权的新路"。③ 省委政策研究室则有人指出"包干好处，一目了然"、"分税制前提难具备"，因而应当缓行；④ 省财科所的研究人员则认为当时推行分税制存在"五大难题"，因而劝中央知难而退，硬要推行的话，"不会有多大作用，反而会带来消极影响"。⑤

其他几个沿海省份对分税制的抵触也很大。辽宁一位领导在接受采访时表达了对分税制的忧虑，因为新的分税制方案中，辽宁要将 8 亿多的增值税交给中央，而辽宁本就是一个上缴大省，这意味着它的财政处境将会变得更糟。⑥ 海南则提出如果要实行分税制，就必须事先要确保 1992 年的收入基数。

上海在 1988 之前年曾呼吁实行分税制，因为直到 1988 年的包干制改革，上海都没有得到其他地方同样的优惠条件，所以上海希

---

① 广东省委副主任罗成法认为分税制将对广东造成四个难题：第一，财政支出无法保证；第二，企业难以偿还内外债务；第三，在建的重点项目难以解决；第四，搞活国有企业，扶持国有企业发展的一些措施将无法实施。罗成法：《新的财政体制对广东的影响》，《党校论坛》1994 年第 1 期。

② 地方指出中央的财政衰退、地方政府的短期行为及经济发展中的消极现象，并非是大包干体制所固有，与是否实行大包干无关，并认为大包干有利于统一市场的形成，大包干体制利大于弊。曾牧野：《广东改革的经济学思考》，广东人民出版社 1993 年版。

③ 黄冠球：《略论财政包干》，见项怀诚，姜维壮：《中国改革全书(财政体制改革卷)》，大连出版社 1992 年版，第 428 页。

④ 广东省中青年财政研究会：《广东财经改革论丛》，广东高等教育出版社 1992 年版，第 150 页。

⑤ 广东省中青年财政研究会：《广东财经改革论丛》，广东高等教育出版社 1992 年版，第 151 页。

⑥ 《经济日报》1994 年 4 月 18 日。

望可以通过税种的分开而取得更多收入。① 然而，在1988年，上海也由财政总额分成改为定额上缴，而且基数调整周期也变为五年。换言之，在包干制下，它已经改善了自己的财政状况，到1989年，上海的工商业税就比前一年高出25%，在这种情况下，它转而开始支持包干制。不过，分税制方案出来后，上海发现新体制对自己的影响甚小，按新的规则，上海在1994年应上缴的收入为120亿元，仅比1992年多出10亿元。② 至此，上海又倾向于支持分税制方案。③

2. 中西部省份：有条件的支持

对于中西部省份而言，最初当沿海省份反对分税制时，它们都坚决支持中央推行分税制。因为只有中央的财政收入提高了，才有可能向西部省份提供更多的转移支付，从而支持中西部发展。早在1990年，江西、湖南等地的财政局就已经表示坚决支持分税制。④ 但随着沿海省份提的条件越来越多，中西部地方又开始惧怕在分税制中吃亏，因而也跟着向中央提出条件。提出增加本地在增值税、消费税等税种上与中央分成的比例。⑤

西南几省最初同样支持分税制，但分税制的分配方案出来后，它们也有了意见。因为按照分税制的设计，消费税增量100%归中央。而贵州、云南、广西均为"烟酒财政"，这些地区长期靠烟、酒支撑，当时已经决定对烟、酒征收消费税，所以在新的分税制规则中，这些地区是"吃亏"的。因此，在1993年9月中央召开的六

---

① 徐日清：《完善上海地方财政的研究》，见陈敏之：《上海经济发展战略研究》，上海人民出版社1985年版，第243～258页。

② 徐沪：《上海去年实现财政收入165.1亿元》，《文汇报》1992年1月1日。

③ 赵忆宇：《分税制决策背景回放》，《瞭望新闻周刊》2003年9月15日。

④ 江西省财政厅研究小组：《积极创造条件、彻底推行分税制》，《财政研究》1990年第10期。

⑤ 江西省财政厅研究小组：《积极创造条件、彻底推行分税制》，《财政研究》1990年第10期。

省座谈会上，这些地方提出一些条件，要求中央给予税率方面的优惠。①

与此同时，中西部省份对中央与沿海省份的妥协也感到不安。在1993年底召开的全国经济工作会议上，中西部地区，如河南、安徽、陕西等地提出要中央对这些地区特别考虑，因为它们感到自己未能跟上全国经济快速发展的步伐。这些省份对中央与沿海省份的妥协表示了异议，认为这些让步有违分税制的初衷，因此它们强调分税制必须不折不扣地执行。它们还表达了一种担心，认为中央会在协调的过程中牺牲掉中西部地区的利益，而且认为从长远看，这种做法会影响社会和政治稳定。②

（三）主导性协商：妥协折中与共识达成

对于地方的反对，中央采取了积极与地方互动协商的方式，从1993年9月至11月间，朱镕基总理带领一个由体改办、财政部、国家税务总局及银行等部门人员组成的60多人的队伍，亲自到17个省、市、自治区，就分税制问题展开与地方的谈判。据赵忆宇描述：

> 第一站是海口，最后一站是河北。在70多个日日夜夜里，他们首先是充分听取各省同志的意见，做调查研究，与省里认真细致地算财政体制账，每到一个省，了解历史上多次体制变更状况；另外按照实施分税制后的10年，预测中央从地方拿多少钱、占地方税收的比重。这种预测的结果，决定对分税制切割线的确定。中央既可以拿到必要的增量，又要考虑到地方的承受力。……在这两个月里，中央原定的分税制方案在地方政府的强烈要求下不得不做出一系列调整、妥协与让步。但实行全国统一分税制改革的大原则，始终没有动摇。③

---

① 赵忆宇：《分税制决策背景回放》，《瞭望新闻周刊》2003年9月15日。

② 财政部：《各方对分税制改革的一些看法》，《经济研究参考》1994年第1期。

③ 赵忆宇：《分税制决策背景回放》，《瞭望新闻周刊》2003年9月15日。

其中在与广东的一对一谈判中，经过四天讨价还价才有结果。朱镕基明确表示“要保广东既得利益”，广东省也同意了分税制，但提出了非常令中央意外的要求，即中央必须答应以1993年广东的财政收入为基数，中央要保证广东以后每年的收入不能少于这个数，否则要中央给予补贴。此后，朱镕基又陆续赴西北、东部及西南各省份，进行“巡回谈判”。最终，中央在方案上做出了以下几个大的让步：

(1)将返还地方收入的基数以1993年为标准。以1993年的财政收入为基数，此举可保证地方在分税制之后的财政处境不会比1993年更差。(2)对那些有利于地方经济发展的优惠政策，主要是中央与省明确规定的税收优惠行业，如高科技产业、社会福利事业，投办工业产品等的照顾性减免税行业，仍继续实行两年。(3)表示了对中西部的承诺，即当中央财政收入占全国收入60%以上时，中央将以三分之一的收入，以转移支付的方式拨给地方，作为缩小地区差距之用。

中央做出让步后，便逐一与各地达成共识。在1993年11月召开的十四届三中全会上，最终做出决议，出台了《中共中央关于建立社会主义市场经济体制若干问题的决定》，正式提出了分税制方案。然而，地方的讨价还价仍在继续，在12月召开的全国金融工作会议上，财政部部长刘仲黎要求地方政府执行中央的分税制改革，不要再同中央讨价还价。

地方政府认识到分税制已是无可避免，而且中央也确实做出了巨大的让步，也就逐渐做出妥协，最终接受了分税制；但对地方而言，地方利益仍然是重要的，它们仍然试图运用种种变通手段，将本地财政利益受到的影响降为最低。最明显的例子就是1993年底各地的超额征收。由于中央承诺以1993年地方的财政收入为标准，保证地方以后收入不低于这个水平，而当时只是1993年9月，地方尚有四个月的征税时间，于是各地政府都在搞运动式的征收，有许多地方将企业多年所欠税款都一次性收上，更有甚者，出现了“寅吃卯粮”的现象，即提前征收未来若干年份的税收。结果，1993年9月份税收增长比前一年高出60%，10

月份增长80%；11月份增长90%，12月份增长120%。10～12月份的收入比去年多了600多亿元，当年的财政收入共增加了900多亿元。①

如果依照中央政府事前的约定，按1993年地方收入进行差额返还的话，那么分税制不但不能使中央的收入增加，反而还会有减少的风险，这意味着中央通过分税制多收上来的税款还要还给地方。因此，中央组织检查组到各省市去检查1993年收入的真实性，试图将"水分"挤出来。然而，由于地方保护主义已经非常严重，检查无果而终。中央政府在无奈之下，以严厉姿态对地方施加压力，称如果地方不节制自己的行为，就要"撤人换头头"②。由于中央返还压力太大，又同地方展开了新一轮的讨价还价，最后央地间再次达成妥协，制定了更具体的地方征收额及中央对地方返还的规则，从而使中央与地方都各有收获。③

通过对分税制产生过程的考察，表明在以发展为导向的改革实行了多年后，中央与地方之间的权力运作过程已经高度复杂化了，传统的"中央决策、地方执行"认识模式已经很难解释其中越来越生动的内容。改革开放以来，地方作为利益主体，已经获得了自我意识及自主行动的能力。在此背景下，中央与地方关系中重大政策的出台，通常都要经过政策议程的提出、策略互动、妥协折中及共识形成这一过程。在这一过程中，地方不但是中央政策的执行者，

---

① 《中国统计年鉴》1994年。

② 赵忆宇：《分税制决策背景回放》，《瞭望新闻周刊》2003年9月15日。

③ 1994年8月全国财政工作会议中，中央与地方达成了四条意见：第一，全国以1993年当年"两税"增幅的1/3为目标，各省以本省上年增幅的1/3为目标进行征收。第二，完不成"两税"增收任务的省市以地方收入赔补，完不成上年基数的要扣减返还基数。第三，凡完成"两税"增长目标的地区，中央对其税收返还基数按当年本地区"两税"增长率的1∶0.3返还。凡"两税"收入超过增长目标的地区，其超过部分给予一次性奖励，返还系数由1∶0.3提高为1∶0.6。第四，1∶0.3返还系数不再与全国平均"两税"增长水平挂钩，而与本省上划"两税"增长挂钩。这事实上是中央与地方之间就1993年底征收事件的妥协。资料来源同上。

同时也是政策制定的参与者。政策共识的客观性及其必要性，使地方分享了中央的政策制定权力。

（杨红伟　上海大学公共管理系讲师）

省级行政管理费对财政社保支出的影响
——基于2000—2006年数据的实证分析

◎闵　聪　林挺进

【摘　要】　本研究运用2000—2006年全国31个省级地方政府的面板数据(Panel Data)，对各省行政管理费支出和社会保障支出之间的关系进行了一个解释性的研究。定量分析表明，省级地方的行政管理费支出与社会保障支出之间呈显著的负相关关系。这一研究发现为已有的基于公共选择视角的行政无效率和官僚理论提供了重要的经验支持，加深了人们对我国地方政府财政行为的理解。

【关键词】　社会保障支出　行政管理费　行政成本　官僚理论

随着我国市场经济的发展，客观上迫切要求建立一套与之相适应的社会保障体系，这是社会稳定、经济持续稳发展的重要前提。社会保障体系的建立，离不开国家财政的投入。特别是在中国这样一个存在明显“城乡二元结构”的国家里，公共财政对社会保障的投入更是应该占有主导地位。从实践来看，影响财政社保支出水平的因素有很多，包括人口老龄化、居民储蓄率以及经济增长率等。同时，不少学者还认为，一个地区行政管理费支出水平也是影响社会保障支出的一个重要因素。所谓行政管理费支出水平，就是指一个地区各类国家机关日常运营成本的高低，这主要体现为各级政府财政支出中行政管理费所占的比重。行政管理费和社会保障支出都属于国家的财政支出，因而两者之间必然存在一定的统计关系。本文的目的就是要从经验层面探寻两者之间的关系，从而加深人们对于中国地方政府特别是省级政府财政支出结构的理解。

1. 理论逻辑：行政管理费和社会保障支出

行政管理费和社会保障支出都属于政府财政支出的组成部分，而一个政府的财政支出正是该政府为实现自身目的所进行的物质资源调配。由于一个行政辖区每年的财政支出总量都是一定的(有限的)，因此，行政管理费的支出比重和社会保障性财政支出比重决定着政府的财政偏好和活动重点。从理性选择制度主义、官僚理论等分析逻辑来考量，上述两方面的支出水平，体现了完全相反的两种利益逻辑。因此，从数量关系看，两者之间可能存在某种显著的负向统计关系。具体而言，行政管理支出的目的是为了维持政府自身的运行，也就是该项目的支出水平直接关系的政府组织自身及其工作人员的切身利益；而社会保障支出则是属于公共服务类支出，是一个现代政府的职责所在，从利益的归宿来看，该项目的支出关系到普通公众的基本利益。

已有的研究一般认为，我国政府的社会保障支出水平还是很低的，对同时期行政管理费来说，这种低水平就显得尤为明显。有学者发现，我国社会保障支出远远不及行政管理费支出，这两者之间的绝对差额量呈上升的趋势，并且进一步认为，如果任其发展下去必然会带来财政支出结构的失衡。① 还有学者指出，在现有的政府财政结构下，行政管理费的比重偏大，因而应该进一步压缩行政管理费支出比重来加大对社会保障支出的投入。② 事实上，上述研究结论都暗含了这样一个(未经经验数据证实的)逻辑，即行政管理费的支出水平可能会对社会保障的支出水平产生负面影响，这也就是经济学上所说的“挤出效应”。这种推理逻辑虽然合理(特别是考

---

① 冉维：《关于我国财政社会保障支出的分析》，《重庆工商大学学报(社会科学版)》2007 年第 8 期。

② 班晓娜：《我国财政社会保障支出水平存在的问题及其对策研究》，《鞍山师范学院学报》2005 年第 3 期。

虑特定空间、时间条件下财政总量的约束)，但这两者之间上述的数量关系具体如何，还有待经验数据的进一步分析与论证。本研究试图从公共选择理论出发，并利用有关经验数据为上述解释逻辑提供理论与实证的支持。

1.1　行政成本与政府活动的无效率

所谓行政成本，就是行政机关及其工作人员因行使职能而获取的和在行政管理过程中所消耗的行政资源，即政府自身运行所需花费的各类成本。在公共财政学中，这种成本通常可以"用行政管理费"来测量。在其他条件保持不变的情况，行政成本越大，意味着政府的效率越低；相对地，政府可用于其他领域的财政资源也就越少。公共选择理论的代表人物布坎南认为，造成政府行政成本巨大、行政无效率的主要原因有：(1)缺乏竞争机制。一国的行政机关基本上垄断了本国公共产品的供给，从而不需要考虑任何竞争对手的挑战。(2)缺乏降低成本的激励机制。从客观上看，由于政府的活动大多不计成本，而且即使计算成本，也很难做到精确，这就使得政府在调配和使用资源时不免存在一定的浪费。(3)政府机构的自我膨胀。政府部门的膨胀包括政府组成人员的增加和政府部门指出水平的增长。布坎南指出，由于政府官员是个人利益最大化者，他们总是希望不断扩大机构规模、增加其层次、扩大其权力，以相应地提高其机构的级别和个人待遇。(4)监督信息不完备。由于行政机构自身的垄断性，使得任何监管部门都无法获得有关行政机关运行的全面信息。(5)政府的寻租行为。现代社会中的寻租活动，是利用行政法律的手段来阻碍生产要素在不同产业之间的自由流动、自由竞争，以维护和攫取既得利益。布坎南认为，由于政府的各项经济决策往往以某种公共利益需要为解释而为某些利益集团服务，特殊的利益集团为谋求政府保护、逃避市场竞争，往往进行各种"寻租活动"，而政府官员为获得这种租金，则以种种特权进行交换，继而导致了政府对资源的无效配置。① 同时，尼斯坎南也认为，作为供给方的行政机关和作为需求方的政治家之间对公共产

---

① 参见竺乾威：《西方行政学说史》，高等教育出版社2000年版。

品的“双边垄断”也导致了行政成本的居高不下，这是因为决定官僚预算的政治家们并不能有效地获取行政机关的相关信息，从而使得行政机构总是能获得自己满意的预算拨款。①

虽然从1999年开始，我国开始逐步实施以“部门预算编制”为目标的预算改革，但是，在对有关中国地方预算支出研究中，不少学者都发现这样一个事实，即地方的党政领导尤其是行政一把手官员具有非常大的影响力，他们实际上是“党委领导下的行政预算体系”中的财政资源的实际分配者。② 因而，地方政府的预算更多地反映了其行政长官的价值和偏好。③ 以理性选择制度主义和有关官僚理论的视角可以推断，中国地方政府的预算支出在行政长官的主导之下极有可能会从基于官僚集团的利益考量出发，偏向那些对行政官员自身的利益和权力增长有利的领域，从而导致行政成本的飞快增长。反观中国的现实发展可以发现，从中华人民共和国成立到现在，我国各级政府行政人员的增长速度非常快。中国总人口与财政负担人员之比20世纪50年代为600∶1，70年代为155∶1，而90年代则为40∶1④。虽然有学者指出，中国的官民比例规模并不像想象中的那么不合理⑤，但是通过以上数据仍然可以发现我国的行政机构是在不断膨胀的。更为关键的是，在中国，政府行为具有明显的垄断性质。有学者认为，作为委托方的人大对作为代理方的政府机构的行政过程缺少必要的信息和知识，而且因为没有可供比较的现实基础，所以人大对垄断性政府机构进行审查通常是一项艰

① 参见[美]威廉姆·A. 尼斯坎南：《官僚制与公共经济学》，中国青年出版社2004年版。

② 於莉：《省会城市预算过程中党政首长的作用与影响》，《公共管理学报》2007年第1期。

③ 林挺进：《地级市市长对于预算内教育经费支出的影响》，《公共行政评论》2009年第1期。

④ 郧彦辉：《我国行政管理支出的现状及改革》，《统计与决策》2005年第4期。

⑤ 朱光磊：《公务员占人口的适当比例问题刍议》，《中国行政管理》2009年第9期。

巨的任务。这种高度垄断的行为，使得政府在与人大的博弈过程中占据明显的优势，政府的预算总是能够达到最大的满足，这就势必造成了我国行政成本偏高的现状。① 在寻租行为方面，我国一些政府官员也因为腐败问题而频频落马，如2008年中央审计署报告中指出，仅仅一年时间就审计发现并向有关部门移送重大违法违规问题和经济犯罪案件线索119起，涉案人员221人，其中厅局级42人。②

在一定的公共财政能力条件下，行政成本的增长也就意味着政府公共服务支出的相对减少，因而从统计学的角度来说，有理由认为行政管理费支出和社会保障支出之间可能是呈负相关关系的。

1.2 官员的动机：个人利益的最大化

唐斯在他著名的《官僚制内幕》中认为，官员就其本质而言是自利的，其主要的行动逻辑是基于自我理性原则下的利益最大化。他认为官员的动机主要有：权力、金钱收入、声望等。③ 这些自利的动机决定了官员将会对那些有利于自身政绩和权力扩大的领域进行重点关注。在当下中国的地方政府，官员政绩考核的主要指标是经济增长率，虽然当下我国政府正在朝现代化的公共服务政府转变，但是社会保障支出相对来说则是一个并不很重要的考核指标。而在官员自身权力扩大方面，社会保障支出同样无助于该目标的实现。相比之下，行政管理费的使用体现了政府官员强大的财政资源控制能力，并且各行政部门规模的扩大和人员的增加都需要行政管理费的支持，因此行政管理费支出的增加有利于加强官员的个人权力。如果考虑到各级政府及其部门广泛存在的"小金库"现象，上述的解释逻辑还会有更强的说服力。因而从逻辑上，我们可以推断地方政府行政官员可能更加偏向于行政管理费支出而非社会保障支

---

① 房冬冬、李放：《基于官僚理论分析我国行政成本偏高的原因及对策》，《学理论》2009年第7期。

② 国家审计署：《国务院关于2008年度中央预算执行和其他财政收支的审计工作报告》，网址：http://www.gov.cn/gzdt/2009-06/25/content_1349875.htm. 2010-4-7.

③ 参见[美]唐斯：《官僚制内幕》，中国人民大学出版社2006年版。

出。但我们知道，各地方的财政支出总量是有限的，因而行政管理费的增加有可能会对社会保障支出产生“挤出效应”，导致社会保障支出水平的降低。

根据以上的讨论，本文提出如下假设：当其他条件保持不变，行政管理费支出水平越高，社会保障支出水平往往可能就越低，即两者的变化呈显著的负相关关系。与大部分已有的研究不同，本研究将运用定量分析方法来证明上述假设成立的可能性，以回归分析为代表的定量分析技术为我们在事物之间建立相关关系提供了非常好的途径，运用建立在大规模的样本之上的多元回归技术可以科学地证明行政管理支出和社会保障支出之间的关系。①

2. 研究设计

2.1 主要变量及其描述

因变量 根据前文的分析，本研究的因变量一个省级行政单位在一个财政年度中“财政社会保障支出水平”，即一个省级财政中社会保障支出占总财政支出的比重。在现有的官方统计口径中，省级财政中的“社会保障补助支出”指标能较好地体现政府的社会保障支出这一概念。但是，考虑到各省的经济增长速度、经济总量不同，所以在控制以上变量后将自变量的操作化概念定义为“社会保障补助支出水平”。

另外，由于财政社会保障补助支出水平属于财政支出结构的一部分，这样就更能显示出官员的支出偏好。从官员的自利性来看，社会保障补助支出属于一个两难性的问题：一方面，社会保障补助支出属于公共支出，是政府所应提供的公共产品体系中的一部分，因而官员理应承担这一责任；但另一方面，基于公共选择的官僚理论告诉我们，官员是自利的，其所追求的是所在部门的规模和预算的最大化。更重要的是，中国地方官员的考评指标主要是经济增长

① Lane, J. & Ersson, S. (2000). *The New Institutional Politics: Performance and Outcomes.* New York: Routledge.

或财政贡献①，社会保障补助支出在目前来说并不是一个非常重要的指标，因此，从逻辑上来说有理由假设社会保障补助支出在财政支出中并没有优先的地位。

事实上，简单的统计描述也支持上述推论，在表1中我们发现社会保障补助支出占各省财政支出的比重非常的小，其中的最小值仅为1.01%，平均值也只有6.77%。不仅低于欧美发达国家的水平②，也低于各省的行政管理费支出水平。

表1　**省级地方政府财政状况描述(2000—2006年，N=217)**

	最小值	最大值	平均值	标准差
财政支出(万元)	599693.00	25533399.00	6095786.96	4303923.34
财政收入(万元)	53848.00	21794608.00	3557857.76	3626004.66
社会保障补助支出(万元)	10758.00	2024175	376584.96	376584.96
社会保障补助支出比重(%)	1.01	17.29	6.77	3.61
行政管理费(万元)	45521.00	2563287.00	576845.13	435268.20
人均行政管理费(元)	50.78	1149.30	172.73	142.37
行政管理费占财政支出比重(%)	3.72	18.05	9.58	2.25

自变量　根据前文的假设，本研究的自变量是“行政管理费支出”。考虑到对行政管理费支出不同角度的测量，本研究提出了两

① Bo, Z. (2002). *Chinese Provincial Leaders: Economic Performance and Political Mobility since 1949*. New York Armonk; London: M. E. Sharpe; Landry, P. F. (2003). The Political Management of Mayors in Post-Deng China. *The Copenhagen Journal of Asian Studies*, 17: 31-58; Lin, Tingjin(2009). Intra-provincial inequality in financing compulsory education in China: exploring the role of provincial leaders(1994-2001). *Asia Pacific Journal of Education*, 29: 3, 321-340.

② 娜仁图雅：《对我国社会保障支出水平的分析》，《经济论坛》2006年第12期。

个有关行政管理费支出的操作化定义，同时在统计分析中也将建立两个数学模型，在模型 A 中自变量的操作化定义是“行政管理费支出比重”，即行政管理费占财政支出的比重，在模型 B 中，自变量的操作化定义是“人均行政管理费支出”。这两个变量不仅能反映我国各省级地方政府的行政成本，还能很好地反映官员在财政支出中倾向于自我利益最大化的价值偏好，根据官员自利的逻辑，政府规模越大，行政管理费支出越高，官员们所掌握的权力也就越大。① 从数据上来看，行政管理费在各省级地方政府财政支出上的比重是远远高于社会保障补助支出占财政支出水平的。其中行政管理费比重的最小值是 3.72%，高出社会保障补助支出比重 2.71 个百分点；而其最大值是 18.05%，高出社会保障补助支出 0.76 个百分点；在平均值这一项，行政管理费比重则高出社会保障补助支出比重 2.81 个百分点，这些详细的数据进一步证明了我国省级地方政府的高行政成本和低效率以及政府官员的支出偏好和重点（见表 1）。但是本文的讨论重点将不会仅仅局限于此，我们将通过建立两个回归分析模型，并将其进行对比，以通过大样本的量化数据探究行政管理费支出对社会保障补助支出水平的影响。

此外，考虑到一个省其他方面状况特别是其社会经济发展状况可能也会影响该省的社会保障支出水平，本研究还将人均财政收入、财政支出、各省人均财政支出、人口等作为控制变量加入回归模型之中。同时，考虑中国异常巨大的地域差异，所以本研究将各个省级单位划分为东部、中部和西部，添加了中部和西部两个虚拟变量以比较它们与东部地区的差异，从而控制区域整体的社会经济水平对于社会保障支出可能存在的影响。由于本研究的时间跨度为 2000—2006 年，共 7 年，所以我们还设计了 6 个有关年度的虚拟变量以控制不同年份对于因变量的潜在影响。

这些控制变量的设置是力求排除各省级地方的经济水平、人口规模、政府财力以及时间因素的影响，以便更加准确地估计衡量行政管理费支出对于社会保障补助支出之间的净效应，这一点

① 参见［美］唐斯：《官僚制内幕》，中国人民大学出版社 2006 年版。

也是社会科学中多元回归模型研究两个事物之间关系的重要优势。

2.2 分析单位、研究时间和数据收集

本研究的时间跨度为 2000 年到 2006 年，分析单位是 31 个省级地方政府，包括省、直辖市和自治区，但不含香港、澳门特别行政区和台湾省。之所以选取 2000 到 2006 年是因为在这七年的官方统计年鉴中行政管理费和社会保障补助支出的统计口径是一致的，之后的统计口径又有所变化。31 个省级地方政府再综合时间因素就可以得到 217 个样本。因此，从样本的代表性上来说是可以保证的。此外，本研究的所有数据都是来自从 2001 年到 2007 年的《中国统计年鉴》，因而在可靠性上也是可以得到保证的。

3. 经验证据

表 2 给出了分别包含不同自变量和控制变量的两个多元回归模型，模型 A 的自变量是“行政管理费占财政支出比重”，模型 B 的自变量为“人均行政管理费”，这两个模型的因变量都是各省级地方政府的“财政社会保障补助支出水平”，即社会保障补助支出占财政支出的比重。从两个模型中我们可以得出以下发现：(1)不管是各省级政府总的财政支出还是人均财政支出都与社会保障补助支出水平没有显著的相关性，这表明了社会保障补助支出是各省级地方政府的财政硬性支出，是公共支出的一部分。因此，虽然有可能在绝对数额上社会保障补助支出受到各省级政府财政支出数额的影响，但是其社会保障补助支出比重与各省的财政支出具体数额无关，也就是说与各省的政府财力没有关系。(2)在地域划分上，模型 A 和 B 都以东部为参照设置了中部和西部两个虚拟变量。其中模型 A 中，中部地区的社会保障水平要显著高于东部地区(系数为 0.027)，同时，西部地区的社会保障支出水平也明显地高于东部地区(系数为 0.020)。同样的情况进一步在模型 B 中得到验证，其中系数略有差别(中部高于东部的系数为 0.025，西部高于东部的系数为 0.013)。通过观察两个模型的回归分析结果可以发现，西部的社会保障补助支出水平显著地高于东部地区，而中部地区的社

会保障支出水平又明显地高于西部地区。出现这种情况的可能原因是：由于东部地区的经济发展水平是最好的，因此其并不需要在社会保障补助支出领域投入太多的资金，所以东部地区的社会保障补助支出比重是最小的。而西部之所以比中部的比重小，也有可能是因为近年来国家一直大力提倡西部大开发，使得西部地区的经济飞速发展；也有可能是因为国内外各种慈善组织的援助使得西部地区的政府无需花费太多的资金用于社会保障补助支出。(3)考察两个模型在时间序列上的变化特别是在模型 B 中，我们发现社会保障补助支出比重是逐年递增的，以 2000 年为参照，2001 年比 2000 年高出 0.004，2002 年比 2000 年高出 0.018，此后几年一直逐步递增，一直到 2006 年比 2000 年高出 0.028。这一点既可能是由于各省级地方经济的逐年增长导致其有财力投入到社会保障领域，也可能是中央在近年来大力提倡向服务型政府转变的结果。

表 2　行政管理费支出与社会保障补助支出比重的回归模型(2000—2006 年)

	模型 A	模型 B
(常数)	0.135 ****	0.076 ****
人口(万人)	-1.990E-6	-3.960E-6 **
行政管理费占财政支出比重(%)	-0.764 ****	-
人均行政管理费(元)	-	-9.281E-5 ****
财政支出(万元)	4.100E-10	-2.512E-10
人均财政支出(元)	-4.800E-6	-2.232E-6
人均财政收入(元)	-9.039E-6 **	-
中部	0.027 ****	0.025 ****
西部	0.020 ***	0.013 **
2001	0.002	0.004
2002	0.016 **	0.018 **
2003	0.021 ***	0.021 **
2004	0.023 ***	0.023 ***

续表

	模型 A	模型 B
2005	0.022 **	0.025 ***
2006	0.023 **	0.028 ***
F	8.594 ****	7.207 ****
R	0.596	0.546
R 平方	0.335	0.298
N	217	217

注：**** <0.001，*** <0.01，** <0.05，* <0.10。

除了上述的研究方法之外，本研究最关心的是行政管理费与社会保障支出之间的关系，从模型 A 可以看出，当行政管理费支出比重每上升一个百分点，社会保障补助支出比重就下降 0.764 个百分点，这种关系在 P<0.001 水平上呈统计显著；同样的，在模型 B 中，也可以发现人均行政管理费每上升 1 万元，社会保障补助支出比重就下降 0.928 个百分点，并且在较高的水平上呈统计显著。因此，我们有 99.9% 的信心认为，省级行政单位的行政管理费比重和人均行政管理费与社会保障补助支出比重呈明显的负相关关系，高度支持本研究在第一部分所提出的假设，即行政管理费支出越高，社会保障支出就越低。从逻辑上看，上述研究发现足以支持"行政管理费支出对于社会保障支出可能存在'挤出效应'"这样一个结论。

模型 A 和模型 B 中不论是行政管理费比重还是人均行政管理费都属一个政府的行政成本，当行政成本虚高不下的时候，必然会侵蚀其有限的财力，从而导致属于公共服务领域的社会保障补助支出的减少，形成了一种挤出效应。而基于公共选择视角的官僚理论告诉我们，行政官员从自身动机上就一直在试图扩大行政管理费支出而非社会保障补助支出，这是因为行政管理费支出的扩大能为广大的官员带来切实的利益——如行政机关的膨胀、活动经费的增加和自身权力的加强。上述研究发现从一个侧面支持了"官员行为具

有自利性”这一个理论假设。

从财政结构的角度来考察模型A可以知道，在一个服务型政府的财政结构中，行政管理费用的降低才能保证包括社会保障支出在内的公共性财政项目的支出比重。而从目前实际来看，我国各省级地方政府的行政管理费支出比重居高不下，比重最高的省份甚至达到了18.5%（见表1），严重影响了公共服务性支出项目的支出水平。

4. 结　论

本研究运用从2000年到2006年的经验数据对中国31个省级地方政府的行政管理费支出是否影响到其社会保障补助支出进行了系统性的研究。研究发现，在控制了各省级地方的人口规模、财政水平、时间因素、地区差异之后，发现各地方的行政管理成本（人均行政管理费或行政管理费支出比重）与其社会保障补助支出比重之间有显著的负相关关系，这就为现有的基于公共选择分析方法的行政成本理论和官僚理论提供了某种程度之上的经验支持。

行政成本代表着一个政府运行所需要的资源，较高的行政成本恰恰反映出一个政府的行政效率较低。同时，由于一些制度性原因，立法机构对政府财政行为约束程度有限，较高的行政费用不仅体现了政府的财政偏好，同时也会挤占其他财政资源，导致其他公共支出（如社会保障补助支出）的减少。唐斯的官僚理论认为，官僚们出于“自身利益最大化”的考虑，在地方财政支出中往往倾向于更高比重的行政管理费支出。与此同时，由于中国目前正处于向“服务型政府”转型的初始阶段，包括社会保障补助支出在内的公共性支出的提高还不能与地方官员的切身利益结合在一起，进而降低了此类支出的优先性。事实上，在政策实践层面，我们目前还没有发现哪个地区已然将合理的财政支出结构列入官员的绩效考核之中。在有关官员财政行为的激励结构之中，现有的制度安排实际上不仅不能激励官员优先支出公共服务项目，甚至还对此类支出存在一定的“负激励”即激励官员降低公共性项目的支出水平，以确保其他有利于官员个人利益或职业发展的项目有较高的支出水平。因此，我们不难理解，在财政资源总量确定的前提下，行政管理支出的增加必然会对社会保障补助支出产生负面影响即在统计上呈显著的负相关关系。

因此，本文第一个结论就是：以唐斯为代表的、基于理性选择制度主义的官僚理论在中国问题研究当中也有较好的适用性。这一研究结论有助于加深人们对于我国政策实践的认识（但是，这一结论在逻辑上并不意味着对官员或政府财政行为的消极评价，本研究并不对官员或政府行为作出任何价值上的判断）。事实上，加深对政府及其官员财政行为的客观理解，有利于更高一级的政府制定更加合理的政策来约束地方政府的财政行为、重塑地方政府及其官员的激励结构，进而为公共性项目的支出提供政策保障。所以，本研究的另外一个结论就是：客观分析地方官员财政行为背后的激励结构，利用政府绩效考核机制重塑地方政府及官员的财政偏好，确保公共性项目在地方财政支出享有必要的优先权。

本研究只是在现有的数据条件之下初步揭示了社会保障支出和行政管理费支出具有显著的负相关关系，但是由于研究变量不完备、数据可靠性低等客观局限，我们目前还无法从经验证明直接证实行政管理费和社会保障支出之间存在着确定的因果关系。同时，上述的推理逻辑是否可以应用到其他的公共支出领域（如医疗保险支出、教育支出等）也急需后续的研究来提供更加有力的经验证据。

（闵　聪　复旦大学国际关系与公共事务学院硕士生）

（林挺进　浙江大学公共管理学院副教授
新加坡南洋理工大学研究员）

清朝（1644—1840）多元政治合法性基础的构建与清朝的长期统治

◎柳新元　邵珠平

【摘　要】 清王朝维持统治的时间，在中国封建社会的历史上是名列前茅的。清朝在1644—1840年的统治者为了维护统治，逐步建立了多元的政治合法性基础。这主要包括：君主制"法统"基础、经济"有效性"基础、君主"魅力型"基础和儒家"意识形态"基础。本文认为，正是清初这种四位一体的政治合法性基础的构建，在很大程度上解释了为什么清王朝维持了如此长久的统治。

【关键词】 清朝　政治合法性　构建　长期统治

一、问题的提出与论域的界定

与汉族在整个中华民族中的主体地位相适应，中国封建社会的政权或者朝代也大都是由汉族人建立的。但在这些政权或者朝代兴衰成败的历史长河中，也不乏少数民族的印记。而在这其中，清政权或者清王朝可以说是一颗璀璨的明珠。

纵观中国封建社会的历史，由少数民族建立的政权共有48个。从其维持的时间长短来看，维持政权不到1年的就有7个（芒荡汉帝国、句渠秦王国、段勤帝国、鲜于赵王国、广秦王国、曹龙汗国、曹弘汗国），在100年以上的仅有5个（北魏148年、辽218年、金119年、元朝162年、清朝268年），清政权维持的时间最长。

考察中国封建社会朝代交替的历史，也可以看出清朝的显赫地位。自秦汉以来，维持统治100年以上的朝代有11个(西汉194年、东汉195年、东晋103年、北魏148年、唐朝289年、北宋167年、辽178年、西夏189年、金119年、明朝276年、清朝268年)，清朝排名第三，仅次于唐、明两朝。可见，由少数民族建立的清朝与历史上汉人建立的其他朝代相比，也毫不逊色。因此，一位研究清朝历史的外国学者评论说："1644年明朝的灭亡和清朝的勃兴，是中国历史上改朝换代事件中最富有戏剧性的一幕。"①

清政权作为通过军事征服而获得统治权的少数民族政权，是怎样成功地在已经"文明化"了的汉族地区维持了长达268年的统治呢？关于这一点，学者们从不同角度进行了探索，但鲜有从政治合法性的角度进行分析的。本文就试图从政治合法性的视角来对这个问题作出解答。

为了下面分析问题的方便，我们在此先对政治合法性的基本含义及其适用条件做出一个简单的界定。所谓政治合法性，简单地讲，就是民众对现存政治体系的认同与支持。德国学者哈贝马斯曾经指出："如果不是从梭伦开始，那么至迟也是从亚里士多德开始，政治学理论就从事于合法化统治兴衰存亡的研究。"②可见，政治合法性研究是一个古老的课题。在近现代，很多著名的学者(比如马克斯·韦伯、哈贝马斯、李普赛特、阿尔蒙德等)都对政治合法性问题作出过专门的研究。我们认为，政治合法性问题之所以会受到学者们如此长期的关注和青睐，一个根本的原因是因为它与一个政治系统的长期稳定是息息相关的。换句话说，统治者要想保持其内部的政治稳定和维护持久的政治统治，建构充足的政治合法性基础是一个必不可少的前提条件。而根据学者们的研究，统治者要想获得充足的政治合法性，就必须构建多元的政治合法性基础，它

---

① [美]魏斐德著，陈苏镇、薄小莹译：《洪业》，江苏人民出版社2008年版，第1页。

② [德]哈贝马斯：《交往与社会进化》，重庆出版社1989年版，第186页。

包括绩效基础、法理基础、"克里斯玛"式基础、意识形态基础等。在此需要指出的是，由于政治合法性在实质上是一种政治认同，即它反映的是人们的某种政治认同心理，而人们的政治认同心理又因时间、地点的不同而不同，因此对政治合法性基础的研究也应该是历史的，即必须是立足于时空背景的。此外还需要强调的一点是，尽管某个政权的政治合法性基础的建立并不是一朝一夕的事情，但是，这种政治合法性基础一旦建成，就可以维持政治统治的持续性。换言之，一个政权一旦建立了较稳固的政治合法性基础，即使它在某个历史阶段遭遇了一定程度的政治危机和经济危机，这个政权也不会轰然倒塌。明确了这一点，也就明确了政治合法性基础的建构对于维持政治统治的特殊意义。

正是基于以上的关于政治合法性问题的认识，我们在下文中将试图阐明清朝在1644—1840年的多元政治合法性基础(它包括君主制"法统"基础、经济"有效性"基础、君主"魅力型"基础和儒家"意识形态"基础四个方面)的建构与清朝的长期统治之间的关系。

二、清朝(1644—1840年)多元政治合法性基础的构建

清朝作为一个由被视为"蛮夷"的民族建立的王朝，其政治合法性本来就是不足的。比如，吕留良阐述"华夷之分，大过于君臣之论"；曾静也认为满族入主中原是"夷狄窃夺天位"。针对这种思想，雍正帝颁布《大义觉迷录》进行了辩驳。首先，他认为，"夷"只不过是个地域概念，并引用孟子所讲的"舜，东夷之人也；文王，西夷之人也"为证。接着他认为，华夷之人的关键在于"向化"，即是否接受和拥有共同的文化传统。这也不违背以文化定位民族的先儒的本义。但是，对于自己王朝的政治合法性的维护，只靠辩论是不行的，而只有建立多元的政治合法性基础才能使人们真正认同，从而维护统治。

上文已经提到，对政治合法性基础的研究要结合时空背景。因此，具体到清朝前期，我们认为，其多元政治合法性基础主要包括：君主制"法统"基础、经济"有效性"基础、君主"魅力型"基础和儒家"意识形态"基础。

1. 君主制"法统"基础

自秦汉以来，一直到明朝，各个朝代无论其是如何建立的，也无论其建立者是否为"蛮夷"，无一例外地都采用君主专制政体。可以说，人们对这种君主专制政体已经产生了认同感。因此，"具体到中国传统社会而言，政体正当性问题就是指君主制政体的正当性问题，更具体地说，就是君主制政体(帝制)在中国成为人们心目中唯一正当、唯一合理的基本政治制度，从而得到人们持久拥护、认同的问题，或者说就是人们通常所谓的'皇权主义'、皇帝思想在人们心目中根深蒂固的问题"。① 因此，君主制"法统"基础是一个政权获得政治合法性的最根本的基础。

而清朝，更确切地说，后金政权在建立初期采用的并不是君主专制政体，而是一种贵族共和制政体。努尔哈赤创立八大贝勒共议国政制。八大贝勒并肩同坐，共议大政，断理诉讼，举废国汗。这种贵族共和制与君主专制制是格格不入的。如果后金政权入主中原以后还继续使用这种政体，那么它就不会得到"君主化"了的中原人们的认同。皇太极统治前期，这种八大贝勒共议国政制实际上是四大贝勒共议国政制，即皇太极、代善、阿敏、莽古尔泰"四尊佛"共议国是。随着后金的发展，皇太极改革并完善了政权机构，先后除掉阿敏和莽古尔泰，又挟制代善，废除大汗和三大贝勒并坐制，改为皇太极"南面独坐"，建立了君主专制政体。至此，君主专制政体正式确立，清入关以后继续使用这种政体。尽管在康熙前期由于年龄的原因，也曾有四位辅政大臣共议国是的历史，但是他亲政后很快废除了这种制度，进而又恢复君主专制政体。

不可否认，皇太极把贵族共和制政体改为君主专制政体，在很大程度上是基于扩大自己权力的考虑，但是也正是这种政体的确立并延续使用，为清朝前期的统治带来了最起码、最重要的政治合法性。

---

① 张星久：《论帝制时期中国政治正当性的基本层次》，《武汉大学学报(哲学社会科学版)》2006 年第 4 期。

2. 经济"有效性"基础

前面已经提到，李普赛特认为，统治"绩效"或者统治"有效性"也能带来政治合法性。著名法国学者托克维尔在考察法国大革命时也提到："每个人都因贫困而指责政府。连那些最无法避免的灾祸都归咎于政府；连季节气候异常也责怪政府。"①由此可以看出，长期统治法国的波旁王朝因其不能"有效"的统治带来了政治合法性危机。日本学者山口定指出："从短期角度来看，没有'正统性'的'政治系统'和'政治体制'可能会因其能够满足多数公民和多数有实力的利益集团对'效用'和'效率'的期待而继续存在下去；反之也是同样。从长期角度来看，即使是缺乏'正统性'的'政治体制'，只要它能长期地满足人们对'效用'的期待，其'效用'不久就可能转化为'正统性'(西德的'基本法'体制的巩固，在日本国宪法问题上的所谓'明文宪法'论者的失败就是两个典型的事例)。反之，如果长期在满足'效用'方面连续遭到失败，那么也很可能会使其原来的'正统性'受到损害乃至全部丧失。"②

应当指出的是，这种统治"有效性"实际上应该包括两个方面：一是经济上的长期增长；一是政治上的平等、自由和民主等。考虑到本文的时代限定，我们这里谈的"有效性"，主要是经济的"有效性"。

由于长期的战乱，加之清军入关以后的烧杀抢夺和武装镇压，全国各地陷入一片荒凉萧条的境地。如直隶地区"一望极目。田地荒凉，四顾郊原社灶烟冷"。③ 山东"一户之中止存一二人，十亩之田只种一二亩"。④ 面对"民无遗类、地尽抛荒"的残局，清初统治者吸取明亡的教训，不得不采取措施，发展生产。例如，在农业方面，实行奖励垦荒、"滋生人丁永不加赋"等措施，在手工业方面，废除匠籍、结束工匠服役制度等。

---

① [法]托克维尔：《旧制度与大革命》，商务印书馆1992年版，第109页。

② [日]山口定：《政治体制》，经济日报出版社1991年版，第217页。

③ 卫周允：《痛陈民苦疏》，《皇清奏议》卷1。

④ 《清世宗实录》卷13。

经过清初统治者的不断努力，清朝前期经济不断发展，人们生活有很大改善。据《东华录》记载，顺治八年即1651年全国丁男实有6000余万人，到康熙晚间已突破1亿人，乾隆五十八年即1793年猛增至3亿人以上，道光十四年即1834年超过4亿人。康熙初年全国只有耕地530万顷，雍正二年即1724年已增至720万顷，乾隆三十一年即1766年又增至780万顷。苏州城从“六门紧闭，城中死者相枕藉”变为“郡城之户，十万烟火”。另据统计，南京丝织业全盛时，城内有缎机3万台，以缎业为生者达20万人之多。一个名叫拜罗克的外国学者称，1800年世界发达地区的人均收入为198美元，而中国为210美元；安古斯·麦迪逊估算：在1700—1820年，中国的GDP在世界所占的比重从23.3%提高到32.4%，年增长率达0.85%；而整个欧洲的GDP在世界所占的比重从23.3%提高到26.6%，年增长率为0.21%。

从上述的数字中便可以看出，清朝前期的经济得到了大发展，而且这种发展还是持续性的发展。这种经济“有效性”固然在提高清朝的国力方面起到了重要作用，从长远来说，更为重要的是，它为清朝赢得了政治合法性。

3. 儒家意识形态基础

政治合法性意识形态基础就是指政治合法性来源于人们对政治体系所推行的意识形态的认可。在政治合法性基础的构建中，意识形态基础是最不容易构建的，因为意识形态具有心理沉淀性，即前一政治系统实行的意识形态会在人们心理上留有深刻的印记。因此，如果新的政治系统采用前一政治系统的意识形态，那么这种政治合法性意识形态基础就容易构建，反之，一套新的意识形态就很难得到人们的认同。

清初统治者在选择以何种意识形态进行统治时，面临着艰难的抉择。是选择满族原有的“家法”、“祖制”、“旧章”还是选择在中原占统治地位的儒教思想，这是统治者面临着的一个严峻的问题。如果选择前者，那么占人口多数的已经“文明化”了的中原人们能否认可？答案显然是否定的。经过权衡利弊，统治者最终放弃了满族“祖制”，而是选择了儒家思想。这正如托克维尔分析的“在被征

服者是先进民族，而被征服者处于半开化状态的情形下，就像北方民族侵入罗马帝国，后蒙古族入侵中华帝国时那样，野蛮人通过军事征服所赢得的权力，能使之与被征服者的文明民族达到同等水平，并共同向前发展，直到被对方同化为止。一方拥有实力，一方拥有智力；前者需要被征服者的知识和技艺，后者羡慕被征服者的权力。于是，野蛮人将文明人请入他们的宫廷，文明人则向野蛮人开放了自己的学校”①那样，清朝最终被“文明”的思想所征服。

在入关以前，儒家文化就对清廷王贵有很大的吸引力。努尔哈赤曾不顾诸贝勒的反对而重用汉人进士洪承畴，皇太极即位学习明朝的科举制，从八旗奴仆中选秀才举行考试，他还于1636年派遣官员祭孔。入关以后，顺治封孔子第65代孙为“衍圣公”，还在盛京“祖地”建孔庙，追加孔子“至圣先师”谥号。然而，顺治的短命，致使其并没能系统吸收儒家思想。因此，严格说来，清初统治思想在康熙年间才基本形成，经过雍正、乾隆二帝的不断完善而最终确立。

康熙帝熟读经书，倡导儒学，推崇程朱理学。他说道：“二帝三王之治本于道，二帝三王之道本于心。辨析心性之理，而羽翼六经，发挥圣道者，莫详于有宋诸儒。”②在“宋诸儒”中，康熙尤为尊崇朱熹，认为他是儒学“集大成者”。他常以儒家道统的当然继承者自居，将道统与治统合一，强调用儒家的四书五经治理国家。他说：“朕惟天生圣贤，作君作师，万世道统之传，即万世治统之所系也。……《论语》、《大学》、《中庸》、《孟子》之书，如日月之光昭于天，岳渎之流峙于地。”③此外，康熙帝还非常强调封建伦理纲常。他特意把理学家论述的儒家伦理纲常的说教，具体化为人们的行为准则，颁布有名的“圣谕十六条”：“敦孝弟以重人伦，笃宗族以昭雍睦，和乡党以息争讼，重农桑以足衣食，尚节俭以惜财用，隆学校以端士习，黜异端以崇正学，讲法律以儆愚顽，明礼让

① [法]托克维尔：《论美国的民主》，商务印书馆1988年版，第330页。

② 《圣祖仁皇帝御制文集》第一卷19，《性理大全序》。

③ 《圣祖仁皇帝御制文集》第一卷19，《日讲四书解义序》。

以厚风俗，务本业以定民志，训子弟以禁非为，息诬告以全良善，诫窝逃以免株连，完钱粮以省催科，联保甲以弭盗贼，解仇忿以重身命。”①这样，“圣谕十六条”成为清朝治国安邦的基本准则。

雍正帝对理学并不感兴趣，他在乎的是儒家倡导的伦理纲常和道德规范。他非常重视对民众的教化，他说道：“导民以爱敬，则忠顺可移；驯民以敬恭，则诟谇不作。诱掖有术，不难引中人而纳于君子之途。朕治天下，恒以正人心，厚风俗为切务。”②他还特意对其父的“圣谕十六条”加以解释，颁布《圣谕广训》，并下令在全国各地宣讲。此外，他还采取各种措施，大力强化伦理道德，改变社会风气。强调礼义廉耻；推崇孝道，科举用《孝经》出题；在地方建忠义孝悌祠堂和节孝牌坊；崇尚节俭，更定服色及婚丧仪制。总之，他要求社会生活的各个方面都要恪守传统道德规范和清廷定制，以此来维护统治。

乾隆帝基于帝国“亿载基业”的考虑，也大力强调儒家的伦理纲常，试图以此来规范人们的行为，造就千千万万的大清“顺民”。其中特别引人注目的是对明清之际的历史人物做重新评价。他从崇奖忠贞、扶植纲常的根本目的出发，谕令追谥明末死难的忠臣义士。与褒扬忠义相辅相成的，是对奸邪的贬斥。乾隆帝对明末清初的降将降臣十分反感，下令把他们贬入《贰臣传》甚或《逆臣传》。这样，乾隆帝时期进一步强化了封建伦理纲常，加强了思想控制，试图造就清朝的“忠臣”和“顺民”，以此确保大清的基业。

经过清初三帝的努力，儒家思想最终成为清朝维护其统治的一套意识形态。也正是这套意识形态换来了广泛的政治认同，为清朝近三百年基业奠定了其合法性的意识形态基础。

4. 君主“魅力型”基础

政治合法性的君主“魅力型”基础也就是人们常说的君权合法性基础，这种合法性来源于君主个人的英雄气质、非凡品质。

许多学者对中国封建社会的君权合法性的来源做了探讨，如张

---

① 《清圣祖实录》卷34，第11页。

② 《清世宗实录》卷129，第17页。

星久教授认为："帝制中国的君权合法性信仰的基本结构，是一个以德为本位，以德为核心，同时以'天命'、'功德'、手段之'明受'等方面相配合的信仰模式。"①毋庸置疑，在强调"德治"的儒家思想占统治地位的古代中国，考察一个君主是否合法的首要标准就是"有德"即"内圣"。"'有德'是一个君主获得认可、取得合法性的优先条件。"②而判断君主是否"有德"的标准，是不容易把握的，它只有通过君主一系列的外在行动体现出来，这些外在行动主要包括：是否为汉人皇帝、取得帝位的手段是否正当、政绩如何等。而具体到清朝君权的合法性，要做具体的分析。由于清朝是由"蛮夷"建立的王朝，因此，其君权的合法性一开始就遭到质疑，甚至到雍正帝时期还有人（如曾静、吕留良）写文章否认这种合法性。那么，人们尤其是士人为什么会产生质疑呢？主要原因在于，他们内心根深蒂固的歧视，在他们看来"蛮夷"皇帝是不懂教化的，更不用提治理国家了。因此，清朝的皇帝要想得到认同，必须使自己变为一个懂得"教化"的儒士。另外，勤政爱民、卓越功勋也是获得合法性的重要途径。

至于取得帝位手段的合法性这一外在表现，在清初则显得特别复杂，这是因为清初并未形成一套稳定的继承制度。清初，皇位继承的途径有贵族公推制、皇帝遗命制和秘密立储制三种。顺治帝与太祖努尔哈赤、太宗皇太极获得皇位的途径一样，都是经过贵族会议推选的。康熙帝是通过皇帝遗命获得帝位，雍正帝以后改为秘密立储制。当然，皇位继承制度的不稳定，并不代表这种君权合法性来源并不重要。相反，如果帝位不是经过正当程序获得时，在位的皇帝还有可能面临严重的合法性危机。比如雍正帝，他是在康熙末年的储位之争中夺得帝位的，终其一朝，帝位合法性危机的阴云始终笼罩在他身上，他也不得不借助天人感应和祥瑞异灾学说为其帝

① 张星久：《论帝制中国的君权合法性信仰》，《武汉大学学报》（哲学社会科学版）2006 年第 4 期。

② 张星久：《论帝制中国的君权合法性信仰》，《武汉大学学报》（哲学社会科学版）2006 年第 4 期。

位的合法性辩护。

基于此，我们认为，在考察清初君权合法性时，主要应从三个方面入手，即君主通过“儒学素质”的提高获得合法性、通过“勤政爱民”的行动获得合法性、通过“大一统”的功勋获得合法性。

(1)通过儒学素质的提高获得合法性。

从政权建立初期的努尔哈赤开始，清朝的皇帝就注意对儒家文化的学习。史料记载，努尔哈赤“好看三国、水浒二传，自谓有谋略”；《清史稿》记载：皇太极“性耽典籍，谘览不倦”；清世祖福临“冲龄践祚，博览史书，无不贯通”，“笃好儒术，手不释卷”。康熙皇帝和乾隆皇帝的儒学水平达到空前未有的水平。康熙帝博学多才，精通经史，很多大儒都自叹不如。乾隆皇帝天资聪颖，六岁就能背诵《爱莲说》，即位之后，每天勤奋读书，与臣下切磋儒学，经常作诗联句。当时著名学者赵翼称赞道：“圣学高深，才思敏瞻，为古今所未有。”

这样，经过对儒学的学习，清初的皇帝不再不懂“教化”，而是变成了“文明”的皇帝、“有德”的皇帝，这就使人们尤其是当时的士人对其帝位的认同度大大提高了。

(2)通过“勤政爱民”的行动获得合法性。

儒家宣扬以民为本的治民思想，因此，判断君主“有德”的另一个标准就是是否勤政爱民。勤政爱民的君主便是“有德”的君主，君权也就凭此能得到合法性。

清初统治者吸收明亡的教训，在勤政爱民方面，可以说做到了历代君主的极致，而这其中，尤以康熙帝和雍正帝做得最好。

从康熙帝开始，皇帝每天都要御门听政，由皇帝亲自主持御前朝廷会议。康熙从14岁以来，每天御门听政，一年四季，无论寒暑，几乎无例外。雍正在位期间，自诩“以勤先天下”，不巡游，不游猎，日理政事，终年不息。仅以朱批奏章而言，雍正朝现存汉文奏折35000余件，满文奏折6600余件，他在位12年零8个月，平均每天批阅10件，有的奏折上的批语竟有1000多字。清初统治者强调要实行“仁爱”，并在实践中实践这一理念。康熙帝屡次下令停止圈占土地，执政期间免钱粮545次，他宣布：自康熙五十一年，“盛世滋生人丁，永不加赋”。雍正帝推行“摊丁入亩”，取消人头税，废除“贱籍”，编入正户。

清初统治者，通过“勤政爱民”的实际行动，一方面促进了清朝的全面繁荣；另一方面也提高了自己在民众中的认同率，君权合法性得到巩固。

(3)通过“大一统”获得合法性。

清初统治者个个都是有为的皇帝，他们为中华民族的统一、融合做出了巨大贡献。也正是这种贡献，为其赢得了“有德”皇帝的称号，巩固了其君权的合法性。

自秦汉以来，“大一统”成为中国传统政治家们潜心追求的重要政治理想，奉为“天地之常经，古今之通义”。“大一统”不仅给统治者带来了无限扩张的权力，也为其权力带来合法性。“中国文化素有王者‘大一统’观念，认为一个君主既然得人心，‘受命而王’，当然就要有事实上的证明，即能够使四海归心、天下一统。”①

通过康熙帝削平三藩，巩固统一；统一台湾，开府设县；抵御外侵，缔结条约；亲征朔漠，善治蒙古；雍正帝实行改土归流，加强了对云南、贵州、四川等地少数民族的管理，以及乾隆帝统一新疆，平定准噶尔叛乱，在西藏颁布《钦定西藏章程》、设驻藏大臣、在西藏驻军、册封达赖和班禅、设立金奔巴瓶制度等，清初“大一统”局面出现。

清初的“大一统”主要体现在两个方面：一是实现了领土的统一。清初的中华版图，东临鄂霍次克海，南及曾母暗沙，西南界喜马拉雅山，西达葱岭，西北至巴尔喀什湖，北到大漠，东北跨外兴安岭，直至库页岛，疆土面积1300万平方公里。二是实现了多民族的统一。从东北、北部、西北、西南，一直到东南的少数民族都在清朝的管理之下。

---

① 张星久：《论帝制中国的君权合法性信仰》，《武汉大学学报》(哲学社会科学版)2006年第4期。

三、简短结语

在本文中，我们运用政治学中合法性理论以及有关史实，对清朝前期多元政治合法性基础的构建与清朝的长期统治之间的关系做了一个初步的阐释。我们的一个基本结论是：清朝的长期统治与清朝前期几代统治者所精心构建的多元政治合法性是分不开的。此外，我们还认为，清朝的长期统治也表明，政治合法性的构建是一个系统工程，单纯构建一种政治合法性基础是不能带来持久的政治统治的；只有多管齐下，构建多元的政治合法性基础，才能够维护长期的政治统治。当然，我们也十分清楚，从多元政治合法性基础构建的角度来阐释清朝的长期统治只是一种视角主义，根本不可能对清朝的长期统治作出全面的解释，即不可能替代其他的视野。换言之，要完整说明清朝的长期统治，尚待多学科和多视角的综合。

（柳新元　武汉大学政治与公共管理学院教授）
（邵珠平　武汉大学政治与公共管理学院硕士生）

村民群体性活动展开的中观机制

——利益—精英—信任的分析框架

◎刘 伟

【摘 要】 从宏观上看，各类村民群体性活动发生于国家与社会之间，这种结构性因素从根本上决定了村民群体性活动的展开状况尤其是它们的结局。但各类群体性活动具体的展开机制更值得研究。可以采用利益—精英—信任的分析框架，用以解释各类活动得以展开的具体逻辑及影响活动结果的中间因素。各类村民群体性活动尤其是涉及村落公共事务的村民群体性活动，之所以难以取得成功，主要是在利益—精英—信任这一链条上出现某些环节上的问题。

【关键词】 村民群体性活动　中观机制　利益—精英—信任

在当前我国的村落中，存在着自生秩序，但不同村落自生秩序内部的状况存在较大差异；同时，自生秩序与国家权力的衔接状况也各不相同。总体上看，精英—利益—信任是影响村民群体性活动进展的几大变量，而自生秩序与国家权力之间的对接状况是活动成败的宏观制约结构。本文更主要的是分析进入村落公共事务领域的群体性活动，尤其是涉及物质利益的各种活动，这主要包括经济性为主导和政治性为主导的村民群体性活动。通过研究可以发现，物质利益在村民生活中重要性不断提升，使得对相关活动的利益基础进行深入比较显得必要，而精英和信任的因素对村民群体性活动的成败则显得非常关键。

一、问题的提出

利益是社会秩序再生产的基础①，但仅仅有利益呈现出来还不够，引发群体性活动往往还需要一个关键事件和导火索；但就作为关键事件和导火索的关键力量或产物来说，精英（关键人物）都是至关重要的力量。对村落来说，村民群体性活动或者是精英倡导并努力的结果，或者会很快产生自然精英，否则，纯粹“乌合之众”意义上的群体性活动虽然也有出现，但多不能长久，更不具备分析村落日常政治的说明性意义；但就算有了村落精英的存在，不管他们的身份和来源如何，如果村民对他们不能给予足够的信任和配合，有效的群体性活动也很难产生。在我所组织的系列调查中，关于辽宁P村自来水修建的案例②就说明了这一点，而与此形成鲜明对照的是江苏盐城某村集资修路的案例中，领头人的权威是得到全村绝大部分村民认同的。在调查中我们发现，部分群体性活动难以展开或群体性活动展开过少，最主要的原因就是没有人出面组织，也正好说明精英的主导作用。所以，综合来说，利益是基础，精英是主导，信任是关键。当然，就精英与信任两者的关系来看，具有良好信任基础的群体往往更容易产生精英，而强有力的精英也可以创造更能互相信任的群体，或者至少可以培育群体成员对精英行为的普遍信任。但从群体性活动内在的机制和层面看，我们还是可以从利益、精英和信任三个方面进行分析，并将它们视为最重要的三个因素，尤其是村民群体性活动能否顺利达成结果的重要因素。

---

① 利益本身已经是社会所决定的利益，而且只有在社会所创造的条件下并使用社会所提供的手段，才能达到；也就是说，私人利益是与这些条件与手段的再生产相联系的。

② 本文所涉及的调查案例，除标注出处的，其具体情况均可参见刘伟：《自生秩序、国家权力与村落转型——基于对村民群体性活动的比较研究》的相关内容，复旦大学图书馆2008年。

二、对村民群体性活动的利益性分析

亚里士多德说："凡是属于最多数人的公共事物常常是最少受人照顾的事物，人们关怀着自己的所有，而忽视公共的事物；对于公共的一切，他至多只留心到其中对他个人多少有些相关的事物。"①亚里士多德的总结具有普遍性，在村落的相关调查中，笔者就非常强烈地感到各地村民对糟糕的公共问题（如治安差，路况差，村干部腐败等）的无可奈何，他们一再强调自己作为老百姓能怎么办呢？致使公共性的问题没有得到村民普遍性的关注，只有在涉及每一位村民的切身利益时，他们才可能聚集起来去斗争、讨论。这就是当前村民行为的总体性特征：一般情况下，表现出与村落公共事务的疏远和淡漠，与上级政府和抽象国家的无关联；另一方面，在相关事件爆发中又非常具有冲突性甚至暴力性。

从理论和事实两个层面看，不管是严格意义上的国家政治，还是社会领域的群体性活动（社会政治），如果我们将组织化或群体性的活动作为政治生活的主要载体，都可以发现，宽泛意义上的"政治关系不过是人们用来满足自己利益要求的特定途径"。② 当然，对利益的界定也不能完全局限于呈现出来的获得物，也要关注村落中基于比较而形成的利益需要。这要求我们在分析村民群体性活动时，不能忽视利益的基础性作用。现有的研究对这一点是比较容易得到共识的，分歧主要在于对利益的界定和利益内部的主要分类，即承认不同范围以及不同类型的利益在群体性活动过程中的作用并不相同。

本文将先回顾关于利益作用的相关理论，在此基础上分析：在中国当前村落的群体性活动的产生及其结果的问题上，利益是一个基础性的变量并贯穿于村民群体性活动的始终，但不同类型的利益在引发群体性活动的紧张性方面是不同的，表现就是村民聚集的迅捷性和活动过程中的紧密性；同时，更为重要的，利益虽然可以促

---

① 亚里士多德：《政治学》，商务印书馆 1995 年版，第 48 页。

② 王浦劬：《政治学基础》，北京大学出版社 2006 年版，第 61 页。

成群体性活动，但并不必然地带来群体成员期待的安排——这还需要其他的内部条件和外部条件。

奥尔森的判断是，较之(利益)排他性集团，(利益)相容性集团就有可能实现集体的共同利益，因为利益相容的集团容易采取一致性行动。“除非一个群体中人数相当少，或者除非存在着强制或其他某种特别手段，促使个人为他们的共同利益行动，否则理性的，寻求自身利益的个人将不会为实现他们共同的或群体的利益而采取行动。”①在这里，奥尔森实际上强调了利益是集体行动的基础。但奥尔森的集体行动理论更多的是关注利益一致性基础上的活动类型，这仅仅是群体性活动中的一种；对于冲突型(包括分配性)利益所引发的群体性活动的机制，他并没有过多分析。奥尔森只是强调了排他性(非相融性)利益难以产生相关各方一致性的集体行动。②

梯利的集体行动动员模式主要包含了四个基本要素：利益、组织、动员以及时机。③ 而“利益是指在一个特定群体可能具有的与其他群体相对而言的优势与弱势。组织是指一种共同体，并且社会结构促进了这样一种认同。动员是指资源被一个试图寻求新的政治优势的群体所控制。时机是指一个特定群体作为竞争者在同社会中现存政治力量的斗争过程中动员各类资源和发起行动的机会”。④利益在梯利的分析模型中同样占据着基础性的位置。问题是，梯利的模型可能是针对比较成熟和规范意义上的集体行动建立的，中国村落中诸多的偶发、零碎、松散和非规范的群体性活动，也不能简单套用这一模型得到贴切的解释；而且，梯利对利益的类型也没有

---

① [美]曼瑟尔·奥尔森：《集体行动的逻辑》，上海三联书店1995年版，第2页。

② [美]曼瑟尔·奥尔森：《集体行动的逻辑》，上海三联书店1995年版，第32页。

③ [美]安东尼·奥罗姆：《政治社会学导论》，上海世纪出版集团2006年版，第56页。

④ [美]安东尼·奥罗姆：《政治社会学导论》，上海世纪出版集团2006年版，第57页。

进一步展开具体的分类。

当然，也有学者认为利益相关性并不直接导致集体行动，人们对共同利益的关切往往需要焦点事件(focusing events)来激活。① 但我们从已经发生的各类群体性活动展开分析，就可以发现，利益是一个必要条件。焦点事件只是一个诱因，将相关的问题呈现出来。虽然从现象上看，焦点事件是激发相关活动产生的直接原因，但焦点事件发生之前所具备的成员利益基础却是更为重要的因素。并且，需要焦点事件来激活的集体行动也只是本文所论群体性活动中的一种，往往是较大规模且具冲突性的那种活动类型。

曹锦清在《黄河边的中国》中也作出了"中国农民善分不善合"的判断，随后引发了比较热烈的争鸣。② 问题是，没有先验性和恒定的"善分不善合"，因为这种状况也是一种结果，背后有深层的利益原因和制度因素，虽然这种状况长期延续下来会形成一种近于文化意义的习惯和路径依赖。因此，仅仅从"善分不善合"的角度来解释需要合作的村民群体性活动仍然不够充分，而冲突性的村民群体性活动则在某种意义上彰显着村民在理性化基础上的合作能力。

有学者就根据引发因素和目标志向的不同，对群体行动做了一个简单的四分法，归纳起来可以看成两大类：一是共同利益取向的群体行动；二是私人利益取向的群体行动(见表1)。该学者进而认为怨恨的生产和对怨恨的解释、其他途径的不可行或想象的不可行、有成功的先例等几个因素可以解释为什么采取群体行动，而强关系的介入使得私人利益(微观)和群体行动(中观)连接起来，群体行动成为可能，结构的(关系的、网络的)视角或许是分析私人利益取向的群体行动的一个有解释力的尝试。③ 这种分析同样强调

---

① 金登:《议程、备选方案与公共政策》，中国人民大学出版社2004年版。

② 参见贺雪峰、吴理财、董磊明、罗兴佐等人的相关文章，载于《华中师范大学学报》2004年第1期。

③ 余成普:《私人利益取向的群体行动何以可能》，《开放时代》2007年第5期。

了利益的基础性作用，对利益所作的共同利益与私人利益这一分类颇具启发性，拓展了对群体性活动的解释空间。问题是，这种分类依然比较粗略，具体到共同利益和私人利益内部，还有更为具体的类别，而这其中的差别对群体性活动的影响可能不亚于共同—私人利益之别对群体性活动的影响。

表1　群体行动的一个分类

目标 引起	共同利益	私人利益
共同利益	如大多数中国城市的业主维权、村民集体上访等。	此类群体行动发生的可能性很小。
私人利益	私人利益往往只是一个导火索，行动往往超越了私人利益本身。村民集体上访也可能是存在某个有关私人利益的导火索，但后来的集体上访则是为共同利益。	大多数医疗纠纷群体行动属于此类。

资料来源：余成普：《私人利益取向的群体行动何以可能》，《开放时代》2007年第5期。

一位调查者也发现，在他的想象中，在华北平原，村民们拥挤地居住在大平原的一些小块高地上，宅基地纠纷应该比较多。但事实却与他的想象相反，在皖北，宅基地纠纷和耕地纠纷却非常多。这位调查者的解释这是传统社会对“气”的平衡机制解体的结果。①当然，他解释的是问题的重要一面，但如果从利益性质的角度看，我们还是可以发现，不管华北还是皖北，宅基地和耕地都属于分配型的利益，正是这种利益使村民们的关注度和纠纷程度上升，相应的零碎的群体性活动也非常多。而这在当前我国村落中是普遍存在的情况，尤其是涉及土地调整、鱼塘承包这样的事情，村民的聚集和冲突都比较容易发生。这就提示我们，在考察村民群体性活动的

① 陈柏峰：《“气”与村庄生活的互动》，《开放时代》2007年第6期。

利益基础时，更要进一步追问活动涉及的利益性质。

所以，“问题的关键在于这种利益是分配性利益（谁得到什么，何时和如何得到——美国政治学家拉斯维尔①将此表述为政治和政治学的基本问题），还是维持性利益（如何确保既得利益不受损害）”。② 但除了分配性利益和维持性利益，我们还可以进一步发现村落中其他的利益类型③（见表 2）。

表 2　**不同利益类型所引起的村民群体性活动**

涉及成员的利益类型	相应群体性活动的激烈程度与主导性质	相关主体
利益全部受损——受损型	激烈，冲突性的	官民之间，村民之间
现有利益维持——维持型	迟缓，冷漠性的	官民之间，村民之间
现有利益分配——分配型	激烈，冲突性的	官民之间，村民之间
利益全部提高——发展型	较热烈，非冲突性的	官民之间，村民之间

需要说明的是，对村民来说利益普遍受损，在某种意义上也意味着村民与乡村干部之间的利益分配问题，因此受损型利益与分配型利益之间的界限并不是很绝对。但不管是受损型利益还是分配型利益，它们较之于单纯的发展型利益和维持型利益来说，都具有较明显的可比性。

通过进一步研究，我们可以发现：村民的关注度和参与积极性

---

① 参见［美］拉斯韦尔：《政治学：谁得到什么？何时和如何得到》，商务印书馆 1992 年版。

② 熊易寒：《社区选举：在政治冷漠与高投票率之间》，复旦大学国际关系与公共事务学院第 18 届校庆研讨会论文集《和谐社会进程中的国家、政府、人民》。

③ 需要说明的是，此处的利益划分标准与本文第二章中的利益类型划分标准有一定的调整，因此有所不同。但不管哪一种分类标准都是为了说明利益性质对群体性活动的影响，而第二章的分类是比较总体性的分析，更多地考虑了对活动类型进行分类进而进行分析的便利。

主要体现在聚集的迅捷性和活动展开过程的热烈程度。通过调查可以发现，围绕分配型利益和受损型利益结成的群体性活动最为迅捷，活动的过程也最为热烈。当然，这并不是说只要存在分配型利益和受损型利益，村民就必然聚集起来，我们还要考虑到村民不愿冒风险的因素。① 农民对分享的理性计算的确使农民的行动很多时候难以达成。但问题是，分配型利益在某种意义上可以克服他们的“搭便车”倾向；只有那些单纯发展型利益的事务，部分村民可能选择坐等他人努力带来的成果。在这个意义上讲，利益的性质是决定村民是否采取群体性活动的更为基础性的变量。这里所说的是呈现出的村民群体性活动，其具体的利益性质的影响。而围绕单纯发展型利益结成的群体性活动相比之下则要难得多，除非发展型利益也混合了利益的分配，引发村民的公正感。可见，利益性质是解决村民关注和聚集的关键变量。

除了利益的具体性质之外，个体利益与公共利益之间的关系可能也是决定群体性活动的另一变量。张静通过对上海社区的个案研究发现，居民保护自己“个人”财产的行为为什么可以归并到“公共空间”中呢？这是因为，每一个居民的“私利”和大家共同的“公利”之间存在一种合理的联系，其关键之处便是“个人特有利益(personal interests)”和“个人共有利益(individual interests)”的不同。后者是一个能够被人人共享的存在，可以在不同的个体中扩散开

---

① 当然，有了利益基础也并不必然带来相应的群体性活动，特别是一致性的合作行为，因为还有“搭便车”问题。Daniel Little 就曾指出，分析集体行动，尤其是农民的集体行动，一个关键是分析集体行动是如何克服“搭便车”行为而最终形成的，这是理解集体行动的一把钥匙。(Daniel Little，1989，Understanding Peasant China：Case studies in the philosophy of social science，New Haven and London：Yale University Press，p. 179)另有学者认为，中国农民在进行“成本—收益”计算时遵循的首要原则往往不是利益最大化(interests-maximizing)，而是风险最小化原则(risk-minimizing)，这也进一步激发了村民的“搭便车”心理。祁冬涛：《政治参与视角下的集体上访和村民自治——对当代中国农村政治参与和制度性变迁的个案研究》，吴毅：《乡村中国评论》第二辑，山东人民出版社 2007 年版，第 212 页。

来，可以发展出大家认同的普遍性原则——公共同意的原则，即公共性而非个人性，所以具备公共利益的基础。① 张静认为，公共空间是可以被分享的自我利益关系的活动空间。公共空间能够“公共分享”表明了其非个人性（impersonality），而“自我利益”表明公共空间的基础是和公共大众的自我利益相关的，公和私不是对立的或者分离的。这种“建立在自我利益基础上的非个人关系秩序，是公共空间的社会基础”。② 张静的分析具有启发意义，因为村落中虽然表面上产生了村民的自我利益强化的倾向，但建立在这个基础上的非个人关系秩序却存在着局限，因而构成村落公共空间的缺乏，群体性活动有始无终。

如果我们将利益的主体不仅仅局限于村民，而考虑到村民群体性活动发生的宏观框架即国家（包括乡村政权，体现就是正式精英）和自生精英，而把后两者同样看作利益主体，我们又会发现新的问题。只有当这三方的利益趋于一致时，村民群体性活动才可能有比较好的结果，否则就发生冲突，使群体性活动难以顺利展开达成预期目标。举例来说，对修路和自来水来说，这三方的利益都具有一致性，政府推动此事并给予资金投入，不仅可以取得政绩，也可能以此为合法性取得上级政府的拨款，自生精英领头作成此事是一件比较荣耀的事，而普通村民对此类事情都有普遍需求。这样的事情，单就利益基础来说，放到一个大的空间来看，更具备成功的可能性。如果出现问题，就只能出在中间环节上。这在后面的分析中将被继续谈到。

又以庙会为例，一般性的文化为载体的庙会，对国家来说，既可以活跃地方文化生活，也可以借此拉动经济，因此可以同自生精英和普通参与的村民之间不存在利益冲突，相反可以互相配合，借

---

① 张静：《公共空间的社会基础——一个社区纠纷案例的分析》，中国青少年发展基金会、非营利组织研究委员会：《扩展中的公共空间》，天津人民出版社2002年版，第10～34页。

② 张静：《公共空间的社会基础——一个社区纠纷案例的分析》，中国青少年发展基金会、非营利组织研究委员会：《扩展中的公共空间》，天津人民出版社2002年版，第31页。

此渗透国家的权力。但如果此类文化活动背后存在与地方政府之间的利益冲突，地方政府就有可能找到理由压制，从而造成冲突。①而村民自治、群体性上访等活动，在国家、自生精英和普通村民之间，更可能存在利益上的冲突，因此，相关的群体性活动就在先天条件上缺少了成功的必备空间。这里的分析强调的就是群体性活动所处的利益框架对其活动过程和结果尤其是结果的影响。

综合来看，我们分析村民的群体性活动，并以此作为透视自生秩序与国家权力的路径，就利益而言，需主要考虑三个方面：其一，村民群体性活动自身得以产生的利益性质，性质决定村民的关注度、参与度和活动过程的紧张感；其二，要考察村落中村民个体利益与村落共同利益之间的关联方式，有强烈关联的利益基础，群体性活动更容易产生并成功；其三，村民作为整体所关注的利益所处的外部利益框架，即国家（尤其是基层政权）和自生精英的利益是否具备总体上的一致性，如果具有一致性，则更具备成功的可能，如果依然不能成功，则存在其他的原因。

三、对村民群体性活动的精英分析

于建嵘对农民维权精英的研究②、应星对大河移民上访的研究③都表明，农民在与政府的讨价还价或对抗过程中，会产生自己的代表或领袖。已有学者在对中国村庄权力结构的研究中提出了

---

① 湖南某村寺庙的结局就说明了这一点。需要进一步解释的是，该庙自建成之后，香火旺盛，所以收了很多钱却没有上交当地乡镇政府，同时，该庙还承包了不少水田和山林，有不少收入。但镇政府准备在此庙坐落地建立养老院，而将现在养老院的所在地段以高价卖给开发商。虽然有市宗教局的批文，但因为前述种种的利益冲突，镇政府还是以此庙中有几位成员参加过非法宗教的名义，推动县里在没有出示逮捕证的情况下将该庙的核心人物抓捕，并要求砸碎寺里的观音像。

② 于建嵘：《农民有组织抗争及其政治风险——湖南省 H 县调查》，《战略与管理》2003 年第 3 期。

③ 参见应星：《大河移民上访的故事》，三联书店 2001 年版。

"村庄精英"的概念①，并且对村庄精英作了进一步的细分，包括体制精英、非体制精英以及普通无政治的村民。② 刘春荣在对上海市2003年居委会选举的个案研究中引入了"关键群众"(critical mass)的概念。"关键群众"的概念是由社会学家 Oliver 等人提出来的，用以指涉这样一群人："他们在其他人不愿意加入的情况下也有兴致进行动员，并且付出必要的社会成本。关键群众形成了一个互相勾连的小集团(interlocking clique)，而其他的参与者则依附于这个高密度的积极分子网络。"③同样证明了精英在社区(选举)活动中的重要性。

总体上看，村民群体性活动中的精英问题，首先体现在村民对精英的依赖上，而这一点与村民利益主体性上升悖论性共存。正因为村民对自我的强化，导致不能与普通村民之间很好地协商、妥协地解决问题，因而需要相对超越于普通村民的精英来带头，承担风险和责任。相关的统计结果也表明，村落中精英的缺乏是群体性活动展开过少的最主要原因④；大量的调查案例都表明，真正成型的群体性活动都有各类精英的身影闪烁其中，并且大部分活动都是直接由相关精英来主导的，就活动的成败来说，精英的因素至关重要。

其次，村落精英功能发挥的状况取决于一个重要因素，即自然精英与正式精英之间能否实现一体化和非零和博弈式的积极互动。在某种意义上，这一点决定着村落精英能否承担衔接国家与村落的功能。在广西D村庙会的相关活动中，自然精英实现了与正式精英的合作与互动，从而将村落与国家巧妙地衔接了起来；而湖南某

---

① 贺雪峰：《村庄精英与社区记忆：理解村庄性质的二维框架》，《社会科学辑刊》2002年第4期。

② 仝志辉、贺雪峰：《村庄权力结构的三层分析——兼论选举后村级权力的合法性》，《中国社会科学》2002年第1期。

③ 刘春荣：《另类的邻里动员：关键群众和社区选举的实践》，赵汀阳：《论证》(2)，广西师范大学出版社2006年版。

④ 参见刘伟：《自生秩序、国家权力与村落转型——基于对村民群体性活动的比较研究》，复旦大学图书馆2008年。

寺的庙宇冲突事件中，自然精英与正式精英之间是一种冲突性的关系模式，显然不能衔接村落与国家。山东G村的案例同样也可以从这个角度得到说明，正因为现有的正式精英不能与处在民间状态的自然精英实现有效整合，村落因此在分裂中走向消极治理，而相应的村民自治制度反而加速了这样的分裂和冲突。安徽E村的案例也基本相似，各村民小组的自然精英不能相对均衡地进入村委会实现一体化，从而使村委会的决策充满寡头统治意味而离村落治理的公共性诉求相距甚远。

四、对村民群体性活动的信任分析

当然，上述精英的作用不仅取决于其能否实现一体化，从社会基础来看，它最终的作用发挥还有一个关键因素，那就是普通村民对他们的信赖。在某些类型的村民群体性活动中，因为文化网络本身的相对超越性，村民容易对相关精英产生附带的信任；而在涉及实际利益的群体性活动中，如经济性主导和政治性主导的相关活动中，村民对精英的信任则多了更多的理性色彩，如果精英不能给村民带来看得见的好处或者精英自身有较强的贪污嫌疑，村民对他们的信任就会降低直至对他们采取敌视或淡漠态度。在诸多成功的群体性活动中，村民对自然精英的信任和托付比较明显；而本应成功的公共工程如自来水案例，则因为村民对领导小组的不信任而带来集体行动的困境。村民之间因个人理性化的上升，便增加了“搭便车”和冲突的可能性，只有取得普通村民信任的精英出面，才能排除搭便车或化解冲突。这一点与村民对精英的依赖也是紧密相关的。

就信任来说，信任、规范及网络作为社会资本的主要内容①，直接关系到群体性活动的协调状况，因而也在一个侧面决定其结果。具体到村民群体性活动上，信任问题需要分三个方面来看：

① 帕特南将“社会资本”界定为：“社会组织的那些可促进协调行动而提高社会效能的特征，比如信任、规范及网络等”。[美]罗伯特·D. 帕特南：《使民主运作起来》，江西人民出版社2001年版，第202页。

首先是村民的信任结构。主要是村民对抽象国家、基层政权不同的信任状况。从相关的统计数据看，村民对抽象国家还是比较肯定的，因此也倾向于信任。因为他们认为国家近年来出台了不少对农民有利的政策，而且越高层次的政府人员素质越高，因而也可能越公正。但对基层政权他们则表现出比较矛盾的心态，一方面，觉得乡镇政权是离自己比较遥远的，而自己主要还是得与村级政权打交道解决自己的问题；另一方面，对于乡镇政权与村级政权的"官官相护"以及腐败、不公正表示了不满。在这样的格局下，村民"最终还是得靠自己"的认识会得到强化，而对基层政权的无可奈何则使他们在一般情况下选择不行动，只有到了关键时刻他们才会以比较激烈的方式表现出来。

其次是村民能否信任自然产生的各类精英。基于特定事件而自发涌现和产生的自然精英如果不能取得普通村民稳定而持续的信任，群体性活动则更可能走向失败。前文关于精英的相关分析与此密切相关，是一个问题的两面。村民一方面对精英有潜在的需求；另一方面又时时表现出警惕和小心，充满着怀疑，致使本可以通力合作完成的事情不能成功。

最后一点，是村民之间的信任度。对普通村民的信任则因为社会关联度的弱化而降低，他们选择依赖的对象还是自己的亲戚。而对于村民日益个体化和原子化，群体性活动尤其是合作日渐减少这样的现象，不少村民将其从时段上归因于国家的制度安排——家庭联产承包责任制。个体经营，自顾自，减少了村民日常性的交流与合作，在一定意义上增加了社会资本维持和生长的难度。而个体利益的上升将可能会增加合作的难度，也可能因此带来冲突的增加。

早在20世纪第一个十年期间，古德诺作为外国观察家就发现，在当时的中国"除了家庭、行会，社会合作组织的例子就比较少了……中国人的许多习惯，会让人得出这样的结论：中国人事实上互相都对对方没有信心"。① 而另一位当时的观察者露存则发现："中国的国民性分散则个个优秀，聚在一起则比较低劣……中国人

① ［美］古德诺：《解析中国》，国际文化出版公司1998年版，第28页。

缺乏组织能力，欠缺团结的公德，这是不能讳言粉饰的。”①这样的情况似乎在今天中国的部分农村也依然存在。

与信任紧密关联的一个问题就是认同。一方面，“农民所要求的社会公正是影响他们政治认同的主要因素”②，村民对基层政权干部的不够信任，甚至对普遍意义上的精英的不够信任，说明了他们对社会公正的诉求没有得到满足，这一点从根本上影响到他们的政治认同。

在认同的基础上，也有学者提出了“农民行动单位”的概念。农民行动单位是指，农民在日常生产生活中，在家庭范围之外，维持公共秩序和完成公共事务的合作单位。在家庭范围之外，是否存在这样的合作单位、合作单位的大小以及合作单位内部联系纽带的强弱，在当前的中国农村呈现出巨大的差异。“这种差异极大地影响甚至决定了中国乡村治理的区域差异。”③农民行动单位这一概念解释了当下中国农村诸多具有差异性的现象和农民行动逻辑。村民的信任危机必然带来他们认同上的危机，从而使他们在行动单位上较难找到超越于个体和亲缘的单位，除非个别基于分配性利益的冲突性事件。这在某种意义上将带来村落治理的难度。

米格代尔通过研究发现，第三世界处于转型中的农民，“他们在力所能及的范围内利用现代社会的某些方面，比如学习竞争的规则，使自己的经济行为适应眼前现实。然而，对他们来说，外界仍是充满敌意的场所。他们意识到自己的软弱并易受伤害，所以尽可能地保留能够给他们带来保护的旧制度。尽管来自地主和农村社区的保护已经不复存在，农民还是利用小范围的亲缘关系和邻里关系作为一种手段保护个人免遭外界的剥削，并且作为在新的社会等级

---

① ［美］古德诺：《解析中国》，国际文化出版公司1998年版，第214页。

② 彭正德：《世界范围内农民政治认同的类型与我国农民政治认同的基础》，《政治学研究》2006年第3期。

③ 贺雪峰：《农民行动逻辑与乡村治理的区域差异》，《开放时代》2007年第1期。

体系中改善自身地位的凭借”。① 这反映的正是农民从传统的纽带中脱离出来又不能与现代规则相衔接，因而只能选择回归零星的传统。这种尴尬与当前我国农民的认同和选择倾向也颇为相似。

而就村落自生秩序的总体特征看，依然在相当大的程度上延续着传统亚文化的部分特征。有学者将农村亚文化的中心内容概括为十个方面：“(1)人际关系中的相互不信任；(2)认为财富是有限的；(3)对政府的权威又依赖又敌视；(4)家庭主义；(5)缺乏革新精神；(6)宿命论；(7)有限的志向；(8)不能延迟满足；(9)地方局限的世界观；(10)移情能力低。”②仅从精英和信任两方面来说，我们不得不承认，当前我国村落的自生秩序依然处在亚文化的主导之下，在这种文化下的村民群体性活动很难突破其固有的局限性：部分村民群体性活动只能解决聚集问题，却无法解决产出问题，放到村落政治的空间下看，这就是“难以产出的政治”。

五、总结与讨论

前文只是一个比较初步的分析框架，利益部分论述得相对周详，精英和信任方面论述得相对简单一些。篇幅所限，未能充分地结合具体的案例，在这样一个分析框架下展开对村民群体性活动的具体阐述。因此，需要对本文立论的考虑和后续研究作一些交代。

政治学关注的现实起点是不同层面的共同体，从社会共同体到民族国家这样“想象的共同体”。虽然不同的共同体之间存在区别，因而有所谓“社会政治”和“国家政治”的区分。但是，我们毕竟得承认“社会政治”和“国家政治”之间具有内在的贯通性和一致性。正是因为这样，笔者选择研究村落空间中利益表达和秩序形成的机制是什么，以此来透视其他政治生活空间的内在机制。因为“政治的逻辑”是一样的。这样笔者就选择不同类型的村民群体性活动为

① ［美］米格代尔：《农民、政治与革命：第三世界政治与社会变革的压力》，中央编译出版社 1996 年版，第 12 页。

② ［美］埃弗里特·M. 罗吉斯、拉伯尔·J. 伯德格：《乡村社会变迁》，浙江人民出版社 1988 年版，第 324 页。

观察对象，将这些活动视为村落政治的体现，也就是村落政治的载体。要透视村落政治的问题，就要探讨各种村民群体性活动展开的机制及决定其成败的要素。

在宏观结构上，还是要承认，国家与社会之间的分析框架具有难以替代的效用，而国家与村落之间的衔接状况成为村民群体性活动成败的结构性因素。但这种结构性因素并不能解释村民群体性活动的所有面向。对村民群体性活动本身，还需要一个更为具体的可操作的分析框架。这一分析框架必须满足如下两个条件：其一，它包含了影响村民群体性活动展开的核心变量；其二，它大致呈现了这些核心变量之间的逻辑关系。这样，本文提出的分析框架就是利益—精英—信任。这一分析框架应该具有对村落空间不同类型群体性活动的普遍适用性。这一方面是基于对相关研究的综合性提炼；另一方面也是基于笔者对诸多案例的综合性提炼。当然这并不是说，其他的因素不会影响村民群体性活动的产生、演进和结果。本文只是强调，利益—精英—信任这一框架或许抓住了最主要也最普遍的要素。

接下来需要进一步的解释。在这一分析框架中，利益是基础，精英是主导，而信任是活动成败的一大关键。这是从总体上说的。

具体地说，就利益而言，需考虑三个方面的问题：其一，村民群体性活动自身得以产生的利益性质，利益性质决定村民的关注度、参与度和活动过程的紧张感；其二，要考察村落中村民个体利益与村落共同利益之间的关联方式，有强烈关联的利益基础，群体性活动更容易产生并成功；其三，村民作为整体所关注的利益所处的外部利益框架，即国家（尤其是基层政权）和自生精英的利益是否具备总体上的一致性，如果具有一致性，则更具备成功的可能，如果依然不能成功，则存在其他的原因。第三个方面，实际上可以归入前面所提到的国家与村落的衔接状况中去。

就精英而言，首先，对群体性活动的组织和推进来说，精英尤为关键，这要放到村落空间去看。其次，自然精英与正式精英之间能否实现一体化和非零和博弈式的积极互动，这一点决定了精英功能的最终发挥，从而直接影响到村民群体性活动的结果。

就信任而言，既包括村民之间的信任，也包括村民对精英的信任。村民之间的不信任在村落中是很普遍的，因而更需要以对精英的信任来克服集体行动的困境。影响村民群体性活动的进展尤其是其结果的，一是村民的信任结构，二是村民能否信任自然产生的各类精英，三是村民之间的信任度。

因此，我们就可以把这一分析框架具体化，也就是总结出几种群体性活动的类型。这里主要看利益—精英—信任的传递和搭配状况。

从大的类别上，各类村民群体性活动主要可以区分为如下几种：

第一类，无利益相关，有精英有信任的群体性活动，这类活动有，但不多。

第二类，有利益相关，但无精英也无信任，这往往是集体无行动，或者是乌合之众意义上的短期聚合，一般没有效果。

第三类，有利益相关，有精英也有信任，这种状况下，村民群体性活动往往可以有效展开并取得一定的效果。

第四类，有利益相关，有精英但无信任，包括村民之间极度不信任和村民极度不信任精英，这一类的群体性活动可以展开并推进，但推进到一定的时候就会止步不前，同样也多没有效果。

从我个人所作的村落调查和所组织的村落调查①，还有我看到的经验材料，村民群体性活动基本上没有超出以上的四大类。

进一步的分析就涉及利益性质，精英结构和身份来源，信任结构等。结合具体的案例，我们可以在精英—利益—信任的分析框架下把分析搞得更细致。比如，分配型利益比发展型利益更容易引发群体性活动，但其内在的冲突性和紧张感客观上更需要精英的权威，如果没有相应的精英，反而比发展型利益引发的群体性活动更

① 参见刘伟：《难以产出的村落政治——对村民群体性活动的中观透视》，中国社会科学出版社 2009 年版。

难成功。这样的分析思路可以深化我们对村落政治的认识，也可以拓展集体行动的相关理论。

（刘伟　武汉大学政治与公共管理学院副教授）

国际政治与外交关系

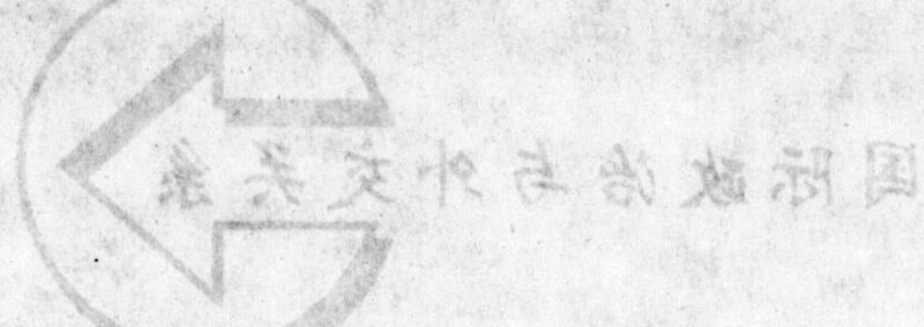

欧洲政治一体化与美欧关系

◎罗志刚

【摘　要】 欧洲政治一体化的动力之一在于，使欧盟成为能与美国抗衡的多极世界的一极，构建平等的美欧关系。在重塑美欧关系的意义上，政治一体化是欧盟不可缺少的一个重要战略工具。美国出于全球战略的考虑，以各种方式对欧洲政治一体化进行“软”阻止。欧洲政治一体化进程会长期受到美国和北约的制约。但是，欧洲政治一体化仍可能持续发展，进而会对美欧关系乃至国际关系体系和世界面貌产生重大的影响。

【关键词】 欧洲政治一体化　美国　欧盟　美欧关系

冷战时期，出于对抗“苏联威胁”的战略需要，美国和西欧国家建立了名曰跨大西洋关系的联盟关系。苏联和华沙条约组织解体后，虽然冷战已不再成为美欧关系发展的直接动力，但美欧联盟关系并未因冷战结束而偃旗息鼓，而是在北约的旗帜下继续存在。在新的国际条件下，美欧关系受到一系列因素的影响，除了欧洲及对欧洲至关重要的一些地区的安全形势、经济竞争、美国全球战略之外，欧洲政治一体化也是一个对美欧关系发展有着重要影响的因素。而且，这一因素今后将可能在更大程度上影响美欧利益和关系的变化。

一

在当代国际政治中，区域主义一直发挥着并将继续持续发挥重要作用。但无论对于什么国家，区域主义从来不是一种目的，而只是一种谋求利益的手段。从消极意义上说，“区域化被认为是解除全球化危险和过度的一剂良药”。① 20 世纪 50 年代开始的欧洲一体化对当时所有参与国来说，同样是一种竞争手段，而不是一种目的。它意味着法、德、意等国极欲通过地区一体化，实现经济复兴，提高西欧在世界经济政治舞台上的地位。应当说，欧洲经济一体化帮助它们达到了经济上的目的。尚在 70 年代初，欧共体就已取得巨大成就，西欧也因此成为资本主义世界中和美、日并肩的三大经济中心之一。如今，欧洲一体化进程已领先于世界其他地区，扩大后的欧盟经济规模也与美国旗鼓相当。但是，经济一体化还未带来欧洲目标的完全实现，在传统地缘政治上，欧洲还不是一个真正的全球角色。

长期以来，“一个联合的欧洲能否在全球世界中成为抗衡美国的现实力量，这是欧洲地缘政治家们关心的中心问题”。② 因此，欧盟成员国远不满足于现状，特别是从美欧竞争的角度考虑，更加确认欧洲政治一体化是一个必然的战略选择。具体而言，促使欧盟利用政治一体化来加强与美竞争的是下述两个主要因素：

其一是历史因素。西欧曾在 17—18 世纪占据世界中心地位长达 250 年之久。甚至可以说，在近代约 500 年间里，国际社会的发展在很大程度上受到欧洲主要国家的影响，殖民扩张改变了世界的面貌，也体现出欧洲对世界其他国家的优势。而欧洲以外地区的冲突，往往反映了欧洲主要国家之间的争夺和矛盾，也往往成为维持它们之间势力均衡的手段。进入 20 世纪后，由于两次世界大战的影响，西欧终于丧失了在世界上的中心地位，但这一地区的国家对

---

① 哈佛燕京学社主编，[美]雅克·布道编著，万俊人、姜玲译：《建构世界共同体》，江苏人民出版社 2006 年版，第 138 页。

② И. А. Василенко, Геополитика, Москва,《Логос》, 2003, с. 157.

往日的这种地位一直无比眷恋。即使在冷战时期，它们处在服从美国领导的地位，也不甘心永远扮演美国的“小伙伴”的角色。事实上，从跨大西洋联盟建立之日起，它们便有了争取有朝一日与美国平起平坐的长远打算。在苏联解体和冷战结束的强烈刺激下，欧盟大大增强了提高本身国际地位，和美国一样成为未来多极世界的一极的决心。它主要关心的是成为一支能抗衡美国的力量，即成为美国的一个必然的竞争者。①《马斯特里赫特条约》和欧盟的诞生，就是这种决心的体现。正如美国学者罗伯特·卡根所言：“欧盟的初衷之一本是使欧洲崛起成为全球超级大国，从而与美国抗衡。”②抗衡美国成为欧洲一体化的动力之一是有其历史根源的。19 世纪末 20 世纪初的欧洲一体化思潮中就带有反美色彩，当时崛起中的美国相对于衰落中的欧洲的优势日益明显。③

其二是现实因素。首先是美国已成为冷战后世界上的唯一超级大国，这一事实极大地刺激了欧盟推进政治一体化的决心。欧盟特别担心在现有的情况下，自己要在美欧关系中长期扮演次要角色。其次是美欧在国际战略上存在着重大分歧，这种分歧使欧盟更要通过政治一体化，来实现本身的国际战略，成为世界上的一个独立的强大政治经济力量。冷战时期，美欧在战略上，特别是在对苏总战略上，确有高度的一致。④ 但在国际领域，如在美苏军备竞赛和美国干涉第三世界等问题上，美欧产生了一些策略性分歧，有时这种分歧还很严重。冷战后，美欧各自都不得不在很多方面重新确定自己的利益和在世界事务中的战略方针。由此一来，它们的分歧已扩大到战略层面，尤其是如何定义和应对战略威胁、如何治理世界、如何对待国际机制和国际法等广泛问题上，双方的观点都相去甚

---

① Clive Crook, Europe, Foreign Policy, Jul. /Aug. 2007, p. 27.

② [美]罗伯特·卡根著，肖蓉、魏红霞译：《天堂与实力》，新华出版社 2004 年版，第 99 页。

③ [法]菲利普·罗杰：《美利坚敌人——法国反美主义的来龙去脉》，新华出版社 2004 年版，第 293 页。

④ 详见赫尔穆特·施米特著，陈炳辉译：《西方战略》，世界知识出版社 1988 年版，第 4～10 页。

远，存在着重大的战略分歧。美国极力表现出要建立一个以自己为中心的国际秩序，并倾向于单边主义，要依靠军事手段来解决重大国际问题，甚至不惜破坏国际法。与此不同的是，欧盟在外交上主张以多边主义来解决重大国际问题，支持建立国际法秩序，并寻求国际机制如联合国来遏制美国的单边主义和“霸权野心”，促使美国“多边化”。欧盟反对在对外政策中奉行实力优先原则。现在，无论是欧洲，还是美国，都越来越认识到，统一的西方认同是不存在的，有的只是欧洲认同和美国认同。① 或者说，美国人和欧洲人的“共同看法不多，相互理解越来越少”。可以认为，“大西洋两岸的分歧是深刻的，渊源已久，而且还将可能是持久的”。② 现代美欧关系中的这种矛盾特点有多方面的原因，主要是双方在实力基础、对武力在解决国际问题中的效力的认识、历史经验等方面存在着重大差异。这些都使得美欧即使希望形成“一个共同的跨大西洋战略”，却很难付之实现。③

美欧的重大差异导致美国要极力维护自己的全球霸主地位，同时也使得欧盟感到更有必要约束美国的“霸权野心”，以便促进平等的美欧关系到来。对欧盟来说，要真正成为一支能与美国抗衡的、有可能在很大程度上约束美国的强大力量，仅靠将自己的现有经济实力转化为强大的外交力量是不够的，还必须加紧推进政治一体化，增强欧盟内部的政治团结和力量。在欧盟领导人眼里，把欧盟变成一个名副其实的政治联盟，即准备承担维护欧洲及其境外安全部分责任的政治联盟，是建立一个有着广泛的政治、经济和安全基础的平等的大西洋关系的前提。同时他们也意识到，近几十年来，随着美欧经济水平的接近，双方关系确实朝着平等的方向有了

---

① В. Июземцев, Е. Кузнецова, Европейцы согласны уважать интересы Америки, но не жертвовать собственными ценностями, Международная Жизнь, 2003, №4, c. 58.

② [美]罗伯特·卡根著，肖蓉、魏红霞译：《天堂与实力》，新华出版社2004年版，第2页。

③ [保加利亚]伊万·克拉斯特夫：《后冷战欧洲秩序的危机》，《国际政治研究》2009年第1期，第20页。

一些进步。但无论欧盟与美国靠得多近，实际上美国是不可能与欧盟建立任何真正平等的关系的。因此，欧盟既不能仅仅通过半个世纪的经济一体化成就，也不能仅仅通过和美国确定的包括平等原则在内的相互关系原则，来达到美欧关系平等的目的，而必须坚持政治一体化方向，使欧盟成员国在重大的外交、安全问题上形成统一的政治认同和立场。否则，要与美国平起平坐是无法想象的。换言之，一个真正拥有政治实力和实现统一的欧盟的产生，不仅有赖于欧洲内部扩大的规模、欧洲军事和政治认同的发展，也有赖于政治一体化的深度。① 现在，欧盟许多政治家一致认为，推进政治一体化，是提高欧盟国际地位、加强同美国竞争、制约美国的“全球统治倾向”和超强政治优势的必经之途。有的作者指出：欧盟“走向更大的欧洲防务合作”，表明“欧洲想要限制对美国利益的屈从，从而加强了反映联盟特征的竞争—结合这种两面性”。②

由此可见，提高欧盟地位，使之成为能与美国抗衡的多极世界的一极，构建平等的美欧关系的目标，成为欧洲政治一体化的巨大动力之一，因而欧洲政治一体化也就成为欧盟实现其世界抱负的一个主要战略手段。欧盟不希望成为单极世界中的美国的次等盟国，而要结束美国在大西洋中的单方面优势③，也正是欧洲政治一体化的实质之所在。

二

第二次世界大战后的美国外交行为所遵循的一个基本原则，是保持和扩大美国在世界上的霸主地位，而且，跨大西洋联盟是美国最重要的全球关系。这些决定了美国对欧洲一体化的高度关注，也决定了欧洲一体化进程与美国始终有不解之缘。早在欧洲一体化酝

---

① Zbigniew Brzezinski, Living with a New Europe, The National Interest, Summer, 2000, p. 17.

② 约瑟夫·A. 凯米莱里、吉米·福尔克著，李冬燕译：《主权的终结？——日趋“缩小”和“碎片化”的世界政治》，浙江人民出版社 2001 年版，第 195 页。

③ 参见 Под ред. Л. И. Глухарева, Европа перемен: концепции и стратегии интеграционных процессов, Москва,《Крафт+》, 2006. с. 80-81.

酿和启动之时，美国就表明了对欧洲一体化的支持态度。20 世纪 50 年代初，美国对于在西欧联合发展史上具有重大意义的“舒曼计划”的提出和欧洲煤钢共同体的建立曾产生重要影响。其支持的主要目的，与其说是为了欧洲的稳定和繁荣，不如说出于冷战和扩大霸权的需要。美国希望西欧国家联合起来能大大加强抗衡苏联的力量，使美国霸权扩大到全球。

尽管美国在口头上一直强调自己是支持欧洲一体化的，但从 20 世纪 70 年代起，直到后冷战时代，它对欧洲政治一体化的态度一直是冷淡的。关键在于，美国支持欧洲一体化，是以自己在跨大西洋关系中的领导地位不受到削弱为前提的。面对欧洲政治一体化进程，美国十分担心的是，欧洲国家将依靠团结起来的强大政治经济力量与美国分庭抗礼，而不能很好地充当美国全球霸权的借用力量，甚至会成为美国霸权的严重障碍。例如，冷战后的美国霸权战略的手段和目标之一，是极力阻止俄罗斯重新崛起。因此，美国特别需要欧洲帮助制止俄罗斯的独立性，并需防止欧洲与俄罗斯结盟即欧洲大陆同盟建立的危险。这一点就使得美国非常担心欧盟国家因走政治一体化道路而脱离自己的领导。

美国也确实意识到，欧洲政治一体化的主要动力之一，正在于挑战美国的全球领导地位。并且它根据历史经验认为，一国霸权丧失的外在原因往往是其他大国力量的崛起，而欧洲政治一体化则明显有利于欧洲重新崛起。此外，在美国的霸权战略中，北约是一个不可缺少的重要工具。因此，美国在冷战后极力以“转型”的办法维持它的存在，并使之扩大，而不愿看到北约因欧洲政治一体化的发展和欧洲独立性的加强而陷入解体。也就是说，从维护对美国霸权有重要意义的北约工具的存在出发，美国也不愿看到欧洲政治一体化的发展。这种情况也使得美国决意使北约作为主导机制而继续存在于欧洲安全体系之中，以便制约欧盟共同安全与防务政策的发展。

上述因素都使美国对欧洲政治一体化深感不安。为了避免欧盟成为一个强有力的竞争对手，美国决心以“软”办法将欧洲政治一体化进程置于自己的控制之下。首先，美国利用北约和在欧洲的军事存在对欧洲进行战略控制。它对欧盟建立共同武装力量，发展共同防务的态度充其量是模棱两可的，正如西方学者所指出的：美国人对建立欧洲统一军队表示担心，但又主张欧洲人在军事上进行更紧密的合作。① 美国的这种主张是以不削弱大西洋关系为条件的。它认为欧盟共同防务只能是北约的补充，而不是竞争，强调欧盟的军事一体化建设应在北约的框架之内。事实上，尽管作为欧洲政治一体化的主要标志和部分之一的欧盟共同防务和北约不是一种对手关系，而是一种安全领域内的互补关系，但共同防务建设仍然体现出欧盟和北约之间的安全竞争关系。其次，美国利用“双东扩”来牵制欧洲政治一体化进程。它通过北约东扩，将一些中东欧国家纳入北约及其行动范围，以扩大美国对它们的影响力和增强其中一些国家的“亲美”倾向，而相对削弱欧盟国家内部的凝聚力。美国支持欧盟东扩，促使欧盟吸纳包括亲美的中东欧国家，也意在使欧盟的政治和军事决策面临更大的困难。按照德国前总理施米特在其2005年出版的《未来的强国》一书中的说法：“欧洲目前无法将其利益拧成一股绳并以一个强有力的声音说话，欧盟东扩使其本来就不稳固的结构更加松散。”进入新世纪后，美国更是加紧利用欧盟内部的矛盾和分歧，如法、德、英、意等国在对伊拉克动武问题上的分歧，来达到阻止欧洲国家在政治上形成“一个声音”的目的。看来，破坏欧盟内部的团结，使其成员国无法一致地对抗美国，是美国阻止欧洲政治一体化进程的一项战略性举措。针对上述情况，施米特在谈到美国会不遗余力地阻止欧盟过于强大起来时指出：“华盛顿的帝国主义势力将对欧洲推行‘分而治之’政策。”②说到底，欧洲人虽然不希望看到美国在欧洲大陆的存在，但又离不开美国的安全保护，这就为美国对欧洲施加影响提供了广泛的机会。

美国的某些做法，也从反面促使欧洲国家团结起来，要走政治

---

① Измерение: Изменения в системе международных отношений: роль Европы (реферативный сборник), Москва, 1995, с. 136-137.

② 施米特:《未来的强国》一书摘要，《参考资料》2005年5月30日，第23、29页。

一体化道路。在建立欧盟的《马斯特里赫特条约》通过以来的10年中，欧盟没有解决任何一个实质性的政治问题，却产生了首先与欧盟东扩联在一起的许多新问题，而美国利用北约发动科索沃战争，实际上做到了欧共体/欧盟领导人多年想做而未能做到的事情，即使欧盟共同安全与防务政策真正启动起来。美国反对伊拉克战争，加深了大西洋两岸的严重分歧，标志着美国的霸权地位开始走向衰退，同时推进了欧洲政治一体化进程。

最后，还需指出的是，不管欧洲如何看待美国，也不管美欧关系如何发展，有一点是可以肯定的：欧洲政治一体化进程离不开美国。这首先是因为欧洲政治一体化如同欧洲经济一体化一样，需要以内部稳定为前提，而美国能够充当欧洲内部的一个稳定器。因此，欧盟长期需要美国来确保其内部稳定。① 况且，正如德国学者所认为的那样：欧盟共同外交与安全政策，作为一个比较松散的制度性框架，在安全事务上依赖于北约。② 这也加大了实际上主导北约的美国对欧洲政治一体化的影响力。因此，欧洲政治一体化进程不能不受到美国和北约的制约。

三

冷战后，美欧的凝聚力明显削弱，但双方的经济、安全相互依赖性并未消失，且在全球化进程中显现出来。这就决定了在可预见的时期里，美欧关系不可能发生根本的变化，大西洋联盟仍将继续存在。不过，苏联解体和冷战结束在给美欧关系带来冲击的同时，也给双方提出了重新调整相互关系的问题。而欧洲政治一体化将可能为这种关系的调整和变化提供新的动力，创造新的条件。

应该承认，由于美国对欧洲政治一体化的立场总体上是消极的，美欧关系现状存在着制约欧洲政治一体化的作用的一面。但

---

① 参见戴维·卡莱欧：《跨大西洋的愚蠢行为：北约与欧盟相互对立》，《参考资料》2004年1月14日，第11~13页。

② ［德］贝亚特·科勒-科赫、托马斯·康策尔曼、米歇勒·克诺特：《欧洲一体化与欧盟治理》，中国社会科学出版社2004年版，第314~315页。

是，由于美国并没有完全否认欧洲政治一体化的意义而加以坚决反对，特别是由于欧盟极力要实现世界一极的目标，其成员国之间有着共同地缘政治和地缘安全利益，欧洲政治一体化进程实际上并未中止或倒退，而是在较缓慢地发展着，2009 年 12 月《里斯本条约》的正式生效就是很好的说明。这一事实也表明，扩大后的欧盟仍有巨大的活力，而且成员国将可能克服各种困难，坚持政治一体化方向，极力改变欧洲在世界上的地位，也可能迎来政治一体化的良好前景。果真如此，世界力量对比有朝一日就会发生有利于欧盟的新的重大变化。有的地缘政治学者指出："如果欧洲人成功地利用一切一体化的机会，最终就会在地缘政治地图上出现一个强大的政治联合的欧洲，这将意味着世界地缘政治布局上出现根本的变化。"①不言而喻，欧洲政治一体化的成功发展也将对美欧关系产生重大影响。依笔者之见，这种影响将可能表现在以下几个方面：

第一，推动美欧关系加快朝着平等伙伴关系的方向转型。

实力对比是国家地位的决定性因素。欧盟通过政治一体化的成功发展，将显著地加强其政治实力，加上其可与美国经济规模媲美的巨大经济实力，势必像美国一样地成为多极世界中的一极，从而获得与美国平起平坐和有力竞争的实力基础。这样，作为国际关系体系中的一个统一的经济角色和程度越来越高的政治角色，欧盟将成为美国的一个平等伙伴，而且有可能成为全球化世界主导权上的一个有力竞争者。② 在德国前外长菲舍尔看来，跨大西洋伙伴关系的巩固将取决于欧盟的强大。③ 很明显，政治一体化对"欧盟的强大"，进而对美欧平等伙伴关系的形成具有决定性的意义。

第二，促使北约在成员国平等基础上进一步改革，使该组织的军事机制适应现代欧洲及其境外的地缘政治和军事战略形势。

---

① И. А. Василенко, Геополитика, Москва, 《Логос》, 2003, с. 165.

② И. Кравченко, Европейская политика соседства, Международная Жизнь, 2006, №12, с. 68.

③ 曹卫东编：《欧洲为何需要一部宪法》，中国人民大学出版社 2004 年版，第 22 页。

欧洲政治一体化无论怎样发展，短期里都不可能导致欧洲对美国安全支持的依赖性的彻底消失。也就是说，北约组织还将存在一个较长时期。因为尽管欧盟和美国、北约有不少矛盾，而且北约也不是巩固欧洲安全的万能手，但欧盟不可能较快地完全依靠自己的力量来解决安全和防务领域内的问题。欧盟军事能力的发展将是一个漫长过程，它的这种能力的积聚还远未达到与美国分道扬镳的地步。因此，维护大西洋联盟仍将是欧盟许多国家的一个基本外交方针，北约不会很快解体，并将继续作为欧洲安全的一个支柱而存在。但是，欧洲共同防务的发展将突出在平等基础上进一步改革的重要性。唯其如此，北约才能处理好和欧盟共同防务的关系，建立起能够适应欧洲及其境外安全形势的有效军事机制。而且，这种改革会明显提高欧盟在欧洲安全机制的地位，使欧盟在欧洲安全事务中承担的责任有所增强。到那时，北约也将可能成为一个“平衡的美欧联盟”。即是说，北约的改革情况将关系到美欧关系的未来走向。

第三，欧盟将有强大能力维护联合国机制，美欧国际战略分歧将更加表面化。

冷战后，美欧在国际秩序上的战略分歧是深刻而持久的。欧洲政治一体化将加强欧盟成员国的政治团结，使它们能以“一个声音”更有效地抗衡美国、推行其建立国际新秩序和维护联合国机制的战略，从而使美欧在国际战略上的分歧更加表面化。联邦德国前总理施米特在 1985 年的一份报告中就说过：“欧洲人的紧密合作倒是完全可能实现的。这种合作将使欧洲人有能力拒绝那些对欧洲人有害心的美国观念。”①在那种情况下，对美欧双方来说，大西洋联盟的价值都可能降低，跨大西洋合作则更具选择性，特别是美国在外交上将更难得到传统欧洲盟友的支持。不过，也不排除这种可能性：在保持北约的情况下，今后美国与欧盟仍会达成一些更广泛的

① 赫尔穆特·施米特著，陈炳辉译：《西方战略》，世界知识出版社 1988 年版，第 20 页。

政治协议。①

第四，虽然美国还可能继续利用中东欧国家的亲美倾向来阻止欧洲政治一体化进程，但更难达到目的。

中东欧国家的亲美倾向源于对美国的安全依赖，而且它们以美国和北约，而不是以欧盟为主要安全依靠对象，这一点也是因欧盟缺乏统一强大的军事力量所致。但随着欧洲政治一体化的推进和欧洲共同防务的发展，欧盟将可能在欧洲承担越来越多的安全责任，同时欧盟所有成员国也可能在安全领域取得越来越多的共识。这些都会减少美国利用中东欧国家阻止欧洲政治一体化的机会。

第五，欧盟成员国形成统一的对美政策的可能性将会增强。

长期以来，欧盟在政治上强调要用“一个声音”说话，但实际上它远未形成统一的对美政策。尤其是法、德、英等欧盟大国虽然都认为需要与美合作，却在对美政策上不乏分歧。欧洲政治一体化的发展，意味着共同外交得到加强，将可能使欧盟成员国从共同利益出发，在对美关系上具有更多共识。由此一来，它们在继续保持对美欧合作重要性的认识的基础上形成统一的对美政策。

今后，欧洲政治一体化道路上的困难无疑是很多的。如果这些困难得不到有效地克服，上述一切影响就不可能成为现实，而欧盟共同外交与安全政策就只会成为北约的依附品，欧盟也定将在美欧关系中继续扮演次要角色，处于依赖美国的地位。布热津斯基自信地认为，欧洲尽管具有一切经济实力，实行了经济上和金融上的高度一体化，但事实上仍是美国的军事保护对象。他断言，欧洲不会成为美国的有力竞争者，欧洲一体化“不会产生为保持统一而需要的政治意志”。② 但是，历史也许将证明这种预言过于武断。

---

① Ю. Захаров, Трансатлантические отношения: в повестке дня-“новое партнерство”, Миравая Экономика и Международные Отношения, 1999, №2, с. 58.

② Zbigniew Brzezinski, Living with a New Europe, The National Interest, Summer, 2000, p. 21.

四

自《马斯特里赫特条约》确立欧盟扩大和深化两大目标以来，欧洲开始迈入实质性的政治一体化阶段。欧洲政治一体化的早期性和这一进程的复杂性、长期性，决定了欧盟目前在世界上还不具备强大的政治影响力，也决定了它在美欧关系中的不平等地位将长期存在。美国从其全球战略需要考虑，还会以各种办法阻止欧洲政治一体化进程，为的是有可能保持对欧洲的战略控制，进而保证它在冷战后的世界上长期扮演领导者的角色。但是，欧盟为争取成为多极世界的一极，加强对美国的抗衡，实现其国际战略，不会改变继续推进政治一体化的决心。如果政治一体化水平不断得到提高，欧盟将会成为世界上一个具有巨大影响力的全新政治角色，加上它现在又是世界上的一个最大的经济实体，美欧关系势必发生实质性变化。而且，这种变化将有力地改造国际关系体系和世界的面貌。

总之，欧盟的一切政治抱负和发展前景在很大程度上取决于政治一体化。而在重塑美欧关系的意义上，政治一体化是欧盟不可缺少的一个重要的战略工具和动力。对美国及其欧洲盟国来说，一个根本问题是，要使它们的关系长期健康发展，就必须使这种关系能够适应冷战后的欧洲和世界的新形势、新条件，符合双方的利益。而在安全关系这一美欧关系的关键领域，美欧必须采取现实主义的态度，寻求妥协和解决观念及利益上的分歧、冲突，而不容许双边关系发展到破裂的地步。这无疑是美欧联盟在新的历史条件下得以继续存在的必要条件。

（罗志刚　武汉大学政治与公共管理学院教授）

战略转变还是策略调整？

——美国《2010 年国家安全战略》比较解读①

◎阮建平

【摘　要】 与“9·11”后的两部国家安全战略相比，美国《2010 年国家安全战略》不仅在言辞上调整了一些具有争议的提法，而且在对环境的评估和应对方式上更加务实。面对一系列广泛而复杂的挑战，新战略将振兴国内经济和恢复榜样作用作为优先目标。与此同时，综合运用各种手段推进国际多边合作，分摊负担。这些调整既是对小布什政府反恐战略反思的结果，更是向维护美国全球主导地位的目标回归。因此，新战略在很大程度上更多是策略调整，而非战略转变。就对华政策而言，新战略主张继续推进与中国的合作，但其在经贸、意识形态、军事和地缘政治等领域的一些政策将对未来双边关系产生不利影响。

【关键词】 美国　国家安全战略　对华政策

2010 年 5 月 27 日，奥巴马政府发表了自“9·11”事件以来美国的第三份《国家安全战略》。与 2002 年和 2006 年的《国家安全战略》相比，《2010 年国家安全战略》在内容上进行了较大调整。作为对当前环境的评估和未来一段时期美国内外政策的指导，这些调整引起了国际社会的广泛关注。

---

① 本文系教育部人文社会科学研究 2007 年青年基金项目的部分成果，项目批准号：07JCGJW003。

一、美国《2010 年国家安全战略》的变与不变

虽然这三份国家安全战略都意识到美国面临着一系列广泛而复杂的挑战，也认为存在一个空前的历史机遇去塑造一个由美国主导的国际新秩序，但与前两份安全战略相比，《2010 年国家安全战略》在言辞表述和对威胁的评估、战略实施方式等具体内容上进行了较大调整。

(一)言辞表述上的主要调整

第一，《2010 年国家安全战略》放弃了小布什政府时期流行的、但极具争议的“伊斯兰激进主义”和“全球反恐战争”等说法，而代之以“暴力极端主义”(violent extremism)和“反恐怖主义网络的斗争”。其用意不言而喻，即要将以拉登和基地组织为代表的恐怖组织与伊斯兰教区别开来。虽然在《2002 年国家安全战略》中，美国就注意将反恐与文明冲突区别开来，但在语言表述上没有将恐怖主义与伊斯兰教彻底剥离，认为“反恐战争不是一场文明之间的冲突，然而它确实反映了文明内部的冲突，是一场关于穆斯林世界未来的战斗”。①《2006 年国家安全战略》也一样，虽然认为“反恐是一场思想之战，不是宗教之战”，但仍然认为“与伊斯兰军事激进主义的斗争”是 21 世纪早期重大的意识形态冲突。②《2010 年国家安全战略》则强调，“这不是一场针对恐怖主义战术或针对伊斯兰教的全球战争。我们处于与一个特定网络的战争之中，即基地组织和那些支持其攻击美国及其盟友和伙伴的恐怖主义分支机构”，“我们反对那种认为基地组织代表某种宗教权威的观点。他们不是宗教领袖，而是杀人犯”。③

第二，《2010 年国家安全战略》减少了使用颇具道德二元对立色彩的“流氓国家”(Rogue States)和“暴政”(Tyranny)等概念，代之以“敌对政府”(adversarial government)，从而为通过接触和对话改

---

① White House, *2002 National Security Strategy*, September 17, 2002, p. 31.

② White House, *2006 National Security Strategy*, March 16, 2006, p. 9, 36.

③ White House, *2010 National Security Strategy*, May 27, 2010, p. 20, 22.

变其行为方式创造条件。这是符合利益政治现实的调整。而在《2002 年国家安全战略》中，小布什政府将二者等量齐观，宣称"新的致命威胁来自于流氓国家与恐怖主义"。①《2006 年国家安全战略》将"终结暴政推进民主"作为美国国家安全战略的两大支柱之一。这样的表述加剧了美国与相关国家关系的紧张，阻碍了反扩散和一些地区问题的解决。

第三，《2010 年国家安全报告》虽然没有放弃根据自卫原则采取单独行动的权利，但不像小布什政府时期的两个安全报告那样，频繁地使用"先发制人"(Preemptive action)和"单边行动"等概念，而是指出虽然武力的使用有时是必要的，但只要有可能，美国将在战争之前用尽其他各种方法；当必须使用武力时，美国将寻求广泛的国际支持，并"将遵守管理武力使用的标准"。② 而在《2002 年国家安全战略》中，美国宣布："虽然美国将继续争取国际社会的支持，但如有必要，我们将毫不犹豫地采取单独行动，通过对这些恐怖主义分子实施先发制人的打击来行使我们的自卫权利"，"即使敌人袭击的时间和地点仍不清楚，为了预先阻止或制止敌人的这类敌对行动，如有必要，美国将采取先发制人的行动"，"当我们的利益和独一无二的责任需要时，我们将准备单独行动"。③《2006 年国家安全战略》继承了这一立场，并针对外部质疑进行了辩护。

(二)内容的主要调整

第一，对威胁的评估。虽然三部安全战略都意识到恐怖主义威胁的严重性，特别是恐怖主义与大规模杀伤性武器的结合，但 2002 年和 2006 年的两部安全战略都将打击恐怖主义作为最优先的战略目标，而 2010 年国家安全战略则将重点转向反扩散。《2002 年国家安全战略》认为，"针对全球恐怖主义分子的战争是一项没有明确期限的全球事业"，"我们的优先目标首先是打乱和破坏全

① White House, *2006 National Security Strategy*, March 16, 2006, p. 6, 15.

② White House, *2010 National Security Strategy*, May 27, 2010, p. 22

③ White House, *2002 National Security Strategy*, September 17, 2002, p. 6, 15, 31.

球范围的恐怖组织，并攻击其领导、指挥、控制和通信、物质支持和金融”。①《2006年国家安全战略》开篇就强调该战略是一个由恐怖主义严重威胁所导致的“战时国家安全战略”。②《2010年国家安全战略》在坚持反恐的同时指出，“恐怖主义只是全球时代更可能发生的众多威胁中的一个，对美国人民和全球安全而言，最大的危险仍然来自于大规模杀伤性武器(WMD)，特别是核武器”。③ 这种转变的一个重要原因就是在大多数恐怖主义骨干分子已被抓获或消灭的情况下，阻止恐怖主分子的破坏能力比消灭恐怖分子本身更重要。因此，反扩散，特别是反核扩散成为美国当前国家安全战略的最优先目标。“无核世界”的提出体现了奥巴马政府的这一考虑。对于伊朗和朝鲜核问题，新战略强调不是要特别针对某个国家，而是涉及所有国家的责任和不扩散体系的成功。④

除了上述威胁以及经济波动、环境污染、气候变化、疾病传播和跨国犯罪等挑战外，《2010年国家安全战略》还提到“网络安全威胁”，并将其视为美国“国家安全、公共安全和经济所面临的最严重的挑战之一”。⑤ 这在《2009年国家情报战略》中就已提出，并将增强网络安全作为美国情报机构的重要使命。⑥

第二，关于价值输出。对美国而言，扩展其价值观与追求实际利益都是其对外战略中不可或缺的重要组成部分，但扩展价值方式在不同的内外环境下也存在很大差异。《2002年国家安全战略》主张，“美国的强大力量必须被用来推进有利于自由的权力平衡”，“美国的国家安全战略必须从这些核心信仰开始，向外寻求扩展自由的可能性”。⑦《2006年国家安全战略》强调，“人类对自由的渴

---

① White House, *2002 National Security Strategy*, September 17, 2002, p. 1, 5.

② White House, *2006 National Security Strategy*, March 16, 2006, p. 1.

③ White House, *2010 National Security Strategy*, May 27, 2010, p. 8.

④ White House, *2010 National Security Strategy*, May 27, 2010, p. 23.

⑤ White House, *2010 National Security Strategy*, May 27, 2010, p. 27.

⑥ Office of the Director of National Intelligence, *2009 National Intelligence Strategy*, September 15, 2009, p. 5.

⑦ White House, *2002 National Security Strategy*, September 17, 2002, p. 1, 3.

望是普适的，但自由的增长不是必然的。没有来自自由国家的支持，自由的扩散可能受到我们所面临的各种挑战的阻碍”。① 因此，将推进“自由、公正和人的尊严”作为安全战略的首要支柱。这一时期，美国采取各种方式对外推进民主价值，对那些非民主政府，特别是对所谓“暴政”国家施加强大压力。“大中东民主计划”和“转型外交”等都是这一方式的具体体现。

相对而言，《2010 年国家安全战略》在价值输出方式上进行了较大的调整，更注重美国榜样的作用和现代信息技术。该战略在坚持美国价值的普适性的同时强调，“对美国而言，推进这些价值的最有效方式就是在国内按照这些价值生活”，“我们的道德领导地位主要来自于我们榜样的力量，而不是通过将我们的体系强加给其他人民而获得的。然而，在过去几年中，我们在追求安全时所采取的一些方式使我们对所推崇的这些价值的忠诚和在代表这些价值的主导地位上大打折扣”，“与我们所采取的任何行动相比，美国榜样的力量更有助于在海外扩展自由和民主”。为此，美国必须严格遵守自己所倡导的价值和原则，拒绝从事与之相违背的酷刑和侵犯公民自由等行为。② 与此同时，新战略非常重视现代信息技术的作用，“支持(有助于自由获得信息的)技术的扩散和使用，以促进表达自由、扩大信息的获得、促进政府透明和负责，反对对这些技术使用的限制。美国也将更好地利用这些技术有效地将自己的信息传递到世界”。③

第三，实施方式。《2002 年国家安全战略》和《2006 年国家安全战略》将打击恐怖主义和推进自由民主作为不可分割的优先目标，并将后者作为应对各种挑战的根本办法。这两份报告尽管都提出要加强与国际社会的合作，但基于对美国力量、影响和道义地位的充分自信，在实施方式上具有强烈的进攻性和单边性。与之相对，《2010 年国家安全战略》第一次而且花很多笔墨谈到了美国所

① White House, *2006 National Security Strategy*, March 16, 2006, p. 2.

② White House, *2010 National Security Strategy*, May 27, 2010, p. 2, 10, 36.

③ White House, *2010 National Security Strategy*, May 27, 2010, p. 39.

面临的赤字和债务等来自内部的挑战①，在肯定美国所具有的比较优势的同时一再强调，美国的力量和在海外的影响取决于在国内所采取的行动。面对复杂的挑战，“美国必须追求一种国家振兴和全球领导的战略”，“将通过在国内增强我们力量的基础来这样做，同时塑造一个能够应对我们时代挑战的国际秩序。这个战略意识到我们国家安全、国家竞争力、恢复能力和道德榜样之间的基本关联”。② 为此，美国必须从国内入手，重建其力量的源泉，首先且最重要的是振兴美国经济，增加对教育、能源、科学技术和医疗保健的投入，减少财政赤字和贸易赤字，并严格按照自己所倡导的价值生活；与此同时，通过对亲密盟友和朋友、其他影响中心甚至敌对政府以及各种组织机构和个人的广泛接触，加强国际多边合作，塑造一个由美国主导能够应对各种挑战的国际秩序。③ 概而言之，就是综合运用美国国内力量、国土安全、国防、外交和开发等手段，进行“国内建设”和“国外塑造”。

二、新安全战略调整的背景

《2010 年国家安全战略》的上述变化反映了“9·11”以来美国社会各界对小布什政府反恐战略反思的结果，体现了在国际体系变迁的趋势下对维护美国全球主导地位这个战略重心的回归。

(一)对反恐战略的反思

“9·11”袭击不仅给美国造成了巨大的物质损失，而且还对美国社会造成了空前的心理冲击，使美国作为冷战结束后全球唯一超级大国的心理优势深受打击。这种空前的冲击和巨大的心理反差，促使美国迅速动员起国内外各种资源，全力以赴，进行反恐战争。

不可否认，小布什政府的反恐战争沉重地打击了威胁美国的恐

---

① The Brookings Institution, “Previewing the Obama Administration’s National Security Strategy—A Conversation with Secretary of State Hillary Clinton”, May 27, 2010, p. 16.

② White House, *2010 National Security Strategy*, May 27, 2010, p. 1.

③ White House, *2010 National Security Strategy*, May 27, 2010, p. 9-13.

怖主义组织及其支持网络，阻止了它们对美国的更大破坏。但随着反恐战争的进行，越来越多的美国人意识到小布什政府在反恐中的一些言辞和做法阻碍了反恐战争的顺利进行，并导致了一系列问题。

第一，在言辞上没有从一开始就将恐怖主义与伊斯兰教进行彻底切割，给恐怖主义宣传以可乘之机。尽管小布什政府一再宣称，反恐不是一场“文明之间的冲突”，但其任内的两个安全战略多少还是将二者联系起来。这种做法不仅引起了穆斯林国家的不满，而且也容易引起国内穆斯林的不满。特别是由于美国以及整个西方社会里有着众多的穆斯林以及他们对美国在中东地区动机的传统怀疑，在这个问题上不要说有意暗示，就是无意模糊，都可能引起一些穆斯林对美国的不满和对恐怖组织宣传的共鸣，从而使美国以及其他西方国家陷入腹背受敌的困境。伦敦地铁爆炸案、西班牙列车爆炸案、美国胡德堡军事基地枪击案，以及最近纽约时代广场未遂的汽车爆炸案等无不显示了这一点。这些来自内部的威胁不仅防不胜防，而且对人们的安全感和社会团结的破坏更大。这也是奥巴马总统反恐高级顾问约翰·布雷兰(John Brennan)所警告的基地组织的“新策略”。①

因此，《2010 年国家安全战略》强调，“以一种导致美国与特定地区或特定宗教之间出现裂缝的方式做出过分反应，将削弱美国的领导地位，并使我们更不安全”。② 实际上，在《2008 年美国国防战略》中，美国就已开始将反恐的对象描述为“暴力极端主义”。③《2009 年国家情报战略》延续了这一表述，并同《2008 年国防战略》一样将“反暴力极端主义”作为其首要的目标。④

第二，“单边主义”和“先发制人”的滥用导致美国逐渐陷入孤

---

① Bruce Riedel, “National Security Strategy and Counter Terrorism”, 2010-05-27. http://www.brookings.edu/opinions/2010/0527_halls_clinton.aspx#jones.

② White House, *2010 National Security Strategy*, May 27, 2010, p. 22.

③ Defense Department, *2008 National Defense Strategy*, June, 2008, p. 1.

④ Office of the Director of National Intelligence, *2009 National Intelligence Strategy*, September 15, 2009, p. 5.

立。一般而言，任何国家都有权采取一切必要行动保卫自己的安全，包括对迫在眉睫的现实威胁实施先发制人的单边军事打击。小布什政府的主要问题不在于反恐立场，而在于在反恐过程中将国际上认可的军事上的“先发制人”原则扩展为政治上的“先发制人”行动，将军事打击作为首要选择而不是作为最后的手段，违反了相关的国际法准则和处理类似问题的国际惯例，使其一些重大军事行动失去合法性和道德制高点。不仅如此，小布什还要求其他国家要么站在美国一边，要么就是美国的敌人。其结果必然逐渐透支国际社会的同情和支持，使美国不断陷入孤立。

鉴于恐怖主义网络的跨国性，仅凭一国之力是难以成功应对的，必须借助国际合作。这就要求美国遵守相关的国际法准则，尊重相关国家的意见。奥巴马团队早在竞选期间就认识到小布什政府反恐政策的这些局限，强调要恢复多边合作。2009 年 7 月 15 日，希拉里国务卿在参议院对外关系委员会就奥巴马政府对外政策作证时表示：“我们也开始采取更加灵活和务实的态度对待伙伴。我们不会认同每一个议题。我们对自身原则的坚持不应阻碍我们在能够合作的地方进行合作。我们不会要求我们的伙伴接受或放弃，也不会坚持认为，他们要么和我们在一起，要么就是我们的敌人。”①《2010 年国家安全战略》强调：“虽然武力的使用有时是必要的，但我们将在此前用尽所有其他方法……当必须使用武力时，我们将继续以一种反映我们价值观和增强我们合法性的方式进行。而且，我们将寻求广泛的国际支持……美国必须保留必要时采取单独行动保护我们国家和利益的权利，然而也必须寻求遵守管理武力使用的标准。”②

第三，狭隘的保守主义立场损害了对现实利益的务实追求。小布什政府的反恐战略具有其浓厚的保守主义色彩。他们将世界简单地看作是一个“善恶对决”的社会，而美国作为自由公正的领袖必须将恐怖主义和暴政等“邪恶力量”坚决消灭，并按照美国的价值

---

① Hillary Rodham Clinton, Foreign Policy Address at the Council on Foreign Relations, 2009-07-15. http://www.state.gov/secretary/rm/2009a/july/126071.html.

② White House, *2010 National Security Strategy*, May 27, 2010, p. 22.

观塑造一个新的世界。这是小布什政府将“反恐”和“扩展”民主作为国家安全战略支柱的思想根源，也是其“单边主义”和“先发制人”政策的内在动因，体现了保守主义强烈的道德优越感和毫不妥协的斗争立场。奥巴马总统上任后明确表示，不能用非白即黑、非友即敌的观点看待这个复杂的世界，他强调历史上的很多悲剧往往都是在自以为站在正确一边时发生的，因此，美国应该采取更加务实的态度看待这个世界，并根据其现实来制定安全战略。

小布什政府在《2002 年国家安全战略》中声称：“美国将不会对恐怖分子的要求作任何让步，不与他们做任何交易，不区别恐怖主义分子和那些容留或帮助他们的人。”①但到奥巴马时期，美国承认“现在，我们知道并不是所有与塔利班一起战斗的人都支持基地组织或相信塔利班在位时所追求的极端主义政策”。② 针对小布什政府反恐战略中存在的问题，《2010 年国家安全战略》要求，对恐怖主义无需反应过度，也不能牺牲美国的价值标准。

就价值输出而言，美国学者尼尔·弗格森(Niall Ferguson)指出，在过去十年“美国出现了一个奇怪的竞争——看谁更傲慢？新保守者认为，世界其他地方应该立即拥抱美国的政治方式，或准备被美国炸进民主时代”。③ 但随着虐囚、秘密监狱和捏造情报等一系列丑闻的曝光，美国的道德形象和行动的合法性被大大削弱了。《2010 年国家安全战略》在坚持美国价值的同时认为，“不同的文化和传统以不同方式给予这些价值以生命”④，美国应该通过自己身体力行来推广这些价值，而不是通过强加的办法扩展它们。导致这种转变的一个重要原因就是美国的道义形象由于小布什政府的一些政策受到严重损害，必须通过重建“美国榜样”来恢复；另一个重要原因就是奥巴马政府意识到在当前维护稳定比扩展民主更迫切，

---

① White House, *2002 National Security Strategy*, September 17, 2002, p. 5.

② Hillary Rodham Clinton, Foreign Policy Address at the Council on Foreign Relations, 2009-07-15. http://www.state.gov/secretary/rm/2009a/july/126071.html.

③ Niall Ferguson, “Rough Week, But America's Era Goes On”, *Washington Post*, September 21, 2008, p. B01.

④ White House, *2010 National Security Strategy*, May 27, 2010, p. 36.

“在那些政府不能满足其公民的基本需求，也不能履行责任提供安全的地方，后果常常是全球性的，而且可能直接威胁美国人民”，认为“建立安全、经济增长和善治所必需的能力是实现长期和平与安全的唯一道路”。① 不像此前的国家安全战略那样将民主看作是应对恐怖主义、失败国家、地区冲突等挑战和推进繁荣的万灵之药。② 事实上，一个成熟有效的民主体系需要众多条件的累积并长期推进才可能实现，而国内或地区不稳定则可能马上带来挑战。③

（二）对维护美国全球主导地位的回归

2001 年的“9 · 11”事件打乱了冷战后美国战略目标的优先次序和行动安排，反恐成为其压倒一切的首要目标。经过近 9 年的反恐战争，恐怖主义组织及其支持网络受到了沉重的打击，但美国也付出了巨大的物质成本和道义成本。与此同时，一些美国人感到，将“反恐”作为首要目标使美国在一定程度上忽视了对其全球主导地位的更广泛挑战，而后者是美国的更高目标。虽然在可预见的未来一段时间里，美国的实力仍无可匹敌，但随着其他国家和非国家行为主体的兴起以及非传统安全威胁的不断涌现，美国的全球主导地位受到越来越多的挑战，其主导下的国际治理体系的合法性和有效性也不断受到质疑。④ 2008 年金融危机的爆发，加剧了美国的这种

① White House, *2010 National Security Strategy*, May 27, 2010, p. 26.

② White House, *2006 National Security Strategy*, March 16, 2006, p. 3.

③ 2009 年 2 月，笔者曾与美国前助理国防部长劳伦斯 · 科伯(Lawrence Korb)就此问题进行过探讨，他认为就美国当前的国际环境而言，维护稳定比推广民主更迫切。

④ 关于美国霸权的一些最新的代表性分析主要有[美]约瑟夫 · 奈著，郑志国等译：《美国霸权的困惑——为什么美国不能独断专行》，世界知识出版社 2002 年版；G. John Ikenberry, “The Rise of China and the Future of the West”, *Foreign Affairs*, Jan/Feb 2008, Vol. 87, Issuel; Fareed Zakariya, “The Future of American Power”, *Foreign Affairs*, May/Jun, Vol. 87, Issuel 3, 2008; Richard N. Haass, “The Age of Nonpolarity”, *Foreign Affairs*, May/Jun, Vol. 87, Issuel 3, 2008; Josef Joffe, “The Default Power”, *Foreign Affairs*, Sep/Oct, Vol. 88, Issuel 5, 2009. 参见阮建平：《后霸权语境下的美国对华认知讨论》，《国际论坛》2010 年第 2 期，第 41 ~ 42 页。

担忧。有鉴于此，美国必须超越当前的反恐战争，全面评估其所面临的环境，重新确定一个轻重缓急的目标体系以及相应的行动安排。

面对不断变化的国际形势和复杂的内外挑战，奥巴马总统在《2010 年国家安全战略》中明确指出，美国必须追求一种“国家复兴和全球领导的战略”。该战略承认，尽管美国继续保持其军事优势，但其竞争力在最近几年倒退了。因此，美国首要的是恢复力量和影响的基础，特别是要振兴美国经济和恢复美国榜样的作用；与此同时，通过广泛的接触构建一个能够应对 21 世纪挑战的国际秩序。在此，美国必须意识到“任何一个国家，无论其多么强大，都不能单独应对全球挑战”。① 2010 年 5 月 22 日，奥巴马总统在西点军校的演讲中就已强调：“新世纪的重担不能由我们的士兵单独承担，也不可能由美国人单独承担。我们的对手希望看到美国因过度用力而筋疲力尽。”②这一观点直接体现在几天后发表的《2010 年国家安全战略》前言之中。

实际上，奥巴马政府就是要在致力于国内振兴增强美国领导基础的同时，力图避免历史上许多大国因过度扩张而衰落的历史覆辙，为此必须加强国际合作，分摊责任，这是应对霸权危机的传统方式。就应对全球性挑战而言，更需要其他国家合作。尽管这些挑战对所有国家都构成了威胁，但如果作为全球唯一超级大国的美国没有做出国际社会所期待的更大贡献来，不仅将损害其实际利益，而且也将动摇其地位的合法性。

有鉴于此，希拉里国务卿早在 2009 年 7 月 15 日的听证会上就指出，问题不是美国能否领导或是否应该领导，而是如何领导。在当今世界，没有任何一个国家能够单独应对全球挑战。由于历史、地理、意识形态和习惯等原因，又难以形成有效的国际合作。这就

---

① White House, *2010 National Security Strategy*, May 27, 2010, p. 1.

② White House, “Remarks by the President at United States Military Academy at West Point Commencement”. 2010-5-22. http://www.whitehouse.gov/the-press-office/remarks-president-united-states-military-academy-west-point-commencement.

需要一种新的鼓励各国合作并承担其责任的国际秩序。美国应发挥领导作用，将愿意为共同关注的问题承担责任的各种行为体联合起来，除相关国家外，还包括非政府组织，甚至个人；孤立那些放弃自己责任或滥用自己权利的国家，从而将一个“多极世界”（Multi-Polar World）转变成一个“多伙伴世界”（Multi-Partner World）。①《2010年国家安全战略》重申，美国将在这样一个所有国家都有确定权利和责任的国际体系中追求自身利益。② 对此，有学者指出，其“核心概念就是迫使其他国家承担起各自的责任，并在多边安排之内一起工作而不是反对多边安排”。③

建立这样一个“多伙伴世界”需要美国明智地综合运用其各种手段和力量，即所谓的“巧实力”（Smart Power）。《2010年国家安全战略》公布当天，希拉里国务卿在布鲁金斯学会就此发表演讲时强调：“我们不是不强大，而是需要以不同的方式运用我们的权力。我们正从大多是权力的直接运用和实施转向间接权力和影响的更复杂也是更困难的混合运用。”④

总体来看，《2010年国家安全战略》在言辞和具体内容上进行了较大调整，但维护美国全球主导地位的根本目标并没有改变。正如希拉里国务卿所说：“这个战略就是增强和运用美国领导去推进我们的国家利益和解决共同问题。”⑤其手段和方式的调整，既与环境的变化有关，更与美国的实力兴衰有关。在很大程度上可以说，

---

① Hillary Rodham Clinton, Foreign Policy Address at the Council on Foreign Relations, 2009-07-15. http://www.state.gov/secretary/rm/2009a/july/126071.htm.

② White House, *2010 National Security Strategy*, May 27, 2010, p.2.

③ Bruce Jones, "Confronting the New Global Reality". 2010-05-27. http://www.brookings.edu/opinions/2010/0527_halls_clinton.aspx#jones.

④ The Brookings Institution, "Previewing the Obama Administration's National Security Strategy—A Conversation with Secretary of State Hillary Clinton", May 27, 2010, p.7.

⑤ The Brookings Institution, "Previewing the Obama Administration's National Security Strategy—A Conversation with Secretary of State Hillary Clinton", May 27, 2010, p.4.

《2010 年国家安全战略》更多是策略性调整，而非战略性转变。

三、新安全战略对中美关系的影响

鉴于美中两国在结构和认知上的分歧，合作、防范与塑造并存一直是美国应对中国发展的基本做法，只是在不同环境和需要下，其侧重点和方式有所调整。与前两部安全战略相比，《2010 年国家安全战略》在对华政策的总体框架上更加积极和务实，但在经贸、意识形态、军事和地缘政治等领域的矛盾依然存在。

奥巴马总统上台后多次表示，美中关系是 21 世纪最重要的全球关系之一。国务卿希拉里和财政部长盖特纳在首次中美“战略与经济对话”前联合撰文认为：“很少有哪个全球问题能够由中国或美国单独解决，也很少有哪个全球问题能够在没有美中合作的情况下解决。”①特别是考虑到中国是帮助美国应对此次空前的金融危机并尽快实现复苏的最大伙伴，进一步加强与中国的合作乃时势所趋。《2010 年国家安全战略》表示：“美国将继续追求一种积极的、建设性的和全面的对话关系。美国欢迎一个承担起负责任领导角色的中国与美国和国际社会一道推进经济复苏、应对气候变化和反扩散等优先问题……尽管我们不会在每一个问题上取得一致意见，我们必须在人权关切和其他存在分歧的领域保持坦诚。但这些分歧不应该阻止在一些相互利益问题上的合作，因为一个务实有效的美中关系对应对 21 世纪主要挑战是至关重要的。”②

上述表述将有助于中美关系的稳定和进一步发展。但与此同时，《2010 年国家安全战略》在一些问题上的政策将对未来两国关系产生消极影响。

第一，在经贸关系上，美国将加大对中国的压力。《2010 年国家安全战略》将实现经济振兴作为整个战略的中心。为此，除了对内加强教育、科技创新和医疗保健的投入，增加国民储蓄外，对外

---

① *Hillary Clinton* and *Timothy Geithner*, “ A New U. S. Dialogue with China”, Wall Street Journal, 2009-07-27, p. A15.

② White House, *2010 National Security Strategy*, May 27, 2010, p. 43.

要求实现全球经济平衡与可持续的增长(Balanced and Sustainable Growth)。“在国内和全球经济中，平衡与可持续的增长推动了美国经济的增长势头，增强了我们的繁荣。一个稳步增长的全球经济意味着对我们商品和服务的不断扩大的出口市场。”①为了加快经济复苏，增加就业，奥巴马政府希望到2014年实现出口翻一番。②

在此，美国特别要求包括中国在内的新兴市场和发展中国家扩大内需、开放市场。对于2008年爆发至今尚未结束的金融危机，一些美国人将其归结为中国“国内消费不足，储蓄和出口过多”所导致的结构性失衡。因此早在2009年，希拉里国务卿和盖特纳财政部长就强调必须采取进一步行动为未来的平衡和持续增长奠定基础。对美国而言，就是要重建自己的储蓄，增强金融体系，投资能源、教育和健康；对中国而言，“将包括继续进行金融体系改革和发展，还包括刺激国内需求增长和减少中国经济对出口的依赖”。③与此相伴随的还将包括对中国在知识产权保护上的压力。可以预见，在未来一段时间两国经贸摩擦将加剧。

第二，在意识形态方面，对华压力将更趋多样化。《2010年国家安全战略》不像前两部安全战略那样以一种居高临下的姿态“教导”中国，而是采取一种事实描述的方式表明两国之间在这一问题上存在的分歧，并明确地将其置于一个现实利益的权衡之下，希望通过对话加以解决。但在其他部分，奥巴马总统明确表示：“我们反对那种观点，即持续的安全与繁荣能在远离普世权利的基础上建立起来。”④显然，两国在意识形态领域的矛盾将继续存在。由于美国将现代信息技术作为扩展民主的重要手段，这可能加剧未来两国在信息网络领域的斗争。

第三，在军事和地缘政治方面，对中国的防范将趋紧。《2010

① White House, *2010 National Security Strategy*, May 27, 2010, p. 32.

② White House, *2010 National Security Strategy*, May 27, 2010, p. 32.

③ *Hillary Clinton* and *Timothy Geithner*, “A New U. S. Dialogue with China”, Wall Street Journal, 2009-07-27, p. A15.

④ White House, *2010 National Security Strategy*, May 27, 2010, p. Ⅱ.

年国家安全战略》表示将“监督中国的军事现代化计划，并做好因应准备确保美国和盟友的地区和全球利益不受其消极影响”①。除了要求直接对话外，美国还将加强其地区联盟防范中国，特别是要遏制中国在台湾地区以及其他周边问题上的行动。

《2010 年国家安全战略》在国家能力部分强调要“确保我们的军事力量准备好应对各种军事行动，包括为日益老练的对手做好准备，威慑和打败反介入(Anti-Access)背景下的侵略”②，这一表述明显带有针对中国的含义。因为美国认为中国为了确保武力统一台湾的胜利必然要大力发展阻止美国军事介入的武器、技术和战术。在《2008 年国防战略》中，美国已明确提道：“在可预见的未来，我们需要采取预防措施应对中国不断的军事现代化及其战略选择对国际安全的影响。中国很可能将继续扩展其传统军事能力，强调反介入和区域阻隔(Area denial)资产，包括开发全方位的远程打击、太空和信息战能力。”③

鉴于中国国力和影响的不断增长，一些美国人担心以反恐为首要目标会给中国侵蚀美国势力范围以可乘之机。对此，希拉里国务卿在就新安全战略发表演讲时明确表示：“不能允许美国在这样一个如此严酷复杂世界的任何地方缺席。我们正通过双重轨道方式给予对手一个明确的选择。”④实际上，奥巴马政府已通过一系列行动表明了确保美国在亚太地区的主导权不受任何挑战的立场。

正常的国家关系不是没有摩擦，而是具有互谅互信解决这些摩擦的有效机制，以免对对方意向过于负面的认知以及由此而导致敌意的累积。虽然中国的崛起不可避免地会对美国构成一定冲击，但不断扩大的共同利益和联合应对全球性挑战的共同需要，将有助于缓和两国之间的结构性矛盾。在坚持本国利益、原则和议程为主的

---

① White House, *2010 National Security Strategy*, May 27, 2010, p. 43.

② White House, *2010 National Security Strategy*, May 27, 2010, p. 14.

③ Defense Department, *2008 National Defense Strategy*, p. 3.

④ The Brookings Institution, “Previewing the Obama Administration's National Security Strategy—A Conversation with Secretary of State Hillary Clinton”, May 27, 2010, p. 13.

前提下，中国应充分利用两国对开放的多边主义的依赖和应对全球挑战的共同责任，舒缓相互认知冲突。

（阮建平　武汉大学政治与公共管理学院副教授）

大国崛起困境的应对：国际和平理论评析

◎封永平

【摘　要】　从近现代国际关系史来看，新兴大国的发展常常与大国崛起困境为伴。权力和平理论与制度和平理论成为传统国际关系理论应对大国崛起困境的主要选择。然而，权力和平理论与制度和平理论均没有脱出理性主义的思维桎梏，最终无法走出大国崛起的理论困境。冷战后影响渐隆的共同体和平理论以其独特视野和建构智慧为解决大国崛起困境提供了新的思维进路，成为后冷战时代国际关系理论的重要发展方向。

【关键词】　大国崛起　国际和平理论　共同体和平理论

大国崛起的方式往往比崛起本身对世界的影响更大，大国崛起的速度、方向、意识形态以及更为重要的对世界平衡的影响，会给其他国家带来疑心、戒心、嫉妒和恐惧感，引起反抗和反作用。① 伴随大国崛起困境的存在，常常导致国际体系的不稳定乃至权力争夺引发的霸权战争，使大国的崛起前景蒙上了一层悲剧色彩。如何缓解甚至走出大国崛起困境，避免冲突和战争的发生，确保国际和平与稳定，西方国际关系理论界对此提出了种种解决方案，其中共

① ［日］船桥洋一：《中国和平崛起论》，《朝日新闻》2001 年第 2 期，第 178～187 页。转引自门洪华：《中国崛起及其战略应对》，《国际观察》2004 年第 3 期，第 14 页。

同体和平理论以其独特视野和建构智慧成为后冷战时代国际关系理论的重要发展方向。本文试从传统国际和平理论入手，在对其进行评析的基础上引入共同体和平理论，以期对破解大国崛起困境的理论思考有所启迪。

一、传统国际和平理论：权力和平论与国际制度和平论

以实力或权力谋取和平与安全，是现实主义理论长期偏爱的观点。在国际政治中，“天助自助之人”①。国家为了追求生存和安全，总是最大限度地扩大和增强自身实力，利益由权力来界定，追求权力成为国家行为的基本准则。回顾西方大国兴衰过程中各国权力的不断变化，基本上没有背离这个逻辑。但对权力的无限追求会不可避免地造成各国利益间的冲突。因此，权力的管理便成为现实主义者寻求和平问题的核心，但对于保持何种类型的权力状况能够实现安全却有着两种不同的意见，主要表现为均势理论与霸权理论。

均势理论是西方国际政治学中影响最大、历史最悠久的传统理论，在国际关系实践中对西方国家对外政策的影响也最为显著。1713 年参加西班牙王位继承战争的各交战国签订的《乌特勒支和约》第一次把“均势”载入国际文件，明文将维护均势作为国际关系的基本原则，自那时起均势体系一直成为欧洲国际秩序的代名词。②

英国国际政治学家弗兰克尔对“均势”概念的内涵作过经典的解释，他认为：“‘均势’一词被用来表示一种趋向于平衡的现象，一些著者用它来描述国际上的以及许多社会和物理领域的关系；同时也用它来表示国家为了达到这种平衡而实行的一系列政策。”③摩

① [美]约翰·米尔斯海默著，王义桅，唐小松译：《大国政治的悲剧》，上海人民出版社 2003 年版，第 46 页。

② 王义桅、倪世雄：《均势与国际秩序》，《世界经济与政治》2001 年第 2 期，第 1 页。

③ Josephe Frankel, *International Relations in a Changing World*, Oxford University Press, 1979, p. 152.

根索认为，若干国家为了寻求权力所进行的斗争最后必然会导致一种称为均势的格局；均势是维持和平的手段和主权国家之间必不可少的稳定因素。① 均势论者认为，国际和平只有通过权力制衡权力才有可能真正取得，道义、国际法和国际组织等乌托邦式的手段在可预见的未来都不可能缔造真正的和平。正如市场经济下产生平均价格一样，无政府状态下产生的均势是国际政治的一种内在本性，国家间力量的均衡分配(均势)最有利于国际稳定。而一旦出现力量不均衡分配的局面，即当其中一个国家变得过于强大时，则可能爆发战争。华尔兹说，当它们(国家)中间的一个有可能或确实变得过于强大时，不管是敌人还是朋友都会做出反应：他们将设法恢复力量均势。② 在华尔兹看来，这几乎是国际政治中的一条自然法则。

霸权理论又称为霸权稳定论，是由美国经济学家金德尔伯格于20世纪70年代首先在经济领域提出的。他认为霸权体系的存在对稳定世界经济至关重要。20世纪80年代，该理论被莫德尔斯基、罗伯特·吉尔平等人应用于国际安全领域。冷战结束后，该理论在国际安全领域有非常广泛的影响。1984年罗伯特·基欧汉提出“霸权后合作论”，名为批判霸权稳定论，实质上起到了完善该理论的作用。

霸权稳定论与均势论一样强调无政府国际状态下秩序的建立和维系需要实力基础上的权力分配，但与其不同之处在于，霸权稳定论强调力量不均衡分配对国际稳定的好处，视之为对稳定的最佳保障。霸权稳定论者断定：霸权国的存在与国际体系的稳定之间存在正相关关系，霸权国实力越大，世界和平就越容易得到保证。当霸权国权力占明显优势时，国际系统的秩序就处于良好状态，战争就不易爆发。反之，当霸权国权力下降，权力分布比较均衡时，和平

---

① Hans Morgenthau, *Politics Among Nations*, 1978, p. 118. 转引自倪世雄等著：《当代西方国际关系理论》，复旦大学出版社2001年版，第285页。

② Kenneth Waltz, “Globalization and American Power”, *Political Science and Politics*, Spring 2000, pp. 55-56.

就处于最大的危险中，国际秩序就会变得紊乱起来，并随着霸权国的完全衰落而最终瓦解。所以霸权系统对国际秩序是至关重要的。也就是说，一个具有超强军事和经济实力的霸权国的存在有利于维持和促进国际安全与稳定。

霸权稳定论在战后一段时间随着美国霸权的强盛而盛行，然而，20世纪70年代初，布雷顿森林体系的崩溃和1975年的石油危机等一系列事件不但冲击了美国的世界霸权，也冲击了美国学界对霸权稳定论的普遍认可。20世纪80年代，新自由制度主义异军突起，以力陈国际制度可以促进国际合作进而能够培育和平而闻名于世，故又称“制度和平论”或“国际制度和平论”。

国际制度包括国际机制(international regime)、国际组织和国际惯例(international usage)，是指“在国际关系特定领域的、政府同意建立的有明确规则的制度”。① 国际制度和平论致力于探求国际制度约束和推动下的国际合作将有助于世界和平的缔造。其基本思路是，在一个无序的国际社会里，主权国家由共同利益而创设制度，依靠制度而缔建合作与秩序。现实主义的国家无政府状态及其理性自私的假定并不必然得出国际社会处于安全困境的冲突本质。“相反，如果每个理性自私的国家(凭借各种各样的制度和规则)相互监督彼此的行为，且它们中间的足够多数愿意在他人的合作的条件下采取合作态度，那么它们有可能调整行为以减少这种倾轧现象。”②国际制度能够适应国际合作的需要，提供合作的种种信息，制定国际合作的规则，明确国际交往的责任与义务，规范和约束国际制度参与国的对外行为。由于世界政治受制于国家权力和多元的利益，而且不可能组织有效的等级管理，因此，以互惠为基础操作的国际制度自然将成为构成持久和平的因素。

上述理论流派对于如何避免战争，确保国际体系的和平与稳

---

① Robert O. Keohane, *International Institutions and State Power*, Boulder: Westvie Press, 1989, p. 4.

② Robert O. Keohane and Lisa Martin, “The Promise of International Institutions”, *International Security*, Summer, 1995, pp. 83-84.

定提出了各自的应对之策，这对于缓解乃至消除国际关系中的大国崛起困境无疑具有启发意义。然而，在某种程度上这些理论所提供的方法各异、观点相去甚远，有的甚至相互矛盾，其理论和实践价值也显然不同，如何客观评价这些和平理论就成为题中应有之义。

二、传统国际和平理论评析

从近现代的世界历史看，以权力制衡权力的均势在西方大国崛起战略中占据着显著的地位，在稳定世界秩序方面曾发挥了一定的作用。英国运用均势战略来实现欧洲大陆各大国之间的相互牵制与制约，利用英伦三岛地缘上的相对独立性，在相当长的时间内，有效地维护了其在欧洲乃至全球的霸主地位，形成了“英国治下的和平”格局。建立在欧洲列强均势基础上的维也纳均势秩序维持了欧洲百年和平。但应该看到，均势的作用是相对的和有限的。事实上，均势既可能带来和平，也可能导致战争。历史上的两次世界大战已验证了这一点。均势作为理论和实践都存在着一定的局限和弊端，这表现在以下几个方面：

第一，均势论突出了权力之间在本质上是竞争性、对抗性的逻辑。权力之间的对抗性、竞争性是历史的产物，它不仅会随着历史的发展而产生，也会随着历史的发展而消亡，而且权力关系不仅存在着对抗、竞争的一面，还存在着合作、依赖的一面。第二，均势战略并不能从根本上消除战争，实现真正和平。欧洲均势格局的三次变动，无一不是通过战争来实现。大国采取均势战略的最终目标并不是真正为了追求均势，而是追求优势，这种竞相追求优势的政策，必然展开军备竞赛，导致战争的爆发。第三，大国常以反对别国霸权，维持均势为名而谋求本国霸权之实。英国在近代历史上以“平衡者”自居来维持欧洲大陆的均势并借以确保自身的海上霸权和世界霸权。第四，均势的基础是权力关系，均势战略常常为大国服务，而小国弱国往往成为均势牺牲品。《奥本海国际法》第136条写道：“为了均衡而进行的干涉，在没有像国际联盟和联合国这样的国际组织以前，被认为是许可的。”①18世纪末，俄、普、奥三国为了它们之间利益的补偿，三次瓜分波兰。

因此，尽管均势在近现代国际关系实践中发挥了一定作用，但均势存在着难以克服的局限性，不能单纯依靠它来走出大国崛起困境，消除战争，实现和平。

现实主义为确保世界和平提供的第二个偏方是霸权稳定论。然而，该理论有明显的国际政治时代背景。它虽然诞生于20世纪七八十年代，霸权稳定论却是在冷战结束后才开始风行的。两极体系的崩溃和美国的唯一超级大国地位的形成，给霸权稳定论提供了丰腴的土壤。霸权稳定论极力鼓吹以美国为首的世界霸权的可行性和必然性，为美国霸权寻找理论合法性。显然，霸权稳定论已经成为霸权主义和干涉主义的主要理论基础，这种强烈的倾向性决定了该理论存在着难以避免的缺陷。

霸权论虽然在理论上竭力论证一个具有超强军事和经济实力的霸权国的存在有助于维持和促进国际稳定，但是在实际上，霸权与稳定之间并没有必然的联系。霸权国建立和维持国际系统的意愿和行动，出自霸权国对自身国家利益的考虑。霸权国并不关心国际系统内其他国家之间的权力转换，它的整体国家利益在于维持自己与系统内其他国家尤其是主要挑战国或潜在挑战国的相对优势的权力地位。基于这种假设，至少在以下三种情况下霸权国不能够发挥稳定秩序的作用：② 第一，霸权国非常乐意维护那种可以凌驾于所有其他国家之上的秩序的稳定，但是当国际体系内出现了新兴强国或者其他挑战国时，霸权国会自觉不自觉地动用一切手段去防范和遏制这种威胁。第二，在霸权体系内，霸权国关心的是维持霸权国与挑战国或竞争国的权力关系现状，而非系统内所有成员国的现状。第三，当霸权国的利益受到严重的挑战无力应对时，霸权国则会主动放弃自己创立的体系，带头破坏国际规制或者制定新的规制来维

① [英]劳特派特著：《奥本海国际法》，商务印书馆1989年版，第234页。

② 牛震：《关于霸权稳定论及其评价》，《世界经济与政治》2000年第10期，第25页。

护自己的利益，以至造成国际体系的不稳定。20世纪30年代经济大危机时英国的表现就是如此。

此外，从霸权稳定论主要依据的两大研究蓝本“大不列颠治下的和平”和“美国治下的和平”看，尚缺乏足够的历史证据。从人类战争发生的情况可以看出，大不列颠霸权时期的战争与冲突并不比无霸权时期少。美利坚霸权也与国际稳定没有必然关系。秦亚青通过统计研究论证：从1946年到1988年，国际冲突与霸权国的相对实力没有明显的逆相关关系。①

国际制度合作论的出现不亚于在血雨腥风的权力斗争的国际舞台吹过一缕和煦春风，使人们看到了一丝和平的希望。自由制度主义接受了现实主义关于国际无政府状态的核心假设，然而，却并没有得出如现实主义那样关于权力政治、安全困境、冲突和战争的悲观结论。

具体而言，较之权力和平论，国际制度和平论在以下几方面向前迈进了一大步：首先，国际制度论证了武力作用的局限性。在国际关系趋于缓和，国际制度网络日益紧密的情况下，军事实力的作用相对减弱。其次，拓展了国际和平的缔造主体。除了国家之外，制度和平论较为注重非国家行为体，如跨国公司、国际组织等国际制度在营造国际和平中的作用。再次，洞察了绝对获益这一国际和平生成的新领域。最后，通过博弈论和理性预期选择学说，揭示了制度影响国家偏好的功能和国际合作与稳定的条件。②

国际制度的作用不可否认，而且随着国际社会日益趋向规范化、制度化，国际制度在国际事务中发挥着越来越重要的作用。但我们不能过于夸大国际制度的作用，国际制度和平论也存在一定的局限性：其一，国际制度和平论从现实主义假定出发，国际制度最终难以摆脱权力的影响。国际制度主要由最强大的国家所塑造，并

---

① 秦亚青：《霸权体制与国际冲突》，《中国社会科学》1996年第4期，第114～126页。

② 郭树勇：《评国际制度和平论》，《美国研究》2000年第1期，第38页。

主要反映了大国的利益。① 其二，与此相联系，国际制度一方面代表了某些国家(或国家集团)的利益并维护之；另一方面又限制了国际社会其他行为体进一步发展的机会。这样制度变迁也就往往仅对某一部分成员有好处。其三，国际制度和平论虽然承认了观念、制度对政策的因果作用，但并没有明确对国家身份和利益的建构作用，其理论基底并没有根本挑战现实主义关于无政府状态基本特征的假定。其四，国际制度并非是促成国际合作与建立国际秩序的充分条件。国家之间拥有共同利益并不一定合作，即共同利益的存在是国家之间合作的必要而非充分条件。②

总之，制度和平论将研究的视角从权力转向制度与观念，无疑具有十分重要的意义。但这种转向是不彻底的，同现实主义日益趋同的自由制度主义视野下的国际制度和平论最终没有走出现实主义理论的困境。③

三、共同体和平理论：内涵与路径

冷战结束后，国际和平理论的一个重要发展是共同体和平理论的出现。共同体和平理论是影响渐隆的建构主义国关理论对于破解安全困境以缔造国际和平这一基本问题的答案。

以亚历山大·温特、伊曼努尔·奥德勒等为代表的主流建构主义者所倡导的共同体和平理论认为，大国崛起困境和冲突也并非是国际政治固有的特征，它不过是社会建构的产物，行为体通过社会实践活动改变行为体间的主体间性，就可以改变无政府状态的性质，使行为体从安全困境中摆脱出来，从而得以建立起牢固的和平。如何做到这一点，建构主义提供的办法是建立安全共同体，国家之间建立安全共同体的形式是一条解决安全困境确保和平的新路

① Robert Keohane, *After Hegemony: Cooperation and Discord in the World Political Economy*, Princeton University Press, 1984, p. 65.

② Andreas Hasenclever, Peter Mayer, and Volker Rittberger, *Theories of International Regimes*, Cambridge University Press, 1997, p. 31.

③ 秦亚青著:《权力制度文化》，北京大学出版社 2005 年版，第 122 ~ 123 页。

径。成员国之间在安全意义上形成的消解战争逻辑的集体认同是安全共同体形成的标志。

"共同体"这个词传递的感觉总是很美妙的。共同体是一个温馨的"家"，在这个"家"中，大家彼此信任，互相信赖。国际共同体就是安全共同体。国际关系学界关于共同体与和平关系的最早研究一般追溯到20世纪50年代，理查德·冯·瓦根伦(Richard Van Wagenen)首次提出共同体这一概念。但真正引起国际关系学界的关注是在卡尔·多伊奇1957年发表了《政治共同体与北大西洋地区》之后。多伊奇把安全共同体定义为："一群人已经凝聚到这样的程度：共同体的成员真正确信彼此之间不以武力相害，而是以其他的方式来解决争端。""共同体的主要形式是多元安全共同体，这种共同体由主权国家组成，成员国间拥有共同制度、共同价值观、共同的共同体感。它们凝聚到了这样的程度：在相互间形成了对国际体系的和平变化产生了可依赖的预期。"①

到了20世纪90年代初，亚历山大·温特将建构主义的共同体理论发扬光大，他认为无政府状态及其安全困境都是国家互动的行为造成的，是"自我实现的预言"。国家既可以建构霍布斯无政府文化、洛克无政府文化，也可以建构康德无政府文化。安全困境只是霍布斯无政府文化的必然结果，某种意义上也可以说是洛克无政府文化的特征。在康德无政府文化下就会形成安全共同体。值得注意的是，"自从第二次世界大战以来，北大西洋国家的行为，可能还有许多其他国家的行为似乎超过了洛克文化"②。这也就是说，第二次世界大战之后至少在北美和欧洲各国已经开始建构康德的无政府文化。

然而，这种安全共同体何以成为可能，对这一问题的回答是共同体和平论实证逻辑的关键。作为回答，温特曾阐述对洛克式国际

---

① Emanuel Adler and Michael Barnett, *Security Community*, Cambridge University Press, 1998, pp. 6-7.

② [美]亚历山大·温特：《国际政治的社会理论》，上海人民出版社2000年版，第370~371页。

体系向康德式国际体系的转换逻辑，伊曼努尔·奥德勒(Emanuel Adler)和迈克尔·巴纳特(Michael Barnett)在其出版的《安全共同体》一书中则更加具体和针对性地提出了共同体形成的“三层梯级”理论①，这标志着建构主义和平理论的基本成型，在推动建构主义理论研究更加完善的同时，朝着实证研究的方向迈出了重要的一步。在该书中，他们把多元安全共同体定义为“由主权国家组成的跨国地区，这一地区的人民对和平的变化持有可靠的预期”。② 对共同体的国内政体类型和文化背景不作划一的规定，将欧美式的多元安全共同体模式发展为多元模式，使其具有了超越欧美历史的更大适用性。

第一梯级，共同体的初始时期。在这一梯级，一方面，由于科学技术进步、人口流动和经济的发展等因素的变化，大大提高了国家之间的互动频率和机会，使彼此之间有了更多的共同利益；另一方面，国家所面临的外部威胁，以及降低相互恐惧的愿望，驱使国家建立联盟来增进彼此的合作。尽管外在的物质因素和利益考量是这一层次国家间沟通与合作的主要动机，但这种国家之间的联系毕竟为信任提供了可能。北约和东南亚联盟组织的建立也可以看出经济因素、观念因素和共同威胁因素在安全共同体形成中所发挥的基础性作用。

第二梯级，共同体的上升时期。第一梯级中的各种技术、经济、观念因素并不直接促成共同体的形成，而是通过在一定情况下促进国际社会结构与社会进程的发展，为共同体感的最终形塑创造必要条件。这里的结构与进程因素主要包括权力结构、国际制度与社会学习。权力是国家建立共同体的一个重要因素，强大的国家可以利用其强大的力量来迫使其他国家采取集体行动，也可以通过自己的成功和进步获得其他国家的欣赏和认同，使弱小国家心甘情愿地接受它的安排，并建构起成员国之间的共同感。

---

① Emanuel Adler and Michael Barnett, *Security Community*, Cambridge University Press, 1998, Chapter 1, p. 135.

② Ibid., p. 30.

国际制度则至少在四个方面直接或间接地促进国际间互信与集体认同。第一，安全组织和非安全组织会促进相互间信任的发展，不但安全组织的规范束缚、监督机制久而久之会使成员国产生一种互不使用武力的预期和互信，而且经济组织的出现也会因加强相互间的沟通和利益联系而产生一种功能性的和平效应。第二，帮助成员国在社会学习中达成新的共识，产生积极的互惠预期，从而彼此认同。第三，国际组织推动了文化同质性，增强共同命运感，生发出自我约束的规范。第四，国际制度还往往充当地区政治精英推动一体化的重要舞台。

社会学习是行动者重新定义身份和利益的过程。它对安全共同体的产生起了重要作用，主要表现为三个方面：第一，交流学习。国家之间广泛的政治、文化、物质和人员的交流，在一定程度上改变了人们的思想和观念，增进了彼此的理解，个人和集体的认同可能发生变化。第二，制度化学习。国家在互动的过程中建立一套制度，这套制度能够把规范和意义扩散到其他国家，使越来越多的国家在政治和文化上接受相同的规范。国家通过加入到制度之中，不断地被社会化。第三，核心国家学习。核心国家拥有超群的实力，并且具有一定程度的合法性。这种力量和权威同样会受到规范和实践的影响。

第三梯级，共同体的成熟时期。国家实现了集体认同，达到了和平变化可靠预期的必要条件。行为体在互动的过程中，尽管对对方的意图、动机和信息不确定，但仍然相信对方将会按规范的预期行事，它是在长期的互惠实践基础上形成的一种良性的高水平的国家间关系。因此，信任可以通过对他者的知识和信念而不必依靠具体的国际组织来获得。例如，当法国 1965 年退出北约军事一体化机构、保留独立的核力量时，并没有引起其他北约成员的恐慌，因为这些国家不把法国的举动理解为对它们的军事威胁。而当伊朗、伊拉克和朝鲜发展核武器时，同样是这些国家，却认为受到威胁，扬言要进行打击。因为在它们眼里，这些国家被贴上了敌人或无赖国家的标签，威胁了它们的安全。当国家之间建立了互信和集体认同，形成和平变化的可靠预期时，国家不再使用暴力来解决它们的争端，安全共同体就建立起来。①

四、共同体和平理论的意义

共同体和平理论通过对无政府状态下安全困境和共同体的剖析，使我们看到国际政治的另外一面一度被主流理论所遮蔽的发展空间，为我们研究大国崛起困境开辟了新的途径和角度。

首先，世界政治并非理性主义（权力和平论和制度和平论）所理解的纯粹物质结构，在很大程度上，它还可以被理解为一种由社会建构的文化结构，主要由共享的规范、主体间的观念和角色认同构成。物质力量之所以有意义，是国际行为体观念建构的结果。也就是说，"对人类行为来讲，只有通过共享的知识结构，物质资源才被赋予含义"。② 美国之所以认为朝鲜的五件核武器比英国的五百件核武器会对其构成更大的威胁，这仅仅是因为美国认为英国是朋友，而朝鲜则不是。在这里物质实力的含义在国家之间社会结构的认同关系中体现出来，国家之间对于认同观念的分享程度决定了国家间关系的性质。从本源上讲，国际体系的结构是一种认同结构、观念结构，国际政治的形成是社会观念建构的结果。

其次，权力和制度和平论均秉持国家行为体的理性主义假定，即把无政府结构以及国家身份和利益假定为外生的给定因素，独立于行为体的实践活动和相互作用。共同体和平论把国家身份和利益以及国际政治的无政府结构看作是一个内生于体系的发展的过程，在互动实践中既可以得以建构亦可以得以分解。如果互动进程发生了变化，国际体系的结构以及国家的身份和利益也会相应发生变化。从这一点看，它包含了国际社会进化的可能性，国际关系的进程完全可以向着和解和非暴力方向发展，最终达成安全共同体。当然，尽管"共同体和平"理论还不能称其为完善，但鉴于"安全共同

① 袁正清：《从安全困境到安全共同体：建构主义的解析》，《欧洲研究》2002 年第 3 期，第 46～47 页。

② Alexander Wendt, Constructing International Politics, *International Security*, Vol. 20, No. 1, 1995, p. 73.

体”目前已不仅仅是一种理论，它在许多区域内已成为一种客观的现实存在，所以，它过去是、将来更应该是国家安全实践的发展方向。

再次，权力和平论和制度和平论基本上从工具理性出发来解释国家行为，认为国家作为自利的行为体非常清楚自己的利益所在，偏好是既定的，国家所处的环境只是行动者行动的战略领域。国家以工具理性的方式通过目的——手段计算追求自身利益的最大化。以亚历山大·温特、伊曼努尔·奥德勒等为代表的主流建构主义所倡导的共同体和平论并不否认权力平衡、霸权压制乃至国际制度对于行为体的外在约束有助于国际和平，但建立在工具理性基础上的影响都是暂时性的、强迫性的或契约性的，效果既不深远也不持久，它主张远离“强权治下的和平”，而接近“自愿基础上的和平”。

共同体和平论强调不仅仅从制度影响行为体的外在影响，而是注重制度深入到行为体的认同与利益构成，从集体认同的形成角度，研究对于缔建国际和平以走出大国崛起困境的深刻意义。① 只有建立在国家自律、自愿和集体认同基础之上的国际和平才是稳固的和平，才具有最高意义上的合法性。权力或制度论者所持的工具理性只是在集体认同缺位情况下的利益表象。既然国家间的彼此不信任和相互戒备是产生崛起困境的一大诱因，那么崛起困境本质上就是一种安全观念认同困境，只是不同的社会规则或无政府状态文化塑造的一种情形，是国家之间互动的结果，是“一种自我实现的预言”，并非国际政治固有的特征和物质事实，国家可以通过社会实践活动改变互不信任的主体间认识（intersubjective knowledge），从心理和观念上消解其根源，就可以消除大国崛起困境。② 这种思维路径截然不同于惯常的理性主义思维。

总之，正如温特所言：“国际政治学者应当像结构人类学家那

① 郭树勇著：《建构主义与国际政治》，长征出版社 2001 年版，第 221 页。

② Alexander Wendt, Constructing International Politics, *International Security*, Vol. 20, No. 1 (Summer 1995), pp. 71-81.

样思维，而不是经济学家或心理学家那样思维。”①放眼于更加广阔的社会科学领域，才有可能找到一条真正破解困境的和平之路。

（封永平　武汉大学政治与公共管理学院讲师）

① ［美］亚历山大·温特著，秦亚青译：《国际政治的社会理论》，上海人民出版社2000年版，第468页。

国际体系与民族分裂国家统一模式

——兼论中国统一的外部环境及其战略选择①

◎夏　路

【摘　要】 越南、德国、也门的分裂是冷战国际体系的产物，三国统一的实现以及武力、吸收、一体化统一模式的选择也与国际体系的变动紧密相关。本文尝试从国际体系“硬权力结构”与“软权力结构”的双向视角出发，分析国际体系的变化对民族分裂国家统一进程及其统一模式选择的影响，得出“国际体系同质性权力结构是影响国家统一进程的外部关键、异质性权力结构是影响国家统一模式选择的外部关键”的结论。该结论对研究中国统一的外部环境具有重要的参考价值。

【关键词】 国际体系　民族分裂国家　统一模式

越南、德国、也门三国的分裂与冷战两极国际体系的形成密切相关。越南武力统一、德国吸收统一、也门一体化统一进程也受到了国际体系变动的影响。国际体系因素在国家统一中的影响如何？本文拟从硬权力结构与软权力结构的双向视角出发，探讨国际体系这一外部因素在民族分裂国家统一进程及其统一模式选择中的作用。

① 本文系作者主持的中国国家社会科学基金项目“区域国际组织与国家统一问题研究”的阶段性成果，项目批准号：10CZZ035

一、国际体系与民族分裂国家统一问题

（一）民族国家的分裂与统一

冷战爆发后，国际社会先后出现了越南、德国、也门、朝鲜等民族分裂国家。与其他众多因种族、宗教、殖民而分裂的国家不同，这些分裂国家具有以下共同特点：因美苏大国对峙、资本主义与社会主义意识形态冲突而产生，处于主权、领土、人口分离状态，并被国际社会承认为两个主权国家的原有政治统一实体。①

国家分裂后，分离的各方都将追求国家统一作为自己最为重要的任务，相继出台了各类统一政策，并尝试将之付诸实践。以“是否使用暴力”为标准，国家的统一模式可分为武力统一模式与和平统一模式两种。在和平统一模式中，若按“谁为主导力量”的标准来分类，又可以划分为以“一方”为主导的吸收统一模式以及以“双方”为主导的一体化统一模式。在第二次世界大战后出现的民族分裂国家中，越南、德国、也门三国分别通过武力、吸收、一体化模式实现了国家统一。②

1976 年，越南通过武力模式完成了国家统一。越南地处太平洋与印度洋的交通要道，1945 年日本投降前夕，胡志明以北部六个解放省份为基础建立了越南民主共和国（Democratic Republic of Vietnam，DRVN，简称“北越”）。新生政权力量尚未巩固，法国势力卷土重来。1954 年战争各方达成《日内瓦协定》，规定越南和法国军队分别在北纬 17°线附近集结，并举行全国自由选举。然而，冷战的爆发使得美国介入了越南局势。1955 年 10 月，美国支持吴庭艳政权建立越南共和国（Republic of Vietnam，RVN，简称“南越”）。越南分裂后，双方分处资本主义和社会主义阵营，剑拔弩张。1961 年，南越游击队、北越军队与美国、南越政

---

① 夏路：《二战后民族分裂国家统一模式略议——“统一环境”与“统一成本”的视角》，载《世界民族》2009 年第 1 期，第 2 页。

② 夏路：《分裂国家统一模式的比较研究——复合权力结构的视角》，载《国际政治研究》2009 年第 1 期，第 106 页。

权的军事斗争引发了越南战争。20 世纪 60 年代末，深陷越战且国力大衰的美国不得不宣布退出越南。1975 年，北越发动一系列南下战争，解放了越南全境。1976 年 7 月 3 日，越南宣布实现统一，改国名为越南社会主义共和国(The Socialist Republic of Vietnam，SRVN)。

1990 年，德国通过吸收模式实现了国家的统一。德国位于欧洲腹地。第二次世界大战后期，美苏英法决定对战败德国实行分区占领。但是，冷战的爆发让反法西斯同盟分道扬镳。1949 年 9 月 20 日，德意志联邦共和国(The Federal Republic of Germany，FRG，简称“西德”)在美英法西占区的基础上成立，并加入资本主义阵营。10 月 7 日，苏联在东占区扶植建立德意志民主共和国(German Democratic Republic，GDR，简称“东德”)，将其纳入社会主义阵营的轨道。此后五十年间，东西德国双方一直是冷战对峙的前沿阵地，并爆发了两次柏林危机。1989 年春，东欧的动荡引发了东德国内争取“民主、自由、人权”的运动，西德政府逐步介入并支持“德国联盟”在大选中获得胜利。1990 年 10 月 3 日，在西德的巨大经济吸引下，东德正式加入西德，并沿用德意志联邦共和国的国名。

1990 年，也门采取一体化模式完成了国家统一。也门地处亚、非、欧三大洲交汇点的红海海峡的东部。1962 年 9 月，自由军官组织推翻了也门北部的穆塔瓦基利亚王国政权，宣布成立阿拉伯也门共和国(Yemen Arab Republic，YAR，简称“北也门”)，并加入美西资本主义阵营。1967 年，也门南部的“民族阵线”推翻了英国的殖民统治，成立了南也门人民共和国，后改名也门民主人民共和国(People's Republic of South Yemen，PRSY)，加入了苏东社会主义阵营。在美苏对峙的冷战局势下，分裂的南北也门也处于敌对状态，先后引发了两次边境战争。20 世纪 80 年代，随着局势的缓和，南北也门加强了经济社会交流。80 年代末，苏联在南也门的战略撤退，加快了南北也门通过一体化步入统一时代的进程。1990 年 5 月 22 日，也门共和国(People's Democracy Republic of Yemen，

PDRY，简称“南也门”）宣布成立，也门实现统一。①

（二）民族分裂国家统一问题中的国际体系因素

越南、德国、也门的分裂、统一都与国际体系因素密切相关。冷战爆发后，美国与苏联在全球的严峻对峙、在地区的战略扩张以及资本主义与社会主义意识形态的激烈斗争，促成与固化了南北越南、东西德国、南北也门的分裂。越南、德国、也门的分裂成为了美苏在亚洲、欧洲、中东地区直接正面交锋的场所，引发了冷战的升级。与此同时，冷战的缓和、美苏实力的变化及其对分裂各方的态度，也影响了三国的统一进程与统一模式的选择。由此可见，国际体系是分析民族分裂国家统一问题的关键性外部因素。

“国际体系被认为是构成国际关系主体的有关行为体的联结和互动的一种渐变表达方式……是一个整体的历史。”②新现实主义代表肯尼思·华尔兹认为，军事和经济权力在体系内的集中程度决定了国际社会的广泛预期。建构主义代表亚历山大·温特提出，国际体系不是单由物质力量决定而主要是由共有观念构成的，即“结构是知识的分配”。③ 以往的国际体系研究看到了权力结构在国际关系中的中心地位，但新现实主义盲目崇拜有形的物质权力，完全回避社会化问题④，“最终成为了结构物质主义理论”。⑤ 而建构主义国际体系概念作为一种“弱势物质主义”，其对文化的过于偏重，使得该理论在单独解释国际政治现象时存在诸多不足。

---

① 也门统一后，双方军队分属两党领导自成体系的并存局面以及内部利益关系的复杂与冲突埋下了1994年内战的隐患。尽管如此，在第二次世界大战后民族分裂国家统一进程中，1990年也门统一是一体化和平统一的重要案例，其统一进程的经验与教训值得我们参考借鉴。

② ［英］布赞、利特尔著，刘德斌译：《世界历史中的国际体系：国际关系研究的再构建》，高等教育出版社2004年版，第4页。

③ ［美］亚历山大·温特著，秦亚青译：《国际政治的社会理论》，上海人民出版社2004年版，第23页。

④ Ikenberry, G. John and Charles Kupchan, "Socialization and Hegemonic Power", *International Organization*, 1990(44), pp. 283-315.

⑤ ［美］亚历山大·温特著，秦亚青译：《国际政治的社会理论》，上海人民出版社2004年版，第127页。

由于物质和观念是两种不同的、独立存在的物体，是双向的关系。① 因此，笔者认为国际体系这一概念应该包含物质的“国际体系硬权力结构”与观念的“国际体系软权力结构”两大内涵，二者应当等量齐观。国际体系硬权力结构即是指通过有形的刚性力量影响其他行为体行事的全球能力体系。其中，“极的关系”是最为关键的因素。力量极包括单个国家、帝国或者组成某一同盟或集团的一个国家群体。其中，“国家实力是‘极’的考察标准。……国家的实力地位取决于以下所有方面的得分：人口、领土、资源禀赋、经济实力、军事实力、政治稳定及能力”。② 依据力量极的数目，国际体系权力结构可以分为单极、两极、多极三类。越南、德国、也门的国家分裂及统一的历史，均是处于美苏两极对峙的冷战时期。近半个世纪的两极状态中，美苏两极关系状态与两极在地区的实力分布影响着分裂国家统一进程及其模式选择。

国际体系软权力结构即是指通过无形的柔性力量影响其他行为体行事的全球能力体系。其中，“意识形态”最值得关注。“意识形态是人类社会历史生活的一种基本结构，是个体与其现实存在条件的想象性关系再现”③，具有群体性、系统性和历史性，其最为重要的两个领域即是社会体制与文明形态。第二次世界大战后分裂国家统一进程经历的冷战时期，正值社会体制领域中世界观对立对峙的顶峰，资本主义世界的美国追求在全世界实现自由民主和自由市场，社会主义阵营的苏联则追求一党执政、国家控制一切财产和生产以及全球革命。美苏两极在分裂各方的影响力与两极对统一进程的态度，均深刻影响着越南、德国、也门的统一进程及其统一模式的选择。

---

① Freudenberg, William, Scott Frickel and Robert Gramling, “Beyond the Nature/Society Divide: Learning to Think about a Mountain”, *Sociological Forum*, 1995 (10), pp. 361-392.

② ［美］肯尼思·华尔兹著，信强译：《国际政治理论》，上海人民出版社2003年版，第172～174页。

③ ［法］阿尔都塞：《保卫马克思》，商务印书馆1984年版，第202～203页。

二、国际体系硬权力结构与民族分裂国家统一模式

国际体系硬权力结构以"极的关系"为特征，在民族分裂国家统一模式中涉及两个方面的内容：两极关系状态、两极在地区的实力分布。

(一)国际体系硬权力结构与越南武力统一模式

越南武力统一模式与国际体系硬权力结构特征密切相关。首先，美苏两极的失衡与缓和是越南武力统一的重要背景。20世纪60年代中后期，美国深陷越南事务且得不到盟友的支持，同美国签署军事条约的四十多个国家中只有澳大利亚、新西兰、韩国和泰国四国派兵到越南参战。与此同时，苏联的经济和军事实力得到了快速的增长，并在北越逐渐扩大了势力范围。1969年，新上台的尼克松提出"伙伴"、"实力"、"谈判"三原则，开始寻求与苏联的缓和政策。1973年至1974年间，勃列日涅夫和尼克松相互进行高层互访，就印度支那问题交换了意见，均表示不希望因东南亚问题引发双方在全球的矛盾。美苏的缓和使得"两个超级大国把其事务安排得井井有条，既不愿双方失手发生一场战争，也不愿因其他国家的混乱影响它们共处体系的稳定"。① 因此，在1975年北越发动南下进攻之际，苏联暗地支持北越的举动没有遭到美国的强烈反对。相反，美国对越南形势的发展采取了默认的态度。

其次，美国在东南亚的战略收缩为北越统一战争的胜利提供了有利的契机。20世纪60年代末，深陷越战的美国开始在东南亚实行战略调整。尼克松在关岛发表的演讲中谈道："美国将不再卷入像越南那样的战争……应把东南亚事务迅速留待东南亚国家自行管理、自己负责。"②由此，美国制定了"必须体面地结束越南战争"

---

① John Gaddis, "Great Illusions, the Long Peace, and the Future of the International System", in Charles Kegley, ed., *The Long Postwar Peace*, New York: Harper Collins, 1991, p. 34.

② 陈乔之主编：《国际因素与当代东南亚国家政治发展》，中国社会科学出版社2004年版，第110页。

的方案。1973 年美国签署了关于结束越南战争、恢复和平的《巴黎协定》，随后从越南撤出了全部军队，并开始大幅度收缩在泰国和菲律宾的驻军。美国撤退后，南越的战略地位急速衰落，为共产主义力量在东南亚的扩大以及北越发动武力攻势提供了有利的机会。1975 年在苏联和中国的支持下，北越政府南下发动了武力进攻，将社会主义制度推广到越南全境。

（二）国际体系硬权力结构与德国吸收统一模式

德国的吸收统一模式也受到了国际体系硬权力结构的影响。其一，美苏两极的失衡与缓和是德国吸收统一的重要背景。20 世纪 80 年代末，苏联经济改革数年难见成效、民族冲突和分裂运动此起彼伏、深陷阿富汗战争难以脱身，这都使苏联着眼于与美国建立新型的“伙伴关系”。美苏的缓和使得戈尔巴乔夫在对待德国统一问题变得更加务实，并逐渐放弃了原有的“寻求东西德国共存”的立场。1990 年，戈尔巴乔夫对访苏的东德总理莫德罗表示：“德国统一是毫无疑问的。”随后，苏联外交部评论东德领导人莫德罗的统一构想是从现实出发的，苏联赞同其中的许多方面。2 月 10 日，戈尔巴乔夫在与西德总理科尔会谈时，明确表示苏联与两德一样，对德意志统一不存在分歧，德国人有权选择国家的国体、政体形式，有权选择在何时、以何种速度、在何种条件下实现国家统一。① 13 日，苏联在北约和华约国家的外长会议上接受了美国草拟的“2+4”方案，正式表明了赞同德国统一的立场。

其二，苏联在欧洲的战略收缩为西德吸收东德的统一进程提供了有利的机会。苏联在东欧影响力的下降使其在德国问题上一再妥协。苏联曾以保证德国统一后的欧洲安全为由，先后提出了“统一的德国应该中立化”、“应该同时加入华约与北约”、“坚决反对统一的德国加入北约”的三阶段主张。然而，1990 年 7 月后，国内严峻的政治经济局势以及对西方国家经济援助的迫切需求，使得苏联最终在统一后德国的联盟归属这一关键性问题上做出了重大的让

---

① 李华：《戈尔巴乔夫与 1990 年的德国统一》，《德国研究》2005 年第 3 期，第 29 页。

步。1990年，西方各国承诺向苏联提供总数约200多亿美元的巨额援助后①，为了获得更多来自西方的经济援助，也为了尽可能的在新欧洲战略格局中争取有利的地位，苏联不再反对统一后的德国加入北约的立场，并规定3年至4年内从东德撤军。美苏两极的缓和以及苏联在欧洲的战略收缩，有效地促进了德国统一的最终实现。

（三）国际体系硬权力结构与也门一体化统一模式

也门的一体化统一模式也受到了国际体系中硬权力结构两方面的影响。第一，美苏两极的缓和是也门合作统一的重要背景。南北也门的对立与战争均在美苏争霸的阴影笼罩之下。20世纪60年代，美国在中东处于攻势时，美国倾向支持北也门主导统一进程，此举遭到了苏联的强烈反对。70年代末，苏联在中东处于攻势时，苏联开始支持南也门主导的也门统一进程，而此时美国方面又予以反对。80年代末，美苏的缓和为也门的统一进程提供了契机。1990年，北也门总统萨利赫访问美国以及南也门与美国复交后，美国明确表示支持也门的和平统一进程。与此同时，苏联也不再阻碍也门的统一，并默认南北双方一体化的经济政治合作进程。

第二，苏联在中东地区的战略收缩以及对也门统一态度的转变为也门合作统一提供了契机。也门是苏联重要的腹地，苏联"对北也门内部及其周边事态的发展非常感兴趣。认为也门将有助于为评估苏联与周边大国战略提供途径"。② 1979年苏联入侵阿富汗初期，南也门成为了苏联在中东地区的重要支持者。但是随着中东局势的变化，在安德罗波夫期间，苏联对也门统一问题并不热心，而更多关注黎巴嫩局势、巴勒斯坦危机以及两伊战争。20世纪80年代中后期，面对内忧外患，苏联总书记戈尔巴乔夫提出了与西方缓和的新思维政策，要求苏联从包括也门在内的中东地区实行战略撤退。国际形势的变动，大大减轻了美苏对也门事务的干涉，有利于

① 《德国统一纵横》，世界知识出版社1992年版，第154页。

② U. S. Foreign Broadcast Information Service, *Daily Report*: *USSR*, January 15, 1981, pp. H4-7.

南北也门按照自己的意志选择和实施统一计划。80 年代末，为了应对国内政治动荡与经济危机，南也门主动要求提前与北也门合并，并得到了北也门的积极响应。

综上观之，民族分裂国家统一模式与国际体系硬权力结构密切相关。武力统一、吸收统一以及一体化统一模式中的国际体系硬权力结构都出现了相似的变化，其同质性全球硬权力结构的变化为：两极关系状态——“两极对峙”转向“两极缓和”；两极在地区的实力分布——“两极在地区的战略扩张”转为”一极在地区的战略收缩”(如图 1)。

		武力统一模式(越南)	吸收统一模式(德国)	一体化统一模式(也门)
国际体系硬权力结构	两极关系状态	两极对峙 ↓ 两极缓和	两极对峙 ↓ 两极缓和	两极对峙 ↓ 两极缓和
	两极在地区的实力分布	两极在地区的战略扩张 ↓ 一极在地区的战略收缩	两极在地区的战略扩张 ↓ 一极在地区的战略收缩	两极在地区的战略扩张 ↓ 一极在地区的战略收缩

图 1　国际体系硬权力结构与民族分裂国家统一模式

三、国际体系软权力结构与民族分裂国家统一模式

国际体系软权力以“意识形态”为特征，在民族分裂国家统一模式中涉及两个方面的内容：两极在分裂各方的影响力、两极对统一进程的态度。

(一)国际体系软权力结构与越南武力统一模式

越南武力统一模式与国际体系软权力结构紧密相关。第一，美国在南越影响力的衰退为北越主导武力统一进程提供了重要契机。越南战争给美国带来了沉重的负担，美国在越南战争中的损失高达 3 520 亿美元，比朝鲜战争多出一倍，比在第二次世界大战的支出

总和还多110亿美元。① 意识到越南战争是“卡住国家喉咙的一块骨头”②，尼克松上台后明确提出了越南战争“越南化”的策略。1969年8月底，美国从南越撤走了2.5万名美军。12月中旬，又有4.5万美军撤离。1970年，尼克松宣布1971年春季以前再从南越撤军15万人。至1972年5月，美军只有6.9万部队滞留越南。1975年3月29日，美国在越南南方的最后一批军队2 500人撤退完毕。③“美国从越南的撤退为北越发动军事进攻提供了条件。”④通过抗美战争，北越不仅内部更为团结而且也得到了南方革命力量的认同，为北越政府南下武力统一的胜利奠定了坚实基础。

第二，美苏默认北越南下统一的军事行动。越南的地理位置对苏联海军的西南拓展十分重要。随着美国势力的撤出，苏联填补了美国在印度支那的真空。20世纪70年代，苏联对北越的经济援助从过去以贷款为主转变为以提供大量无偿援助为主。1971年至1975年，越南对苏联的出口额比此前六年增加了47%。⑤ 1966年至1972年，苏联与北越签订了近10个军事援助协定。在越南战争结束时，越南人民军使用的重武器有75%来自苏联。⑥ 越南在苏联战略中的提升大大增强了北越的作战实力，也促成了苏联对北越南下统一战争的支持。而此时的美国因退出南越以及谋求与苏联缓和，默认了北越南下武力统一的行动。

(二)国际体系软权力结构与德国吸收统一模式

德国的吸收统一模式也受到了国际体系软权力结构的影响：首

① 王书中主编：《美苏争霸战略问题》，国防大学出版社1998年版，第442页。

② George C Herring, *America's Longest War: the United States and Vietnam, 1950-1975*, New York: McGraw-hill, 1986, p. 222.

③ 上海市直属机关“五·七”干校六连国际班编译：《尼克松向美国国会提出的对外政策报告》，上海人民出版社1972年版，第145、149～153页。

④ Hoang Van Chi, “Why No Peace in Vietnam”, in Sibnarayan Ray ed., Vietnam: Seen from East and West, Thomas Nelson(Australia) Ltd, 1966, p. 43.

⑤ 郭明、罗方明等著：《越南经济》，广西人民出版社1986年版，第60页。

⑥ 王士录主编：《当代越南》，四川人民出版社1992年版，第204页。

先，苏联在东德影响力的逐渐减弱是西德主导统一德国的重要背景。东德成立、稳固以及被西德吸收的进程中，无时无刻不体现着苏联的控制力。20 世纪 80 年代末，国内经济的严峻危机和全球战略的收缩使得苏联无暇顾及东德的政治命运与经济前途。1990 年 1 月底，东德总理莫德罗与苏联总统戈尔巴乔夫在莫斯科进行会晤时，当感到苏联因自身面临崩溃的危机而无力再对东德政治与财政危机伸出援手时，“莫德罗已经意识到德意志民主德国即将终结”。① 在东德的民主大选中，面对西方国家特别是西德政府的介入，苏联无力也无心再扮演支持长期执掌东德政权的统一社会党的角色。缺乏苏联的支持，统一社会党也难以继续生存。② 统一社会党成为东德在野党的事实，意味着苏联在东德的影响已经步入历史的尘埃。苏联在东德的撤退直接导致了东德政治经济动荡与对统一的诉求。1990 年 5 月，戈尔巴乔夫放弃了统一后德国“中立”和“不加入北约”的立场。10 月 1 日，美苏英法和两德签署协议，宣布停止美苏英法四国在柏林和德国行使权力，为德国在 10 月 3 日正式实现统一做出了最后的关键性准备。

其次，美苏默认西德吸收东德的统一进程。苏联逐渐默认西德吸收统一的同时，美国在德国统一问题上也经历了从反对、迟疑到最终支持的转变。1989 年底美苏首脑会晤中，布什还曾表示一个强大的、统一的德国不符合美苏两国的利益。但是到了 1990 年初，统一社会党的节节退让与民主德国政局的更迭，使得美国政府不得不表示德国统一不仅是现实的，而且也是可行的。1990 年 2 月，美国提出了“2+4”方案，得到了苏联与西方盟国的赞同。5 月，布什提出了关于德国问题的“九点计划”，旨在使统一的德国继续留在北约之中，随后得到了苏联的默认。此后，美国开始积极支持西德吸收东德。9 月，美苏英法和西德五国签署了“五点协议”，明确

---

① Manfred Gortemaker, *Unifying Germany 1989-1990*, New York : St. Martin's Press, 1994, p. 245.

② Manfred Gortemaker, *Unifying Germany 1989-1990*, New York: St. Martin's Press, 1994, p. 47.

的对过渡时期和过渡后的德国军队和在德国的外国驻军做出了规定。美苏对西德主导的吸收统一的默认，最终消除了德国统一进程的外部障碍。

（三）国际体系软权力结构与也门一体化统一模式

也门的一体化统一模式也受到了国际体系软权力结构中两个方面的影响：其一，20 世纪 80 年代末，苏联在南也门的战略收缩极大地推动了也门一体化统一进程。南也门曾是苏联在中东地区最为重要的盟友。苏联在南也门投入了大量的人力、物力和财力：每年提供 2.5 亿美元支持南也门窘困的经济生存，先后派出了 7 000 多名苏联军事专家，提供了 30 多亿美元的武器装备。戈尔巴乔夫上台后，苏联外交政策的巨大转变对南也门造成了极大的冲击，南也门领导人在政治、经济和军事上失去了最为重要的支持。为了稳定国内动荡的局势，继续维持在该地区的地缘战略优势地位，1990 年南也门向北也门表示了统一的愿望，并得到了北也门的积极响应。①

其二，美苏默认南北也门共同主导统一进程。苏联在南也门的撤退，使得其不再反对也门一体化进程。与此同时，美国也逐渐对该进程表示了支持的态度。北也门是美国在中东红海地区抵御苏联威胁、拓展军事势力的战略要地。1972 年美国与北也门复交后，直接或通过沙特间接向北也门提供了大量的经济援助，双方保持了良好的经济、军事关系。1990 年，北也门总统萨利赫访问美国后，美国向其提供了价值 4 200 万美元的援助项目，明确表示支持也门统一进程。美国与南也门的关系曾一度出现波折。1969 年美国与南也门断绝外交关系后，双方处于敌视状态，缺乏对话渠道。20 世纪 80 年代末，随着苏联在中东特别是在南也门势力的撤退，美国与南北也门的关系得到了改善。1990 年 4 月底，美国与南也门复交，此时正为南北双方实现国家统一的关键时刻。美苏对也门一体化统一进程的默认，消除了也门统一的外部阻碍。

---

① Wenner, Manfred W. , *The Yemen Arab Republic: Development and Change in an Ancient land*, Boulder: Westview Press, 1991, p. 166.

由上观之，民族分裂国家统一及模式选择与国际体系软权力结构密切相关。越南、德国、也门统一进程中的“同质性”全球软权力结构呈现为：两极在分裂方的影响力——“两极在分裂双方的扩张”转为“一极在分裂一方的收缩”；两极对统一进程的态度——“两极反对分裂方统一”转为“两极默认分裂方主导统一”。武力统一、吸收统一、一体化统一模式中的“异质性”软权力结构体现在：两极对统一模式选择的态度——分别表现为两极默认分裂方武力主导统一、默认一方和平主导统一以及默认双方和平主导统一（见图2）。

		武力统一模式(越南)	吸收统一模式(德国)	一体化统一模式(也门)
国际体系软权力结构	两极在分裂方的影响力	两极在分裂双方的扩张 ↓ 一极在分裂一方的收缩	两极在分裂双方的扩张 ↓ 一极在分裂一方的收缩	两极在分裂双方的扩张 ↓ 一极在分裂一方的收缩
	两极对统一进程的态度	两极反对分裂方统一 ↓ 两极默认分裂方(武力)主导统一	两极反对分裂方统一 ↓ 两极默认分裂方(一方和平)主导统一	两极反对分裂方统一 ↓ 两极默认分裂方(双方和平)主导统一

图2　国际体系软权力结构与民族分裂国家统一模式

四、结　语

通过对越南武力模式、德国吸收模式、也门一体化模式的比较研究，我们可以得出“国际体系是影响民族分裂国家统一及其模式选择的外部因素”的结论：第一，“同质性国际体系权力结构”是影响民族分裂国家能否实现统一的外部关键。国家统一进程的实现均需满足国际层面上的以下条件：国际体系硬权力结构体现为两极缓和、一极在地区的战略收缩，国际体系软权力结构体现为一极在分裂一方影响力的减弱、两极默认分裂方主导统一进程。第二，“异质性国际体系权力结构”是影响民族分裂国家统一模式选择的外部要因，且主要体现在软权力结构层面。异质性权力结构在武力模式中表现为两极默认分裂方武力主导统一，在吸收模式中显现为两极默认一方和平主导统一，在一体化模式中呈现为两极默认双方和平主导统一。

中国也存在国家统一问题。与第二次世界大战后民族分裂国家分裂双方均为国际社会承认不同，中国内部双方呈现出“国家”与“地区”的状态。尽管如此，中国的统一问题与以上国家还是存在某些相似之处。① 因此，本文的研究结论对认识中国统一问题具有重要的参考价值。

依据国际体系的不同格局以及统一模式的不同政策偏向，中国的国家统一进程可以分为三个阶段。第一个阶段为美苏两极国际体系下的武力模式倾向的时期。中华人民共和国建立后，共产党与国民党政权均主张通过进攻或反攻完成国家统一。当时，美国与台湾结盟对抗苏联与中国联盟，国际体系的异质性权力结构偏向武力模式。然而，影响统一能否完成的国际体系同质性权力结构的各个要素均不具备：在硬权力结构层面，美苏两极正处于全球对峙时期，朝鲜战争的爆发更使得美苏双方加紧了在东亚地区的扩张；在软权力结构层面，美苏加强了在台湾与大陆意识形态方面的扩张，在难以确保在中国问题上全面获胜的情况下均反对任何统一进程。由此可见，该时期中国内部武力统一已经启动，但受同质性国际体系权力结构这一外部因素的制约，统一进程难以推进。

第二阶段为美苏两极国际体系下的一体化模式偏向时期。20世纪50年代后期开始，随着国际和国内局势的变化，大陆与台湾的统一政策逐渐从以武力为主向以和平为主过渡，大陆逐步形成的

① 中国统一问题与第二次世界大战后民族分裂国家统一问题具有某些相似之处：统一问题出现之前，国家原为一个拥有共同语言、历史、文化与长期统一经历的国家社会单位；统一问题是在冷战的背景下产生的，受到了美苏两大国争霸的影响；在冷战期间，统一问题涉及美苏利益的重新分配；分离的各方分属于社会主义阵营与资本主义阵营，不同的意识形态，互异的政治、经济、社会体制，使得双方选择了不同的发展道路；在相当长的历史时期内，各方曾一度明确结束国土分裂、追求国家再统一。

"一国两制统一中国"的政策类似一体化统一模式。台湾方面主张"三民主义统一中国"，并于1987年派遣密使沈诚赴大陆，与时任国家主席杨尚昆协商制定两岸谈判的基本原则，包括谈判主体为中国共产党和中国国民党，谈判主题为先谈合作、后谈统一，两党在中央层次进行对等协商等内容。两岸统一模式政策的转变与国际体系权力结构的变化密切相关。美苏对两岸武力统一进程的反对使得异质性国际体系权力结构从武力模式偏向转为和平模式偏向。80年代末，同质性国际体系权力结构的各个要素也呈现出有助于国家统一的契机：硬权力结构体现为美苏两极缓和、苏联在东亚地区的战略收缩；软权力结构表现为苏联对中国大陆影响力收缩，美苏在默认德国统一后不公开反对中国的统一进程。此时期的国际体系因素已经朝着有助于促进和平统一的方向发展，但台湾地区领导人的更迭、两岸对统一进程推动缓慢，以及两岸对外部环境变化应对的不足，使得内部力量未能把握时机开启国家统一进程。

第三阶段为美国一超多强国际体系下的一体化模式偏向时期。冷战结束以后，国际体系硬权力结构中的"极的关系"已经从过去的美苏两极格局转化为美国一超多强的格局，软权力结构中的"意识形态"除了社会体制不同冲突之外，更增加了以文明为特征的相互间碰撞。针对国内外的新形势，大陆先后提出了"江八点"、"胡四点"的对台政策，并于2005年通过了《反分裂国家法》保障国家统一，继续推行"一国两制"的一体化统一政策。2008年台湾国民党马英九政权上台后，一定程度上转变了过去陈水扁政权的"台独"倾向，两岸关系在重归"九二共识"后朝着和平互信的方向发展。在两岸一体化统一模式政策偏向的新时期，美国是影响中国统一最为重要的国际体系因素。美国在中国统一问题上对"非武力"的强调，使得国际体系异质性权力结构偏向了和平模式。然而值得关注的是，受美国这一外部因素的影响，中国统一进程中同质性国际体系权力结构的形成受到了四方面制约：硬权力结构层面体现为美国在全球超强地位、美国保持在亚洲的战略优势，软权力结构表现为美国对台湾的继续支持的态度、美国对两岸采取的"不统"政策。这些问题给内部统一进程尚未实质启动的两岸关系增添了外部结构性阻碍。

由上观之，当前中国和平统一进程的外部关键是促进同质性国际体权力结构的形成，即如何有效应对统一进程中的美国因素。为此，中国大陆在推进国家统一的过程中应有以下的对外战略考虑：在硬权力结构层面，应积极推进中美之间的友好关系，通过承诺不挑战美国在全球和亚洲的利益，减少美国因素在中国统一问题上的阻碍；在软权力结构层面，中国应尽量避免与美国在意识形态领域发生冲突，寻求与美国不同社会体制的共存，增加与美国的经济相互依存，追求西方文明与中华文明的共处。从而稳定美国对中国统一问题和平方式的政策偏向，促使国际体系同质性权力结构朝有利于国家统一的方向转变。

（夏路　厦门大学公共事务学院讲师）

试论斯考克罗夫特访华

◎戴红霞

【摘　要】 1989 年 12 月布什政府派遣国家安全助理斯考克罗夫特和副国务卿伊格尔伯格一行访华。这一决定既违反了美国政府已经宣布的禁止美中高层互访的禁令，而且在当时美国国内政治氛围之下，也引起了很大争议，这一行动反映了布什政府的对华观念及其对美中关系现状的判断，对维持和改善中美关系发挥了一定作用，但因国会反对和部分公众的批评，此行成效受到一定影响。

【关键词】 斯考克罗夫特访华　中美关系

1989 年 12 月 9 日，布什政府公开宣布派遣国家安全助理斯考克罗夫特和副国务卿伊格尔伯格一行访华。这一决定既违反了美国政府已经宣布的禁止美中高层互访的禁令，而且在当时美国国内政治氛围之下，也引起了很大争议，那么布什政府为什么会做出如此决策，这次访问对中美关系有什么影响，本文试对之作一论述。

一、斯考克罗夫特访华原因

首先，布什总统和政府官员多次对 1989 年中国的政治风波表示批评和遗憾，布什还在致邓小平的亲笔信中表达了这一忧虑。但是布什总统并不认为中国改革开放事业已经失败，被完全放弃，他在回忆中说："(1989 年中国的政治风波)粉碎了中国在西方赢得的大部分好感，许多人认为中国的改革只是一场骗局，中国仍像过去一样独裁专制。我不这样认为，基于我十四年的观察，我认为中国正慢慢发生变化，改革的力量仍很强大。”①邓小平随后多次重申了中国改革开放更坚定了他的信念。9 月 1 日在同日本首相海部俊树的会谈中，布什认为，中国领导人还希望进行改革，美国要继续共同努力，鼓励中国走向改革和开放的社会。② 11 月 30 日，布什在否决《1989 年中国移民紧急救济法》时再次表示：“但我相信，中国正如其领导人宣称的那样将回到‘六四’前的改革。”而且，布什认为只有交流和接触才能促进中国的改革开放，孤立中国不符合美国利益。③ 为此，他反对切断与中国的关系，也反对过分的制裁。6 月 5 日，布什在白宫招待会上说：“我们最近几个星期看到的民主花蕾归功于 1972 年以来发展的两国关系，此刻最重要的是鼓励其中的积极因素和民主化进程进一步发展和加深。如果中国回到 1972 年前那种孤立和压抑时代，对所有人都将是一场悲剧。”他还说：“共产主义社会的民主化进程将不会一帆风顺，我们对待其挫折时，必须采取一种能够刺激而非抑止向开放和民主制度进步的方式。”④贝克在讲话中也认为保持与中国联系很重要，“因为主要是这些事情推动了中国的开放”。1990 年 1 月 24 日，布什在否决《1989 年中国移民紧急救济法》时说：“我想保持接触，我不想孤立……我认为从长期看，文化和教育交流与接触将有利于中国的民主改革。”⑤

其次，更重要的是，布什政府认为中国在对抗苏联威胁和维护亚洲和平方面仍有重大战略重要性。虽然苏联在戈尔巴乔夫“新思维”的指导下，对外政策发生了很大变化，但布什政府仍对其抱怀

---

① Bush, George, and Brent Scowcroft, *A World Transformed*, New York: Alfred A. Knonf, Inc., 1998, pp. 97-98.

② 刘连第、汪大为编著：《中美关系的轨迹：建交以来大事纵览》，时事出版社 1995 年版，第 286 页。

③ *Public papers of the United States: Geroge Bush*, 1989, *United States* Government Printing Office 1990, p. 1612.

④ US Department of States, *America Foreign Policy(AFP)*, 1989, p. 517.

⑤ *AFP*, 1990, p. 688.

疑态度。国家安全顾问斯考克罗夫特认为在与苏联打交道时，要深思熟虑，保持高度的警惕，不应被其外在的表象和暂时的策略所误导。斯考克罗夫特认为苏联外交的根本变化在于戈尔巴乔夫的行为及其政策能否被接纳，他不太相信戈尔巴乔夫，认为他始终是一个坚定的共产主义者，致力于苏联的社会主义，他的“公开性”和“改革”只是为了恢复苏联社会主义政治和经济制度的活力，激活苏联在国内外的实力与西方竞争，他对政治改革本身并不感兴趣，或只是用来作为推行经济改革的手段。他甚至认为戈尔巴乔夫比前任更危险，试图用温柔之刀而非暴力来置美国于死地，他频频发动宣传攻势，却未对其军事力量作任何必须的根本压缩。斯考克罗夫特反对从根本上调整美国对苏政策，认为风险太大，难以实施。① 布什总统虽然对戈尔巴乔夫更信任一些，但对苏联也持谨慎态度。布什参加过第二次世界大战，在冷战期间投身于美国政治，他信奉地缘政治观念，一直认为苏联是美国安全的最大威胁。苏联一方面提倡外交“新思维”；另一方面又保留大规模的常规力量和战略武器，并不断使之现代化。苏联仍未放弃其在全球战略要点。虽然到目前为止苏联在东欧变化时，采取合作态度，但未在东欧正式放弃“勃涅尔主义”，美国一直担心其干预的可能性，而且苏联对德国统一仍持反对态度，这些都使苏联依然是美国必须警惕的战略对手。布什政府认为虽然世界正在变革之中，但国际格局并未发生根本变化。在对抗苏联、维护世界稳定方面，中国仍是不可缺少的战略盟友。

布什的首要目的是防止中苏再次接近乃至结盟共同对付美国，他还担心苏联取得对中国的支配地位，打破亚洲乃至世界力量的均衡。布什 2 月访华，其中一个很重要的考虑便是抢在中苏 5 月首脑会晤前进一步加深中美关系，美国很担心中苏关系正常化后迅速接近，损害美国的战略利益。② 1989 年政治风波后，布什不愿把中国

---

① Bush, George, and Brent Scowcroft, *A World Transformed*, New York: Alfred A. Knonf, Inc., 1998, pp. 11-14.

② Ibid, p. 91.

推向苏联，布什在回忆录中说："中国正在与苏联恢复关系，如果我们单方面反对他们并切断他们与西方的联系，他们可能真的倒向苏联，邓小平担心苏联包围圈，我也是。"①尼克松在一份给国会的报告中曾直言不讳地说："我们绝不应把中国当作一张牌，但如果戈尔巴乔夫能这么做，这将不符合我们的利益。"②其次在东欧民主自由化风起云涌之机，美国虽然对中国发生的事情很失望，但是仍希望借助中国的力量使苏联保持克制。布什政府"超越遏制"战略，除了希望把苏联纳入国际体系之外，一个很重要的内容是东欧不再是用来对付苏联的工具，东欧的民主自由本身便是美国政策的目的。尽管布什政府多次宣称，美国不欣赏打中国牌或苏联牌的想法，但这种公开的外交辞令本身就反映了美国政策私下的想法，表明在必要时，美国可以有这种战略选择，这无疑是给苏联的一种暗示。布什政府选择在美苏马尔他非正式首脑会晤之后派斯考克罗夫特访华，更是提醒苏联，中美战略合作关系仍然存在。贝克表示："保持中美关系对两国来说有很重要的地缘政治和地缘战略意义。"③伊格尔伯格在国会作证时说得更明白："虽然我们都承认东欧和苏联大刀阔斧的改革，已经改变了战略舞台布局，但是这种变化还没有使中国对美国的重要性大大下降，以至于改变了我们看待中国国际地位的方式。"他还表示"从 1971 年以来我们用以处理同中国关系的政策框架，在今天继续指导着我们"。④

最后，布什政府认为经过一段时间的秘密接触，恢复中美关系的时机已经成熟。1989 年政治风波后，布什政府宣布对华实施制裁，并禁止双方高层官员的访问，但基于上述考虑，布什政府与中国仍保持私下的秘密接触。6 月 10 日，布什给邓小平写了一封亲笔信，在表达了美国对政治风波的不同看法的同时，也希望中美双

---

① Bush, George, and Brent Scowcroft, *A World Transformed*, New York: Alfred A. Knonf, Inc., 1998, p. 104.

② *Time*, November 20, 1989.

③ *AFP*, 1989, p. 525.

④ *AFP*, 1989, pp. 689-694. 刘连第编著:《中美关系重要文献资料选编》，时事出版社 1996 年版，第 302 ~ 306 页。

方共同努力使中美关系重回正常轨道。布什在信中建议派遣一名特使到中国，商谈相关的事情。① 在得到中国政府的肯定答复后，7月2日斯考克罗夫特和伊格尔伯格秘密访华，与邓小平、李鹏、钱其琛等中国领导人都进行了会谈，斯考克罗夫特重申布什总统对中国行为关切的同时也表达了保持两国关系的愿望。邓小平则在会谈中批评美国干涉中国内政，使中美关系处于一个“很微妙，甚至相当危险的地步”，强调中国在捍卫独立主权和国家尊严方面决不会让步，但同时也表示中国现在和今后都不会轻率采取和发表处理两国关系的行动和言论。② 斯考克罗夫特后来回忆到，会谈进行得很艰苦，双方在许多方面分歧严重，“中国人怨恨外国的干涉，他们注重安全和稳定，而我们注重人权和自由”，不过他说，会谈还是具有很重要的意义，它加深了双方相互了解，虽然双方在解决分歧之前还有很长的路要走，但都不希望切断两国关系。鉴于此，他认为，他的中国之行是“有益的”。③

7月31日，借在巴黎召开讨论柬埔寨问题会议之机，美国国务卿贝克会见了中国外长钱其琛，钱其琛向贝克介绍了中国国内形势，强调指出中国独立自主的和平外交政策和改革开放政策不会变。贝克表示，布什总统十分珍视12年来培育起来的中美关系，希望双方共同努力，使这种关系得到维持和发展。④ 通过这次接触，美国进一步了解了中国的立场。

8月8日，中美签署美国MGM公司在天津开发区租借土地开发协议，美国驻华大使专程赶赴天津，受到中共中央政治局委员、书记处书记李瑞环的接见。李瑞环表示中国不仅要继续坚持改革开

---

① Bush, George, and Brent Scowcroft, *A World Transformed*, New York: Alfred A. Knonf, Inc., 1998, pp. 100-102.

② 外交部档案馆编：《伟人的足迹：邓小平外交活动大事记》，世界知识出版社1998年版，第360页。

③ Bush, George, and Brent Scowcroft, *A World Transformed*, New York: Alfred A. Knonf, Inc., 1998, pp. 106-111.

④ 中国外交部：《中国外交概览，1990》，世界知识出版社1991年版，第308页。

放，而且对外开放“还要搞得更好，步子还要更大”。① 李瑞环希望李洁明大使多跑跑这种地方，多促成这类事情，其意义可能超过具体项目本身。这次会见和谈话是中国为改善两国关系作出的一次具体努力。美国也心领神会作出了回报，8 月 9 日，美国国务院宣布，鉴于“北京安全情况正在改善”，批准 260 名驻华使馆外交人员家属返回中国。

9 月 28 日，钱其琛外长在纽约再次与贝克国务卿会晤，双方表示恢复和发展两国关系的愿望，但是双方在双边关系的一些问题上分歧仍然严重，而且双方都期待对方采取主动。钱其琛还在美国对外关系委员会上发表演讲，提出了改善中美关系的四点意见。②

在美中两国政府间保持接触的同时，一些民间人士包括前政府官员也开始为恢复中美关系作出努力。10 月份，约翰·霍普金斯大学外交政策研究所发表了《美中关系一致性报告》。该报告有前福特、卡特、里根政府重要官员的签名，这份报告强调了“美中合作对美国战略、政治和经济利益的长期重要性”。它一方面要求中国恢复政治自由化；另一方面又呼吁尽力维护中美合作关系的基础。③ 这份报告客观上为布什政府采取主动提供了依据。

但更重要的事件还是 10 月 28 日到 11 月 2 日尼克松应邀访华。中美双方都对这次访问寄以很高的期望。尼克松的发言人在谈到此次访问的目的时指出：“这是一次进行实地调查的访问，以估价中美关系目前的形势，并讨论两国目前所处的战略格局。”美国白宫则发表声明说：“总统正期待着阅读尼克松的报告。”④邓小平、江泽民、李鹏等中国领导人也都分别会见了尼克松。邓小平在谈话

---

① 《人民日报》1989 年 8 月 12 日。

② 《人民日报》1989 年 10 月 4 日。

③ “U. S-China Relations”, *Policy Consensus Report*, Johns Hopkins Foreign Policy Institute, Paul H. Nitse School of Advanced International Statues, October 1989. 转引自：Harding, Harry, *A Fragile Relationship: The United States and China since 1972*, Washington, D. C. Brookings Institution, 1992, p. 252.

④ 引自宫力著：《峰谷间的震荡：1979 年以来的中美关系》，中国青年出版社 1996 年版，第 211 页。

中，明确表示恢复和发展中美关系是他的心愿，希望能“尽快解决过去几个月来中美关系的纠葛，开辟未来”。他认为这需要美国采取主动，而且美国也是可以采取一些主动的。① 李鹏则表示：“如果美国方面采取任何积极行动，中国方面将会欢迎和响应。”②尼克松回国后向布什政府汇报了他此行的情况，还将其分析报告《中美关系的危机》分送国会两院议员。尼克松在报告中列举了美中保持高层接触的五条理由，尤其强调了中国对于美国平衡亚洲力量，特别是平衡日本和苏联在远东力量的重要性，认为美中合作符合美国利益。他警告说：“孤立中国现在和将来的领导人，用他们视为不正当的反华行动来加深他们对美国的不满甚至仇恨，是毫无意义和事与愿违的。”他意味深长地说：“中国的长城很厚，你在城内时，声音也很难被听到；如果你在城外，则根本就听不到。”因而他建议布什政府采取主动，恢复中美高层接触。③ 尼克松访华带回了中国方面大量一手材料，对美国领导人准确了解中国的真实情况和中国领导人的想法有很大帮助。布什据此写信向邓小平建议马尔他会议之后，派遣一名特使通报会谈情况。④

11 月 7 ~ 10 日，基辛格应邀访华，也受到了中国领导人的分别会见，邓小平通过他转交给布什的回信，建议中美双方采取互动，达成“一揽子解决方案”。⑤ 基辛格向布什总统提出与尼克松相似的建议，进一步坚定了他派遣斯考克罗夫特访华的决心。

二、斯考克罗夫特访华

斯考克罗夫特一行 12 月 9 日抵达北京，他是以向中国通报美苏首脑马尔他会议内容为名来华访问，其目的是试图恢复美中两国

① 外交部档案馆编：《伟人的足迹：邓小平外交活动大事记》，世界知识出版社 1998 年版，第 362 页。

②《人民日报》1989 年 10 月 29 日。

③ *Time*, November, 20, 1989.

④ Bush, George, and Brent Scowcroft, *A World Transformed*, New York: Alfred A. Knonf, Inc., 1998, p. 157.

⑤ Ibid, p. 158.

间的关系，使之重回正常的轨道。他在中国得到邓小平、江泽民、李鹏等高层领导人的会见，双方就共同关心的国际问题和美中双边问题进行了艰苦努力的会谈。

斯考克罗夫特向中国详细通报了马尔他会议的情况，并阐明了美方对此次会议的看法和评价，他说美苏在会议上开始谈到冷战的结束，美方认为苏联已发生很大变化，苏联在进行经济改革的同时，也在削减军事力量，努力把资源转移到民用领域，这对美中两国都有重要意义。不过他也谈到苏联仍然反对德国统一，美中还需在共同关心的国际问题上保持合作。① 斯考克罗夫特试图表明美国仍重视中国的战略重要性，视中国为战略伙伴，斯考克罗夫特说："我和我的同事们今天作为朋友来到这里，就我们两国都极为关心的国际问题，来恢复我们之间的重要对话。我们认为这种对话能促进亚洲和世界的和平、稳定与繁荣。"②中国感谢美方的通报，但表示并不认同美国对国际形势的判断。中国认为苏联确实在寻求东西方的稳定，但其国内经济改革跟不上政治变革的步伐，苏联国内经济的困难使之极可能发生混乱。中国认为不能寄期望于苏联某一位领导人，苏联前途未定，现在谈冷战的结束为时过早。中国同意美中在共同关心的国际问题上保持密切联系，认为这是世界和平和稳定的需要，还表示愿意在东欧问题上提供合作。③

斯考克罗夫特表示希望此行能为双边关系注入新的推动力和活力，寻求双方有可能达成一致的广泛领域，也找出那些有分歧的地方，尽快解决之，至少不能让它妨碍两国关系的恢复和发展。他认为美中关系已经历一次挫折，目前仍面临着不少困难。他说天安门发生的事情打破了美国国内对华政策的一致基础，使布什政府处于

---

① Bush, George, and Brent Scowcroft, *A World Transformed*, New York: Alfred A. Knonf, Inc., 1998, p. 175.

② 刘连第编著：《中美关系重要文献资料选编》，时事出版社 1996 年版，第 301 页。

③ Bush, George, and Brent Scowcroft, *A World Transformed*, New York: Alfred A. Knonf, Inc., 1998, pp. 175-177；外交部档案馆编：《伟人的足迹：邓小平外交活动大事记》，世界知识出版社 1998 年版，第 364 页。

公众和国会的巨大压力之下，布什总统已否决了国会一些反华议案，反对采取过分的制裁行动，为维持和恢复美中关系作出了巨大努力。他希望中国政府能够理解和配合，并作出自己的努力，以形成美中两国之间的良性互动，为改善美中关系创造条件。他说："我们认为重要的是我们不应在既存的问题上无穷无尽地相互指责。……在我们两国国内，都有一些想中止和破坏我们合作的声音，我们应该采取大胆的行动来消除这些消极力量。"①中国承认中美之间存在些问题和分歧，但认为它们不能抹杀两国之间的重大共同利益，因此中美双方要相互尊重，尽快解决 1989 年政治风波以来两国形成的纠葛。中国重申了改革开放政策和独立自主的和平外交，强调中国威胁不了美国，美国也不应该把中国当作威胁自己的对手。中国需要稳定，这不仅对中国而且对世界都很重要。因此中国希望美国不要干预中国内政，不要支持动乱，不过中国同时也表示将采取一些行动，缓和两国间的气氛。②

三、评　价

斯考克罗夫特访华取得了一定成果，正如他本人所说，美中之间增加了信任，制定了恢复双边关系的"路线图"。美中两国都据此采取了一些和解的姿态。斯考克罗夫特访华不久，美国宣布取消部分对华制裁。12 月 19 日，布什总统批准了三颗美制通讯卫星的出口许可证，取消了进出口银行对华贷款的禁令。1990 年 1 月 10 日，布什政府还表示不再反对世界银行的所有对华贷款。中国政府也对此作出了一些回应，中国公开声明，西方传闻的中国将向叙利亚出售 M-9 导弹的报道"毫无根据"，中国没有今后也不打算向任何中东国家出售中程导弹。中国表示同意恢复富布赖特学术交流计

---

① Bush, George, and Brent Scowcroft, *A World Transformed*, New York: Alfred A. Knonf, Inc., 1998, pp. 175-177; Mann, James,: *About Face: A History of America's Curious Relationship with china, from Nixon to Clinton*, New York: Alfred A. Knopf, Inc, 1999, p. 221.

② 《邓小平文选》第 3 卷，人民出版社 1993 年版，第 350 ~ 351 页。

划，接纳和平队志愿人员，中国还准许一名“美国之音”记者入境。

斯考克罗夫特之行得到部分美国人的赞扬，著名中国问题专家奥克森伯格称斯考克罗夫特此行是“领导者的无畏之举”。巴尼特等人也支持布什总统的政策。但也有相当一部分人则表达了愤怒与批评，如参议院民主党领袖米切尔说：“斯考克罗夫特此行是布什政府以一种最不恰当，最令人尴尬、最令人遗憾的方式向中国政府屈服。”

这次访问的行为方式也受到猛烈的批评，斯考克罗夫特此行本来是一次公开的访问，但在时间安排上很不凑巧。斯考克罗夫特到达北京之后，布什政府才宣布这一行动，而当时时间恰好是华盛顿时间午夜时分，美国很多批评者怀疑政府有意隐藏这一行动，进行秘密外交。而正在此时，美国报纸又披露了斯考克罗夫特 7 月份第一次秘密访华的消息，使得批评者们更加深了这一怀疑，使他们对政府产生不信任。

布什政府对斯考克罗夫特之行进行了艰难的辩护。1989 年 12 月 10 日，国务卿贝克在美国广播公司的电视节目中说，特使访华是不想孤立中国，想“努力把美中关系提高到可能的水平”；12 月 11 日布什在接受记者采访时表示，他不想孤立中国，伤害中国人民。他还指出，既然美国同其他人权状况差的国家都能保持关系，那么保持美中关系也有足够的理由。鉴于中国在战略上的重要性，努力保持美中关系是必要的。① 13 日，白宫办公厅主任约翰·苏努努在全国新闻俱乐部的演讲指出，斯考克罗夫特访华的目的是想“保持对中国变化方向的影响力”。总统认为，不是通过制裁，而是通过建立可信赖的关系，才能最大限度地扩大对中国的影响，使之重新实行尊重人权，推进政治改革的政策。1990 年 2 月 7 日，伊格尔伯格在参议院外委会听证会上则为之作了最全面的辩护，伊格尔伯格说：“美国需要在对 70 年代初对中国的迷恋和今天的失望和敌视情绪间寻找一种更好的平衡点。”他从战略、地区安全、国内改革和人权等角度上阐述了维持美中关系的意义。他表示斯考克

---

① *CQ Almanac*, 1989, p. 525.

罗夫特访华之行，“不是谋求具体成果，而是要给一个相互作用的过程以动力，解决彼此所关心的问题，为解决分歧打下基础”。他认为这一行动已经开始收到了效果。他还表示：“对布什总统来说……从1971年以来我们用以处理中国关系的政策框架，在今天继续指导着我们。”①

斯考克罗夫特访华是布什政府恢复美中关系的一次努力，体现了布什政府的对华政策。在布什政府看来，1989年政治风波表明美国政府的确需要关注中国的人权状况，但它应通过接触的方式私下提出，更重要的是，不能把人权作为恢复和发展美中关系的前提。人权诚然重要，美国的安全战略利益也很重要甚至更重要，美国不能因为人权牺牲了美国的安全和战略利益。布什政府认为，国际格局虽然在大转换之中，但未发生根本变化，中国对美国安全和战略利益仍有重要的价值。因此，美国需要恢复和发展美中关系，美国对华政策也不应作出根本的改变。布什政府本来希望斯考克罗夫特此行能恢复美中之间在1989年政治风波以前的那种关系，改变美国国内政治气氛，让人们认识到美国需要与中国保持联系。正如美国一位政府官员所说：“此行是向美国公众传递一个政治信号，即美中已经在更正常的基础上恢复了关系，我们希望时间愈合所有的伤痛，公众再一次习惯美中间更正常的接触，他们不再集中于过去。”②

但国会和公众等批评者们则有不同的观念。前任驻华大使温斯顿·洛德是一名资深的外交家，曾多次跟随基辛格访华，他几乎亲历了1971年美中关系正常化以来的所有重大事件，曾极力为维护和发展美中关系而辩护。但在斯考克罗夫特访华之后，他在《华盛顿邮报》上撰文批评此行为“错误的使命”。参议员麦康

---

① *AFP*, 1990, pp. 689-691；刘连第编著：《中美关系重要文献资料选编》，时事出版社1996年，第302～305页。

② *New York Times*, December 10, 1989; Tyler, Patrick, *A Great Wall: Six Presidents and China*, New York: Public Affairs, 1999, pp. 367-368.

内尔则认为，斯考克罗夫特之行是“在错误的时间发出的错误信号”。①

（戴红霞　武汉大学政治与公共管理学院讲师）

① 《美国研究参考资料》1990年第4期，第10页。

学术短评

从社会科学的科学相对性看中国国际关系理论的发展

◎何祥武

一、社会科学的科学性是相对的

社会科学是研究社会现象的科学。长期以来，人们仿效自然科学模式，借鉴自然科学方法，研究复杂的社会现象，形成了政治学、经济学、社会学、法学等现代意义上的社会科学。社会科学从多侧面、多视角对人类社会进行深入的研究，力图通过对人类社会的结构、机制、变迁、动因等层面的深入研究，把握社会本质和发展规律，从而更好地建设和管理社会。

社会科学与自然科学既有共性，又有明显的区别。一切科学，包括自然科学和社会科学，其目的都是要揭示研究对象的本质和规律，从而获取关于对象的尽可能普遍的知识。而且，科学的研究结论往往具有“可验证性”；本质上，科学的内在规定性是一致的。

但是，社会科学的科学性又是相对的，是动态变化的。社会科学的结论的准确性往往随着时间、地点、环境等条件的变化而变化。因此，社会科学是难以把握的，它是在动态变化的社会现象中把握相对稳定的规律。

首先，社会科学的研究对象具有双重特性。它不仅具有客观性，也具有主观性。说它是主观的，是因为人类社会的行为和现象体现着人所特有的“主观能动性”；但同时，人类社会仍是一种“客观存在”，因为人类的行为和意志必然要受到客观条件(自然的、社会的)的制约。虽然社会科学的结论在微观、短期、静态的层面上一般难以“验证”(verification)，但在宏观、长期、动态的层面上却是“可重复”，“可验证”的。可见，社会科学不如自然科学那么精确，但依然可以做到比较准确地把握社会规律。这种准确性反映在运用科学的实效性上。

其次，社会科学的研究主体与客体之间是一种双向的互动关系。自然科学研究过程中人与物之间不能沟通，只能说明的单向度关系；而社会科学的研究过程是人与人之间可以沟通理解的双向互动关系，这种互动关系受到多种变量的影响。

因此。有的学者总结认为，社会科学的科学研究具有四个基本特征：1. 研究的目标是为了推理(inference)；2. 研究方式(procedures)是通用的(public)；3. 研究结论的准确性是相对的、不确定的(uncertain)；4. 研究的主要内容是方法(method)。① 这种观点也基本上反映了社会科学的研究对象具有客观性与主观性的统一。

二、中国国际关系理论的发展

国际关系理论是研究国际关系的科学分析框架和理论体系。它包括宏观的理论和微观的理论，是政治科学的重要部分，属于社会科学。② 冷战结束以来，国际关系，特别是大国关系深刻调整。传统的西方国际关系理论，特别二战以后长期占主流地位的现实主义(及其变种)，明显不适用于全球化时代的国际关系。③ 新时代的巨大变迁赋予了国际关系理论大好发展机遇。随着国家实力的增长和

① Gary King, Robert Keohane & Sidney Verba, *Designing Social Inquiry*, Princeton University Press, 1994, pp. 7-9

② 倪世雄等著:《当代西方国际关系理论》，复旦大学出版社 2001 年版，第 7 页。

③ 根据 John Lewis Gaddis 提出的“预测困境”的说法，不能预测到冷战的终结成为现实主义等冷战时期主流国际关系理论最失败之处。参见倪世雄等著:《当代西方国际关系理论》，复旦大学出版社 2001 年版，第 181 页。

国际影响力的扩大，中国迫切需要拥有中国特色的国际关系理论，进而为转型中的中国外交战略提供理论指导，服务于中国的国家利益。同时，通过中国国际关系理论的建设重新构建国际价值理念，博得国际社会的认同，进而为打造中国的软实力，构建国际新秩序奠定理论基础。

但是，目前我国国际关系理论研究起点晚，基础薄弱。"80年代中期以后，国内学术界陆续翻译了一批公认的经典作品，但总起来看，我们不仅对国际政治学的古典代表作介绍得不全，特别是对于国外近些中国现有的国际问题研究，多半是马克思主义、现实主义和全球主义等学派观点的混合，有的时候再加上一点，传统文化；它们的基本取向是实用主义的，它们的研究途径多半是动态跟踪式的，它们的分化与组合既不明确、也不有力。对比一下经济学、社会学等相对先进的社会科学学科在当代中国的状况，中国国际政治学界内部形成的学派分支显然少得多，也弱得多。"①为了以适用的理论模式来分析中国的国际关系，中国学者必须进一步努力推进国际关系理论研究的发展。

1. 社会科学的科学性是相对的，而非绝对的。建设中国特色的国际关系理论需要中国学者在理论研究中"去美国化"。当前，中国的国际关系理论依然是美国中心主义(American centricism)。毋庸置疑，现在的中国国际关系理论研究过分集中于研究中国与美国的关系、美国的影响、美国的价值观。当然，对中国政策制定者以及研究者来说，美国比任何其他国家或国家集团(比如欧盟、东盟)都更重要。而依附于美国外交战略的美国国际关系理论也确立了无与伦比的全球影响力，以至于在国际关系学中占主导地位的美国观点迅速传播、渗透到正在兴起的中国国际关系理论研究当中。但是，以美国经验为基础的国际关系理论并不完全适合中国的国情，也未必完全符合国际关系的现实。扬弃美国的国际关系理论是必须的。国际关系理论研究中的"英国学派"(English School)就取

① 王逸舟：《中国的国际关系理论研究：回顾与前瞻》，《改革》1999年第1期，第78页。

得了很大的成就。以“国际社会”研究而著称的“英国学派”学者们长期坚持发展多元研究途径的研究传统，从而确立了独具特色的英国国际关系理论研究的地位。这给了中国的学者以很好的示范。

国际关系理论研究的“去美国化”要求我们深入研究、准确而全面地把握美国的国际关系理论。“去美国化”并不是全盘否定美国的国际关系理论，而是去伪存真，取其合理成分为我所用。与此同时，我们还必须集思广益，积极寻求理论创新，发展具有中国特色的国际关系理论，比如引入马列主义、毛泽东、邓小平等思想作指导；比如发掘、继承中国古代诸子百家等先贤的有关政治思想。当代中国政府提出的“睦邻外交”、“和谐世界”等大国外交理念就折射出古代儒家先哲的思想。

2. 社会科学的研究对象具有主观性。这需要我们在建设中国国际关系理论的时候积极实现方法论的多样化，这样才能更全面、更准确地认识研究对象。单一的研究方法无异于盲人摸象，是无法全面、准确把握社会现象的客观规律。

科学方法论是关于科学的一般研究方法的理论。而国际关系理论本质上是方法论。中国大多数国际关系理论研究文献仍然是关于国家主权与国家地位之类的历史研究或者现实政治问题跟踪。理论方法上主要是现实主义与国家中心主义(国家中心主义是和地缘政治密切联系在一起的)。某种程度上，民族国家被看成是至高无上的。① 然而，冷战结束后，特别是进入21世纪以来，全球问题日益突出，国际组织的作用日益增大，国际规范对于约束各国行为变得更加有力，国家之间竞争加剧的同时加强国家合作已经成为广泛的国际共识。有关国际制度、国际规范、全球治理等全球视角的概念和理论方兴未艾。因此，单一的理论方法远远无法满足科学研究当代国际关系理论的需要。必须与时俱进，在国际关系理论研究过程中发现和运用多元的方法论。

当然，中国国际关系理论的学术研究还必须避免掺杂有意识形

---

① Klaus Dodds, *Geopolitics: a Changing world*, Pearson Education Limited, 2000, p. 3.

态的功利动机。有些社会科学研究学者往往把学术与政策制定联系在一起，以至于在方法论上急功近利，不思进取。功利主义的心态必然妨碍中国国际关系理论的发展。因此，建设中国国际关系理论需要我们坚持多元的、能够得到广泛认同的研究方法。

吸收自然学科和其他社会学科的方法论也是国际关系理论发展的重要途径。西方国际关系理论在自身发展过程中就大量吸收了其他科学的方法，比如科学行为主义学者倡导应用性社会科学与自然科学的方法，在国际关系理论研究中成功引入了博弈论、沟通论、体系分析等其他门类科学的研究方法，这为国际关系理论带来了方法论的革命。21世纪，自然科学和社会科学取得了很大的发展。作为新兴交叉学科，国际关系理论研究可以广泛吸收其他科学的重大研究成果，从而开辟自身发展的新途径。这要求相关研究学者博采众长，首先将自己培养成知识丰富、底蕴深厚的专家。

3. 社会科学的研究对象具有客观性，这要求我们加强宏观理论研究和基础性研究，由点到面，建立和完善多层次，立体化研究体系。①

与发达国家的国际关系研究相比，中国国内的研究往往仅从最浅表的层面观察出发，至少可以说，中国学者研究的系统性、全面性仍然远远不够，甚至我们的国际关系研究严重脱离政治需求、社会需求。目前我国国际关系学研究中短期研究比较多，基础性研究特别是对于一些基本概念的规范性研究严重匮乏，而中长期的尤其是带有战略性和前瞻性的研究也比较少。② 基础研究需要相当程度

---

① 1961年，戴维·辛格在《国际关系中的层次分析问题》一文中从宏观和微观两个角度讨论了国家对外行为的影响因素。他的宏观层次是国际体系，这是最全面的外部因素；他的微观层次是国内因素，这是从国家内部分析国家对外行为的途径。David Singer, "the level-of Analysis Problem in International Relations," *the International System: Theoretical Essays*, Princeton University Press, 1961.

② 国际关系中的基础理论研究，包括权力论、国家利益论、国家安全论、体系论、国际合作与冲突理论、国际机制的理论等。我国的黄硕风作出的"综合国力研究"就曾取得了一定的国际影响。参见黄硕风：《综合国力论》，中国社会科学出版社1992年版。

上的价值中立，这样才能建立起科学、规范的范式研究，为国际关系理论的全面发展奠定基础。

4. 由于“社会科学的研究主体与客体之间是种双向的互动关系”，这要求我们研究者理论联系实际，深入外交实践活动，更何况，国际关系本身也往往是国际行为体之间的互动关系。作为国际关系理论的学者，不能闭门造车，纸上谈兵，应该争取机会，深入外交实践活动，当好“二线外交家”①。有机会的话应该直接参与国家的外交活动甚至外交决策。只有通过长期的外交实践经验的积累才能更加真切地了解国际关系。美国很多国际关系学者具有丰富的外交实践经历，所以他们的有关国际关系理论的著作学说更贴近国际政治的现实，更具影响力。② 只有理论联系实际，中国学者才能切实增强中国国际关系理论的科学性。

5. 社会科学的科学性可以“证实”。同样，国际关系理论也要在实践中进行检验，以确定其科学性。所以，在建设中国国际关系理论的时候注重其推理作用和预测功能，注意其中因果逻辑关系的严谨程度。如何判断某种中国国际关系理论是否科学，是否实用呢？微观上而言，看它在中国的外交实践中能否维护中国的国家利益；宏观上而言，看它能否获得国际社会的认同，从而为改善国际政治、经济秩序提供理论支持。

小结

社会科学反映了人类社会的本质规律，但社会科学的科学性是相对的。它是在动态变化的社会现象中把握相对稳定的规律。社会科学的科学相对性使社会研究学者可以充分发挥主观能动性。

具体到中国国际关系理论的建设，中国学者需要在国际关系理

---

① 近年来，有一种非正式的提法，认为一些知名的国际关系学者，由于经常参与国际学术交流和国家外事活动，所以被称为外交官之外的“二线外交家”。

② 知名的比如美国的亨利·基辛格(Henry Kissinger)、康多莉扎·赖斯(Condoleezza Rice)、约瑟夫·奈(Joseph Nye)等，他们既曾是大学知名教授，又长期担任美国政府要职，从事美国外交实践。

论研究中"去美国化"，扬弃美国的国际关系理论研究。与此同时，积极创新。在方法论上坚持多元化。同时，加强宏观理论研究和基础性研究。此外，研究学者还得积极参与外交实践活动，从实践中感受真知，进而提高国际关系理论研究的水平。

中国国际关系理论的建设任重道远，这更迫切需要我们采取科学的方法，走正确的发展道路。

（何祥武　武汉大学政治与公共管理学院讲师）

抵御"哲学王"之路：知识应当如何影响制度？

◎李海默

在最近的一篇小评论中，笔者曾写道：

> 凡是稍有见识的中国知识分子现在都已明白，第一，不同派系与立场之间的争论，必须要有一个"公共话语平台"作为中介与缓冲，否则彼此之间无法真正交流；第二，既不存在哪一派掌握全部真理，也不存在那种将所有比较"合理"处整合起来(将所有不"合理"处一致地摈除)，就能贯通无碍的想象可能(imaginary possibility)。然而，吊诡的是，如果一般知识分子都恪守这两条原则，那么他们将会不约而同地发现自己正在成为社会与学术场域双重的"边缘人"，虽然在事实上他们距真理更近，但在获取的资源上他们将离"中心"更远。真理必叫你们得以自由，此言不错，但在当下，则必须加入当下的语境，自由，就意味着你被归入一个无可言说的"体系"。①

那么为了不至于沦为失语，就该鼓起勇气去做"哲学王"么？尽管"边缘人"与"哲学王"之间的距离提供了繁多的选择项，尽管

① 李海默：《在"哲学王"与"边缘人"之间》，《读品》(上海金融与法律研究院主办)第99期，2010年7月15日。

进入20世纪以后的中国史极度缺乏比较成功，能真正“为生民立命”的“哲学王”实践范例(一如王阳明)，尽管有很多的经验将告诉我们，政治哲学这种东西一经上手，就将永远如影随形，折磨始终，不管是更“善”，还是更“恶”的那种形态。这就像是一个武林故事，高手必须依靠毒物来克服困境，但离开困境后，解毒药向何寻找？尤其是，如何提醒高手，使其确认，寻找解毒药的迫切性与必然性？

这个问题的实质是，究竟知识应当如何影响制度？我们常说“善用知识，更革制度”，但如何保障知识与制度之间构成一种长期的良性互动(interaction)，而不致以知识挟持制度(“以文乱法”)，或者以制度号令知识(“曲学阿世”)①，如何一针见血、恰到好处地揭示出往往实际存在着的“求知动机与其政治上的暴政野心之间密不可分的关系”②？这实在是一个费人神思的谜团(myth)。

也许马基雅维利会在许多场合被视若开启近世“哲学王”之路的始作俑者，不消说大名鼎鼎的《君主论》，就连其传世的一部小说《曼陀罗》都被解读为“在马基雅维利的共和政体中，共和国乃是一个不择手段的新君主和旧道德的杂交种”③。然而，正如许多学者，尤其是以迈内克(Fridrich Meinecke)为代表所指出的那样，当考虑国家能够采取的各种不同形态时，马基雅维利采用了一种相对主义观点。《君主论》中的君主主义偏向与《论李维》的共和主义色

① 在笔者看来，“以文乱法”与“曲学阿世”的一个关键区别在于，前者诞生于一个比后者更趋宽松的思想环境中，前者比后者更走远了一步，即为思想环境提供基于知识的“新改动”，诱导思想环境趋近于自身的立场，最终塑造出新的体系脉络，操纵新的思想环境格局，而不是仅仅缘附于思想环境，从中牟取系统资源。笔者撰有未刊稿《从“曲学阿世”到“以文乱法”》，专论此事。

② [美]马克·里拉(Mark Lilla)著，王笑红等译：《当知识分子遇到政治》，新星出版社2005年版，第200页。

③ 可参阅Melisa. M. Matthes：*The Rape of Lucretia and Founding of Republics*，The Pennsylvania State University Press，2000. 另可参阅姚云帆所撰相关书评：《男性共同体：共和女神的孽子》，《中国图书评论》2009年第7期。据说，马基雅维利研究专家阿兰·吉尔伯特曾断言：“不读《曼陀罗》就不懂得《君主论》!”

调截然相反，但这反差纯粹是表面上的。存在于一国人民中间的“美德”之多寡决定究竟是君主制还是共和制更适切①(当然，反对和质疑声音从未消失，如昆廷·斯金纳曾指出：“研究马基雅维利政治思想，不应当仅仅局限于追溯他从1513年完成《君主论》到1519年写成《李维史论》期间的思想发展，观念史家的任务在于为马基雅维利建构一套信仰规划，可以普遍化为《君主论》的学说，能够将其扬弃(aufgehoben)在《李维史论》当中，那些表面的矛盾之处将迎刃而解。”这种认识是建立在历史谬误基础上的，是荒诞和不可采信的②)。就连那些对马基雅维利不怎么友好的政治学学者们也得承认，虽然马基雅维利率先提出一个“有秩序的共和国”，取决于一个能够在一个社区之内掌控不受限制的权力的中央权威的创造与产生，但并非是他起头断言，每一个政治社区或者国家之内都必须有一个确定的至高无上的权威，其权力是决定性的，并且通过社区获得确认，作为权威的正确性(或者说是合法性)基础。③ 认为“马基雅维利以权力观念为中心的政治科学学说基本上是由史实归纳而成的，其价值往往令人怀疑”的《布莱克维尔政治学百科全书》也称，马氏的整体观点是：“尽管在国家初创和改革时，一般需要有单一的统治者，但一旦国家建立之后，共和制政府则更有利于维护国家”，因为“共和政体对于最高执政者来讲更为可取，因为共和政体能使范围更为广泛，更能适应不断变化的环境的特定人物进行统治”。④ 即使马基雅维利的共和国真是“一个不择手段的新君主和旧道德的杂交种”，但他似乎更侧重于“能适应不断变化的

---

① [德]迈内克(Fridrich Meinecke)著，时殷弘译：《马基雅维里主义》，商务印书馆，2008年版，第104页。

② 昆廷·斯金纳著，任军锋译：《观念史中的意涵与理解》，收入陈新等主编：《思想史研究(第一卷)：思想史的原问题》，广西师范大学出版社2005年版，请特别参阅第47～57页。

③ David Held: *Political Theory and the Modern State*, Polity Press, Cambridge, UK, 1989, p. 219.

④ David Miller Basil Blackwell Ltd.，主编，邓正来主持翻译：《布莱克维尔政治学百科全书》，中国政法大学出版社1992年版，第436页。

环境的特定人物进行统治”的效应性，“旧道德”是要使“新君主”的“哲学王”倾向受到约束，不仅“新君们，往往发现建国初期被他们怀疑过的人反而比起初受信赖的人更为忠实和有用”①，而且意在保障存在于一国人民中间的较多的“美德”，进而保障共和主义的基础。

在沃格林（Eric Voegelin）看来，马基雅维利不需要先验（transcendent）的合法性，当然更不会需要与关于意义（meaning）②的一个正统环境的联系，这些都远不是他将考量的范围。罗马的“世俗国家历史的潮流”并没有能够确认一个管理普遍历史的神圣天意（Providence），马基雅维利追随李维的道路，将强调转向那些具有偶然性的（contingent）事件，也就是排除（exclusion）那些决定历史的结构与脉络的长期的发展与永久性因素的战争与革命③。实质上，对偶然性的事件的强调，也正是马基雅维利对“哲学王”倾向的态度：偶然性事件层出不穷，故知识与制度之间必然需要保持一段距离，任何绝对化的企图都会损害“有秩序的共和国”。

从马基雅维利那里，我们可以切身学到的是，知识影响制度这个过程趋近收获，而远离恶果的一个关键路径（pathway）是：知识应当是区分为若干个体系的，其中被赋予了前往与制度发生互动的任务的那部分知识应该是最深明制度内在构造，运行理路，与其来龙去脉的那部分知识，或者用国人的话说最“经世致用”的那部分知识，唯有他们，能最好地应对偶然性事件的扰动，同时捍卫存在于一国人民中间的珍贵“美德”，而其他的知识，应当守好自身的职分，不要轻易期待“为世所用”，更要紧的是，其中的某些部分与环节的知识，应当用最大的努力去抵御来自制度层面的互动请求

---

① 马基雅维利著，方华文编译：《君主论》(*The Prince*)，陕西人民出版社，第132～133页。

② 此处的意义(meaning)，指的是肇始于环境与处在有机调适过程中的有机体之间发生的关系的“在环境中所产生的差异”，可参阅［美］米德（George Herbert Mead）著，李猛译：《现在的哲学》，上海人民出版社2003年版，第8页。

③ Athanasios Moulakis: *Leo Strauss and Eric Voegelin on Machiavelli*, European Journal of Political Theory, 4(3).

(这些知识的问题意识路径在很大程度上来源于，也维系于制度的本质结构，尤其是制度的历史与价值属性本身，最能从本质上诘问制度的，就是这些知识)，因为往往某些“真正神圣的洞见将在这些洞见的世俗化转型中丧失殆尽”①。

回溯清末中国的改革，清朝正是在知识与制度体系转型进入最高潮的“黄金十年”度过之后轰然倒塌的，在大清最后崩溃的历程里，其治理口号与政策究其深层意旨，皆未尝不有救亡图存、逆境崛起、集合全民力量之意，然而实施过程中，往往演变为与民争利，在知识层面逐渐失去了传统社会的伦理纲常制约，土豪劣绅阶级伺机而起，在制度运转层面则没有适时建立起新的保障细民之权的机制，路权之争、抢米风潮等，相互激荡，终于上演了王朝倾覆的悲剧。而最切要的是，当时制度更革(趋向政治制度层面)的呼声已急，风潮已劲，但是“最深明制度内在构造，与其来龙去脉的那部分知识”却是实在欠缺，往往是邯郸学步，画虎不成，而且“其他的知识”的部分阵脚不严，颇有“以文乱法”，随意比附，某些“应当用最大的努力去抵御来自制度层面的互动请求”的，反而冲在了互动格局的第一线。

那么问题就转移到，除了着力发展最“经世致用”的那部分知识(实质也即是与制度的“新成长”所必需的问题意识最为相关的那部分知识，制度的“新成长”维系于之)，“其他的知识”的部分在现代国家中应该扮演如何的角色呢?

诚如莫斯卡(Gaetano Mosca)所指出的那样，当统治阶级的智识和道德水平足以使他们理解并意识到那些潜心研究政治问题的思想家们的观念时，哲人也就没有必要直接掌权从而将自己的规划付诸实践了。统治阶级总体上的智识压力(“公共舆论”)将迫使政客们不得不对自己的政策进行不同程度的调整，使其能够反映该民族

① [美]马克·里拉(Mark Lilla)著，王笑红等译：《当知识分子遇到政治》，新星出版社2005年版，第93页。

政治理解力所能造就的那些秀异分子的观念。① 但我们何以期待统治阶级的智识和道德水平呢？有哪种外在的许诺可以担保其兑现无虞呢？更何况，即使"统治阶级总体上的智识压力"足够雄厚，我们也不应忘记社会运行的那个"永在"的规律：无论什么制度，怎样按照民主原则进行权力分配，权威依然能透过机制渗漏到受法律保护的公民身上②。马克·里拉(Mark Lilla)先生近期在上海的演讲中给出了一条崩溃的路径："当一种自由派的信仰颂扬某种单一的政治生活形式的时候，如果这种政治体制失败，它就会显得越发不公正。政治神学的动力也就在于此，当自由化的改革者试图遵从当下，这种动力就会激发某种反动，激发一种对未来救赎的激情渴望。这就是过去在魏玛德国所发生的，而眼下正在伊斯兰世界中再度发生。"③沃格林则曾给出过另一条崩溃路径：政治秩序是与人的心灵秩序紧密相关的，人的存在意义会影响到政治制度的选择，一旦心灵失序，政治也会变成无序的状态。④ 某种意义上，汉娜·阿伦特看到的与之相仿，她曾指出：我们在概念方面的失败会造成实践上的后果，随之推动革命和极权主义构成了历史危机的两个孪生的政治表现形式。⑤

因此，我们可以确信，在另一个维度上，所有的知识应视为一个整体获得对待，因为它们对于政治负有某种一致性的责任。"其他的知识"的部分虽然应当严守阵脚，但是其对待制度不应当是一

---

① [意]加埃塔诺·莫斯卡(Gaetano Mosca)著，任军锋等译：《政治科学要义》，上海人民出版社2005年版，第463页。

② 可参阅[意]阿冈本(G iorgioAgam ben)：《例外状态》，麦田出版公司2010年版。亦可参阅香港彭砺青先生所撰相关书评。

③ 可参阅《"左派"齐泽克、马克·里拉一次隔空"对话"》，《东方早报》2010年5月24日。

④ 转引自成庆：《如何认真面对"政治"》，《东方早报·上海书评》2009年11月22日。可参阅沃格林著，徐志跃译：《自传性反思》，华夏出版社2009年版。

⑤ [加]菲利普·汉森(Phillip Hansen)著，刘佳林译：《政治、历史与公民权：阿伦特传》，江苏人民出版社2004年版，第252页。

种完全无所谓的态度。那么，他们应取何种态度呢？

20 世纪 60 年代，吉菲斯(John Griffith)提出中央—地方政府关系的模式可分三种：一个极端是自由放任关系；一个极端是推动关系；处于这两个极端之间的是监管关系，即中央政府设定国家最低标准，目的是确保地方当局至少达到底线标准，但如果他们愿意，还可以自主决定是否做得更好些。在这种关系中，中央政府在国家最低标准中运用了一种正式、详细、规定性和惩罚性的方式。①

笔者认为，监管关系也许同样适用于"其他的知识"的部分(知识是高悬的，而制度则是落实的)。在此，笔者尤其想讨论的，是"最能从本质上诘问制度的"那部分知识。这部分知识，是对制度最"不以为然"的，而制度对其，却往往是希求能为己所"用"的，通过对这部分知识的利用及过程中的"改写"，制度可以获得合法性、正统性等层面最大的满足。正因为这样，这部分知识在"监管关系"中，应居于哪个位置，是值得我们关切的。

诺贝特·埃利亚斯(Norbert Elias)曾说过，要指出被认为是成功的个体文明进程和失败的个体文明进程之区别是不难的，在前者，当进程中的所有痛苦和冲突都经历之后，非常适应成人社会功能体系的行为形态最终形成了，这是一套卓有成效的习惯以及同时——不一定始终相伴随——是积极的快感平衡。在后者，要么需要通过努力克服从中作梗的利比多(libido)能量，在个人满足方面付出高昂代价，去不断换取社会所需的自我控制，要么就根本无法控制这些能量，听任其恣意纵情；但结果却没有任何平衡的快感，因为社会控制与禁律不仅来自他人也来自受伤的自我，因为内心的一个我在阻止并惩罚着另一个欲望的我②。毋宁说，马基雅维利是身处后者，而呼唤前者。

---

① 转引自[英]科林·斯科特等著，陈伟译：《监管政府：节俭、优质与廉政体制设置》，生活·读书·新知三联书店 2009 年版，第 103 页。

② 见于诸氏《文明的进程》一书，收入诺贝特·埃利亚斯：《论文明、权力与知识》，斯蒂芬·门内尔等编，刘佳林译，南京大学出版社 2005 年版，第 58 页。

笔者认为，也许两种后者才是人类社会发展至今的常态，而前者则仍是亦虚幻亦真实的“一个想象的未来”，而后者中的第一种之所以相对较为健全，且离前者相对较接近，实因“其他的知识”的部分履行了监管关系，“社会所需的自我控制”终于实现。不过，即便如此，“在个人满足方面付出高昂代价”也足以让知识与制度之间的互动杂音(cacophony)不断。要想从后者过渡往前者，“最能从本质上诘问制度的”那部分知识在“监管关系”中，除了“应当用最大的努力去抵御来自制度层面的互动请求”外，还应当承担起捍卫正义(Justice)、公正(Right)之核心原则的角色。

国家，在民族国家(nation-state)这个有限的意义里，是被构建于一种公共的领域的基础之上的，而这种公共领域基于公正(Right)而不是种族划分(ethnicity)或者一种想象的共同体，这便是康德作为一个国家理论者，同时坚定反对国家主义(nationalism)的原因。① 但是，即使是在最关注“人性”的神学体系里，“正义是不可能的，在十字架里揭露的是正义的不可能性。正义的不可能性就如，神圣的赋予肉身(incarnation)那个事件，被决定于在耶稣的那场特定审判中的关于正义的那个失败(miscarriage)，一样赤裸裸地展现着。十字架是关于爱的，而不是关于正义的。就算后来的赎罪(atonement)神学会在后者的途径中试图塑造出十字架来”②。一个显著的事实是，当一个政治领导者由其核心的宗教确信(religious convictions)去向细节性的公共政策选择时，他穿越了关于论争辨难的许多层级，在这些层级中，那些信仰关于美好愿景与智慧的基督信徒们，能够并且经常(can and often)在他们中间结为部分的相伴团队③，“正义”并非经由“十字架”而实现，这样看来，“上帝的归

① Bill Brugger: *Republican Theory in Political Thought*, Palgrave Macmillan, 1999, pp. 66-67.

② Carl Raschke: *The Religion of Politics: Concerning a Postmodern Political Theology "To Come"*, JCRT 9. 1 Winter 2008.

③ Robert Benne: *Should religious convictions matter in politics?* ABC Religion and Ethics, Jul. 20, 2010.

上帝，恺撒的归恺撒”，虽从历史上看其实具有偶然性，确无可厚非①。

正如哈贝马斯在《公共领域的结构转型》中所云：“从历史角度看，大众反应潜能正植根于政治精神中”，同时，“交往行为的社会整合力量首先存在于特殊的生活方式和生活世界当中”，且“社会整合力量存在于‘德行’(sittlichkeit)之中”(黑格尔语)，更进一步的，“如果在高度发达的社会中，人民主权这一观念还有实现意义的话，那么，它就必须同对体现在集体中亲身参与并共同决定的成员身上的具体阐释脱离开来”。据此，借“脱离”的姿态，以维系“德行”，并推进“社会整合”。要获取那种“不一定始终相伴随”的“积极的快感平衡”，就要依靠“最能从本质上诘问制度的”那部分知识在“监管关系”中，持续守护基于公正(Right)的公共领域，承担起捍卫正义(Justice)、公正(Right)之核心原则的角色。

知识影响制度的目标，在于塑造一个良性的社会。杜威曾说，旧的自由概念认为“平等与自由是不相容的”，从而没有认识到“一个人实际拥有的自由取决于现存的制度安排赋予其他人的行动权力”。② 不仅平等与自由是相容的，民主与自由更复如此，因为民主是一种体制，一种程序，而自由是一种信仰，一种原则，如果离开了对自由的信仰，笔者看不出民主有被真正建立的任何可能。而如果民主一天得不到真正确立，就总会有向往自由的人们在晨光微露中，背枕着华夏山河，苍茫大地，孤傲地守望光明到来的时分(当然，在 Sheldon S. Wolin 这样的人士看来，自由与民主是有内在冲突的)。我们清楚铭记着柏拉图的教诲，在对真理的向往与献身“城邦和家庭的良好治理”的欲望之间，存在着某种心灵上的关联，然而这一欲望终究是“欲望”——作为一种欲念，它有可能演变为莽撞的激情，所以柏拉图对其破坏性的潜力保持警觉，并念念

① 可参阅[美]马克·里拉著，萧易译：《夭折的上帝》(*The Stillborn God*)，新星出版社 2010 年版。

② 可参阅[美]詹姆斯·坎贝尔著，杨柳新译：《理解杜威：自然与协作的智慧》，北京大学出版社 2010 年版，第 159 页。

不忘如何用健全的智识和政治生活来驾驭它①，因此我们将更加坚信，知识有必要去影响制度，否则知识无以自我圆满，而最应当寻找的就是那条“用健全的智识和政治生活来驾驭欲念（Eros）”，抵御“哲学王”之路的操作轨迹。“同室操戈”，细分阵脚，才能避免无可言说。

（李海默　复旦大学历史地理研究中心硕士研究生）

① ［美］马克·里拉（Mark Lilla），王笑红等译：《当知识分子遇到政治》，新星出版社 2005 年版，第 206 页。

《珞珈政治学评论》征稿启事

《珞珈政治学评论》由武汉大学政治与公共管理学院主办，武汉大学出版社出版，每年出版1~2卷。本《评论》通过刊登政治学各学科的基础性、前沿性和独创性的学术研究成果及其相应的科研文献资料，为国内政治学界提供一个具有特色的理论研究与学术交流的平台。

一、征稿内容

《珞珈政治学评论》刊载如下有关内容：政治学理论与方法；政治文明与政治发展；政治理论与实践；政治思想与政治文化；比较政治与政治制度；国际政治与国际关系，等等。

二、来稿要求

1. 论文稿件字数一般在10000~15000字为宜。其他稿件可根据具体情况确定字数。

2. 来稿中请注明作者的单位、职称、学位、研究方向、联系电话、通讯地址、邮政编码和电子邮箱，便于联系。

3. 来稿需附上摘要(300字以内)和关键词(3~5个)。

4. 来稿请附上英文标题。

5. 来稿请采用"页下脚注"的注释方法，且每页重新连续编号。例如，第1页①、②、③，第2页则另起①、②、③。所引用文献的具体要求是：

(1)中文专著或主编类，应当如：何平：《中国传统政治思维探源》，天津人民出版社2003年版，第49页；徐大同：《20世纪西方政治思潮》，天津人民出版社1991年版，第411页。

(2)中文论文集类，应当如：卢风：《处于国家和个体张力中的人权》，载李鹏程等主编：《对话中的政治哲学》，人民出版社2004年版，第88页。

(3)中文论文类，应当如：褚松燕：《公民资格定义的解释模式分析》，载《天津社会科学》，2002年第3期，第50页。

(4)中文译著类，应当如：[美]布坎南等：《原则政治，而非利益政治——通向非歧视性民主》，张定淮等译，社会科学文献出版社2004年版，第1页。

(5)中文报纸类，应当如：傅达林：《"红头文件"应当接受法律审查》，载《工人日报》，2002年1月17日，第2版。

(6)中文辞书类，应当如：《辞海》，上海辞书出版社1979年版，第35页。

(7)引用原版外文著作，应遵从该文种的注释习惯。

(8)引用互联网文献，应当按格式注明文献、详细网址及访问时间。

6. 本刊反对抄袭，来稿文责自负，请勿一稿多投。

三、投稿方式

1. 电子邮件投稿。投稿信箱：

chengangwuhan@ yahoo. com. cn(陈刚)

2. 纸质文稿投稿。

投稿通讯地址：湖北省武汉市武昌珞珈山，武汉大学政治与公共管理学院

收件人：陈刚

邮编：430072；电话：13396075602

《珞珈政治学评论》编委会